JN297306

欧州統合の半世紀と東アジア共同体

廣田 功【編】

日本経済評論社

はしがき

　本書は、2008年4月18・19両日、東京大学駒場キャンパスおよび日仏会館で行われた日仏シンポジウム「欧州統合の半世紀と東アジア共同体」(日仏会館、東京大学ドイツ・ヨーロッパ研究センター DESK、東京大学現代経済史研究教育ユニット CHEESE 主催、社会科学国際交流江草基金協力、日本経済新聞社、日独協会、駐日欧州委員会代表部後援)における報告を収録した論文集である。本書の成り立ちと意図を理解してもらうために、まずこのシンポジウムの経過について簡単に説明しておこう。

　このシンポジウムは、もともと2008年が1958年1月1日に「ヨーロッパ経済共同体」EEC が創設されて節目の50周年にあたることを機に企画された。そのため当初は「EEC 50周年」の表現を使っていたが、現在の「欧州連合」EU の前身である EEC という歴史的呼称が、昨今では一般にあまり知名度が高くないことを考慮し、「欧州統合の半世紀」という表現に変更した。

　「50周年」という表現を「半世紀」というやや幅を持った表現に変更したことには理由がある。言うまでもなく、「欧州統合50周年」とすれば、欧州統合が50年前に始まったという意味に解される。たしかにアメリカの歴史家 J. ギリンガムのように、今日の EU の起点を意識的に EEC の成立に置く立場に立つならば、この表現は許されよう。しかし彼の理解は、EEC に先行する「欧州石炭鉄鋼共同体」ECSC を EU とは基本的に異質な制度と捉える独自の歴史観に依拠している。逆に、常識的理解にしたがって、1952年創設の ECSC あるいはその基となった1950年5月9日のシューマン・プランを欧州統合の始まりと解するならば、「50周年」という表現は不正確となる。

　EEC 設立が決定された1957年3月の「ローマ条約」締結から50年を経た2007年、内外の学界ではローマ条約50周年記念を掲げた学術研究集会が開催された。そこでは欧州統合の全史におけるローマ条約と EEC の位置、ECSC か

らEECへの進化の歴史的意味、ローマ条約の交渉過程の実態といった専門的な研究テーマが主に論じられていた。しかし日仏会館のシンポジウムは、純粋な学術研究集会ではないし、ましてや特定の学会主催のシンポジウムではない。そこでは個別のテーマについて専門研究者が報告を担当するが、「聴衆」には研究者だけでなく、欧州統合に関心を持つ多くの一般市民の参加が想定されている。

　このような性格を持つ日仏シンポジウムの枠内で欧州統合の半世紀に関連して、具体的にどのような問題を取り上げたらよいか。いざ具体的な企画を立案するとなると、学会のシンポジウム以上に容易ではないことに気づいた。学会の場合なら、研究動向を踏まえて、そのときの研究上の関心に沿って課題を設定すればよい。しかし日仏シンポではそういうわけにはいかない。

　企画の具体的内容について思い悩んでいた2007年3月、「日仏二国間共同事業CHORUS」のための資料調査でパリに滞在していたとき、たまたま「ローマ条約50周年」記念のテレビ・ドラマを見た。シューマン・プラン前後の「仏独和解」を主題にしたドラマである。そこでは「和解」をめぐる国家間と市民社会間レベルの対応のズレ、両者の葛藤・緊張がフランス人女性とドイツ人男性の恋愛に重ねて描かれていた。このドラマを見ているうちに、約1年後のシンポジウムを「仏独和解」あるいはより広く「仏独関係」を軸に構成しようという考えが固まった。もちろんこのドラマを見る前から、「仏独和解」を軸に据えるというアイデアが思い浮かばなかったわけではないが、これで踏ん切りがついたのである。

　2007年末に帰国してすぐに、報告者の選定、セッションの編成、資金集め等企画の具体的準備に取りかかった。資金については、森井裕一氏（東京大学）を通じてDESK、馬場哲氏（東京大学）を通じて江草基金、それぞれの協力をえられる見通しが立ち、日仏会館のシンポジウム予算と合わせて準備が整った。セッションの構成については、前述のようなシンポジウムの性格をも考慮し、まず、次のような基準を立てた。

　第一に、欧州統合の歩みを第二次世界大戦後の時代に限定せず、少なくとも

20世紀の歴史、場合によっては19世紀まで遡る長い視野のなかに位置づけることである。これには二つの意図が込められている。一般に、欧州統合に関する本や論文の大半は、事実上視野を第二次世界大戦後に限定しているが、近年のヨーロッパの統合史研究は、以前にもまして第二次世界大戦前に関心を向けている。シンポジウムにもこのような研究状況の成果を反映させることである。また、「戦前から」の視点を持つことは、1950年代に制度化の歴史を開始する戦後の欧州統合の歴史的性格・意義・特徴を明確に理解する上でも有益である。

第二に、仏独関係の半世紀の歴史だけでなく、仏独関係の現状と今後の展望、とくに1989年のドイツ再統一と2004年以後のいわゆる「東方拡大」後のそれを論ずることである。欧州統合が、1920年代末のブリアン＝シュトレーゼマンから1980年代のミッテラン＝コールにいたるまでいく度かの「仏独パートナーシップ」を推進力として進んできたことは周知のことに属するであろう。はたして、1989年に始まる変化とグローバリゼーションの進行は、このパートナーシップとその推進的役割にどのような影響を与えるであろうか。

第三に、欧州統合の経験を受身の立場で学ぶだけで終わらせず、近年高まりを見せている「東アジア共同体」をめぐる動きの現状・課題・展望を明らかにすることである。これは「東アジア共同体」の観点で欧州統合の経験から何らかの「教訓」を汲み取るだけでなく、「東アジア共同体」の動きをフランスやドイツに「発信」するという意味を持っている。このようなシンポジウムの双方向的性格は、日仏会館が企画・開催するシンポジウムではとくに近年重視されており、本シンポジウムもそれを引き継いでいる。

第四に、仏独関係を国家間の関係に還元することなく、二つの市民社会レベルの関係をも含めて複眼的に捉えることである。仏独関係の展開と仏独和解の過程において、両次元の関係は常に調和的、同時並行的に進行したわけではない。しかし両次元の微妙なズレの存在は、あるときは国家間関係が市民社会間関係に先行するという形で、またあるときは逆に市民社会間の協調的関係が国家間関係の動揺・亀裂を抑えるという形で、全体として仏独関係が比較的順調に発展することを支えてきたかもしれないからである。市民社会関係が果たし

た役割は決して単純ではない。しかしともすればこの関係が看過されやすいだけに、シンポジウムではこの側面をとくに重視することにした。また、このような視点は、必然的に仏独関係に政治・経済・社会・文化といった多面的な視点からアプローチすることを要求しよう。

おおよそ以上の4点にとくに配慮して、具体的なセッションの構成と報告者の選定を進めた結果、シンポジウムは以下のような構成となった。

第1セッション：仏独和解と欧州統合

このセッションは、仏独和解・仏独関係が欧州統合に占める意義や役割について基調報告的な報告を配置することとした。報告者として、国際関係史家・欧州統合史家として知られるロベール・フランク氏（パリ第1大学）、さらに19世紀末以後のヨーロッパ社会の「収斂」という視点から欧州統合にも独自の議論を展開しているハルトムート・ケルブレ氏（ベルリン・フンボルト大学）の2人を選んだ。

第2セッション：国際政治のなかの仏独関係

このセッションは、仏独関係に対する最もオーソドックスなアプローチと言える「国際政治」の観点からの報告にあてられた。ここでは仏独関係を両国の関係に限定せず、米ソやイギリスなど第三国との関係を含んだ国際的視野のなかで検討することを課題とした。報告者として、独仏関係史が専門で著書を刊行したばかりの川嶋周一氏（明治大学）、ヨアヒム・シルト氏（トリーア大学）、クリスチャン・ルケーヌ氏（パリ政治学院）の3氏を選んだ。なお、シルト氏とのコンタクトについては、DESKの森井裕一氏に依頼した。

第3セッション：経済圏の選択──ヨーロッパと「帝国」の間で

このセッションは、仏独関係の経済的側面を明らかにすることを主題とした。しかしその場合、貿易、投資、企業間関係など、両国の経済的関係の諸側面とそれらの変化を具体的に明らかにするというオーソドックスな方法よりも、よ

り長期的で広い視野から EEC 前後を起点とするフランス経済の「開放」とそこにおける仏独経済関係の意義（リール第 3 大学の J.-F. エック氏の報告）、さらにドイツ産業界の欧州統合に関する対応（その連続と変化）を取り上げることにした（ミュンヘン工科大学の W. ビューラー氏の報告）。フランス側の報告がとりあげる経済の「開放」政策は、経済近代化政策と緊密に連動し、フランス側から見た統合の「動機」に関わっている。その意味で、二つの報告は対をなしている。

しかし EEC は仏独や加盟 6 カ国間の関係で自己完結する枠組みではなかった。故ルネ・ジローが、ローマ条約30周年記念研究集会の際につとに指摘していたように、欧州統合は「帝国」との経済圏の選択の問題をともなっていた。近年、ようやく「ユーラフリカ」概念を中心に、統合と植民地帝国の関係が実証的に研究され始めている。これまで軽視されてきたこの側面を取り上げるために、フランス植民地主義の歴史に詳しい平野千果子氏（武蔵大学）に報告を依頼した次第である。

第 4 セッション：記憶・和解・社会的文化的交流
このセッションは、このシンポジウムの最もオリジナルな観点と言えよう。ここでは独仏市民社会の交流の具体的事例として「独仏青少年事務所」の活動を取り上げる（カッセル大学名誉教授の H. M. ボック氏）とともに、独仏歴史教科諸問題の検討を通して両国関係の「歴史の記憶」の問題を取り上げることとした。歴史教科書の問題については、その成立にいたる経緯とその精神を明らかにする（社会科学高等研究院の P. モネ氏）とともに、この教科書が教育現場でどの程度、さらにどのように使用されているかを論じる（共立女子大学の西山暁義氏）こととした。このセッションの企画については、この問題について科学研究費を受けて共同研究を行っている剣持久木氏（静岡県立大学）等の研究グループに、フランス人研究者の招聘費用を含めて、全面的な協力を仰いだ。

第 5 セッション：東アジア共同体構想の現在

　このセッションは、この構想がこれまで辿ってきた経緯、現在抱えている問題点を明らかにするとともに、経済と政治の両面から、「共同体」形成に向けたダイナミックスがどのように形成されつつあるかを明らかにすることを意図した。「経緯と問題点」については、田中明彦氏（東京大学）、経済面については深川由起子氏（早稲田大学）、政治面については坪井善明氏（早稲田大学）に、それぞれ報告を依頼した。これらの報告を通じて、間接的に、欧州統合との動機や条件の違いを明らかにするとともに、前述のように、東アジアにおける統合の動きについて仏独の参加者に発信することも狙った。また、このセッションの企画については、坪井善明氏から多くのアドバイスを頂戴した。なお、田中明彦氏の報告については、残念ながらご本人の都合で本書に収録することができなかった。

　以上が、シンポジウム開催の経緯である。本書に収録するに際して、報告者には当日時間で割愛せざるをえなかった点の追加等を含めて、大幅な加筆をお願いした。加筆・収録に快く応じてくださった報告者の方々に心からお礼申し上げたい。

　シンポジウムと本書の出版のいずれも、すでに文中で触れた団体・個人以外に、多くの団体・個人の協力をえて初めて実現することができた。木畑洋一氏（東京大学：当時）と F. サバン氏（日仏会館フランス学長：当時）には当日の開会挨拶をお願いした。川喜田敦子氏（東京大学）と渡辺啓貴氏（駐仏日本大使館公使）にはセッションの司会に加わっていただいた。出版に際し、DESK から貴重な資金協力を頂戴することができた。日本経済評論社の谷口京延氏には、数年前に欧州統合に関する DESK の研究成果を出版していただいたのに続いて、今回もまたお世話になった。以上の団体・個人にこの場を借りて感謝を表したい。

　2009 年 8 月

廣　田　　功

目　　次

はしがき　i

第1章　1945年以後の記憶の争点と仏独和解
　　　　………………………ロベール・フランク／廣田功 訳　1
　はじめに　1
　1　記憶のなかの「他者」イメージの変遷　2
　2　協調から和解へ——政治的意思と政治的介入　5
　3　和解における知識人と青年の役割　9
　おわりに　10

第2章　1945年以降の独仏の社会関係
　　　　………………ハルトムート・ケルブレ／永岑三千輝 訳　15
　はじめに　15
　1　フランスとドイツの社会の交流と結びつき　17
　2　フランスとドイツの社会的な収斂と乖離　20
　3　社会モデルについての論争　23
　4　相互の科学的観察　26
　おわりに　28

第3章　独仏関係の政治的射程——エリゼ条約を超えて——
　　　　………………………………………川嶋周一 訳　37
　はじめに　37
　1　冷戦期における独仏関係——エリゼ条約の成立過程のなかの「ドゴール的前提」　40

2　冷戦後の世界政治における独仏関係——フィッシャー演説から
　　　　イラク戦争まで　45
　おわりに——独仏関係の政治的射程　52

第4章　ドイツ、フランスと欧州の制度秩序——欧州経済
　　　　共同体（EEC）からリスボン条約までの発展傾向——
　　　　　　　　………………ヨアヒム・シルト／福永美和子 訳　59
　はじめに　59
　　1　欧州統合に関する独仏の憲法理念　60
　　2　EUのハイブリッドな性格——独仏の「取引」の帰結　64
　　3　EUの正当な政治秩序に関する独仏の考え方の収斂？　67
　おわりに　70

第5章　拡大ヨーロッパにおける仏独関係——リーダーシップ
　　　　は今日でも正当か？——
　　　　　　　　………………クリスチャン・ルケーヌ／廣田愛理 訳　81
　はじめに　81
　　1　ドイツ再統一は単一通貨の実現を危険にさらしてはならない　82
　　2　東欧の共同体加盟を支持するか抑止するか？　86
　　3　合理化された拡大とともに　89
　　4　イラクに関する分裂からサルコジとメルケルの新しいヨーロ
　　　　ッパ政策へ　97

第6章　ドイツ、ヨーロッパ、世界の間——1957年以後の
　　　　フランス経済の活動範囲——
　　　　　　　　……………ジャン-フランソワ・エック／廣田功 訳　107
　はじめに　107
　　1　開放への転換　108
　　2　開放の伝統と開放への躊躇　115

おわりに　120

第7章　ドイツ産業界の最高団体と1945年以降のヨーロッパ統合——動機・構想・政策——
……………………ヴェルナー・ビューラー／田中延幸 訳　125

はじめに　125
1　超国家主義と政府間主義の間——マーシャル・プランから「ルクセンブルクの妥協」へ　126
2　新しいプロジェクト——古い問題　133
3　深化と拡大——1990年代の挑戦　142
おわりに　148

第8章　統合ヨーロッパのなかの植民地——1930年代フランスとユーラフリカ——……………………平野千果子　155

はじめに——ローマ条約と植民地　155
1　ユーラフリカの誕生　156
2　ゲルニエとヴァロワ　158
おわりに——ユーラフリカの発展　161

第9章　国境を越える教科書——独仏共通歴史教科書の内容と実践——……………………西山暁義　165

1　独仏共通歴史教科書に対する反響　166
2　共通教科書の現在の使用状況　168
3　ヨーロッパ共通教科書への第一歩？　172
4　日本、東アジアへの射程　173

第10章　仏独文化関係の新段階のなかでの仏独歴史教科書
……………………ピエール・モネ／剣持久木 訳　181

はじめに　181

1　1990年──ドイツ、仏独そしてヨーロッパにとっての意味　182
　　2　変化の力学と変化の相互認識　184
　　3　二つの国のための一つの歴史教科書　186
　　4　共通歴史教科書を作る　189
　　5　現代の重み　191
　　6　仏独プリズムの射程と限界　195
　　おわりに──1990年直後を振り返って　203

第11章　二国間、ヨーロッパの文化関係における独仏青少年事務所（DFJW/OFAJ）
　　　　　　　　　　………ハンス・マンフレット・ボック／西山暁義 訳　209
　　はじめに　209
　　1　国際政治の機関としての独仏青少年事務所の地位の両義性　210
　　2　構成原則としての国家行政と社会諸組織の相互依存関係　213
　　3　行動指針としての目標設定とプログラム装置　216

第12章　東アジア自由貿易協定（EAFTA）の可能性
　　　　──新地域主義の性格と課題──　………深川由紀子　225
　　1　東アジアの地域主義──アジア太平洋協力（APEC）を超えて　225
　　2　東アジアをめぐる二つのジレンマ　226
　　3　APECへの回帰？　230
　　4　ジレンマの向こうにある制約　232
　　5　FTA基軸の地域主義とその課題　234
　　6　東アジア経済統合と日本の戦略　236

第13章　EUと東アジア共同体　………………………坪井善明　239
　　はじめに──EUから何を学ぶか　239
　　1　東アジア共同体構想の進展　241
　　2　東アジア共同体構想の主体　242

3　東アジア共同体構想の問題点　243

第1章　1945年以後の記憶の争点と仏独和解

ロベール・フランク

廣田　功訳

はじめに

　本当の「仏独の奇跡」というものが存在する。いくたびか残酷な戦争に突入し、永続的な敵対関係にあった二つの国は、1950年以来ともにヨーロッパを建設し、互いに和解することを決意した。フランス人とドイツ人はいかにして、「父祖伝来の敵」という相互イメージから「主要で特権的なパートナー」[1]というイメージに移行したのだろうか。絶え間なく敵対してきたこの二つの国民は、いかにして、半世紀以上を経ても時の流れに耐えられるような「カップル」を形成するにいたったのだろうか。そこに二つの国民の間の「和解」の真の範例がある。印パ紛争や戦争の記憶をめぐる日中間の争いに対して、答えの要素を提供できるようなモデルをそこに見いだすことが期待できるであろうか。
　仏独の和解の原動力を理解するためには、まず、記憶の構成要素と「イメージ」の概念について考察し、20世紀を通じてフランスにおけるドイツ人イメージ、ドイツにおけるフランス人イメージの変化を跡づけることが重要である。次に、これらのイメージを変化させる上で「上から」生じた政治的介入の役割を評価することが適当であろう。最後に、「下から」の受容を検討してみること、つまりフランスやドイツの社会が真の「カップル」の形成をどのように受容あるいは促進してきたのかをみるために、「深層の力」の側から考察することが

必要であろう。仏独のカップルは強制された結婚なのか、理性による結婚なのか、それとも恋愛結婚なのか。

1 記憶のなかの「他者」イメージの変遷

　両国民の間の「憎しみ」は生来のものではない。それは時間のなかで形成されたものであり、したがって歴史的産物であり、記憶の強力な媒体である。たしかに、「隣人」同士の間には、「自然な」形での「不安」、「怖れ」、「不信」という感情はありえるが、激しい否定的感情への移行は、戦争、侵略、占領などの「行為」によって引き起こされたのである。憎しみが戦争の原因になることは稀であるが、それが戦争の結果もたらされることは確実である。クラウゼヴィッツの有名な言葉[2]、「戦争は他の手段による政治の継続である」にもあるように、戦争を始めるには感情は必要ないとしても、いったん戦争が始まれば、戦争は、世代を超えて永続する憎しみの感情の雰囲気を作り出し、父祖伝来の敵という記憶を創り出してしまう。

　おそらく最初は、フランス人とドイツ人の間には非対称な状況が存在していた。ドイツ人の目にフランス人が「父祖伝来の敵」と映ったのは、フランス人の目にドイツ人がそうなる以前のことであった。フランス人の敵は長らく「イギリス人」であり、イギリス人に対しては強迫観念があり、自分たちがドイツ人の土地に痛ましい心の傷を残したことにはお構いなしであった。17世紀にルイ14世によって行われた戦争における「パラティナの略奪」は、ドイツ人の記憶に重くのしかかっている。ナポレオンによるフランス軍の占領が、反作用として、ラインの向こう岸での国民的アイデンティティの構築に貢献したことも忘れてはならない。この点で有名なのが、当時大きな反響を呼んだ哲学者フィヒテの「ドイツ国民に告ぐ」である[3]。集団のアイデンティティは、しばしば他の集団に対抗して構築されるが、この観点から見ると、ドイツ人のアイデンティティはその大部分がフランスに対抗して形成されたのに対して、フランス人のアイデンティティはずっと以前にドーヴァー海峡の対岸の敵、百年戦争の

際のイギリス軍の占領に対抗して、作り上げられていた。フランスとドイツの間に相互性が定着し、対称性が確立するには、普仏戦争の勝利によって1871年にドイツが統一され、フランスの地において、ヴェルサイユ宮殿の鏡の間でドイツ帝国設立が宣言されるのを待たなければならない。ドイツは以後フランスの敵になり、続く二つの戦争、二つの世界大戦が、ドイツをまさにフランスの「父祖伝来の敵」として認めさせることになる。憎しみの部分も均等に配分され、記憶の影響を悪化させつつ屈辱感が累積されていく。フランスにとっての1871年と1940年、ドイツにとっての1918年と1945年はこのようなものであった[4]。

　1920年代にはこの暴力の連鎖を止めようという試みはたしかにあった。第一次世界大戦の直後には、それは生じなかった。むしろフランス人は、自分たちの戦勝後の当初には、情け容赦がなかった。彼らは、——復讐を明確にするために同じ鏡の間で調印された——ヴェルサイユ条約が敗者に「賠償金」を支払うことを強いるようにさせた。戦争で荒廃したフランスは、「ドイツ野郎が償え」という原則の下、ドイツ人に負担を負わせて自らの復興資金を出させることをあてにしていた。1923年には、賠償金支払い不足を認めたレイモン・ポアンカレは、ルール占領を実行して、敵あるいは旧敵に条約を遵守し、支払うべき金額を支払うよう強制している[5]。この姿勢は長くは続けることはできなかったために、根本的な変化が1924年から生じている[6]。エドアール・エリオ[7]の政府はドイツとの協調政策に端緒をつけ、そして1925年以来外務大臣のアリスティド・ブリアンがドイツ外務大臣のギュスターヴ・シュトレーゼマンと可能な限り最良の関係を結んでいる[8]。非常にしばしば言われていることとは反対に、仏独カップルはドゴールとアデナウアーが創始者ではない。ブリアン＝シュトレーゼマンのデュオが最初に緊張緩和を、ついで二国間の協調を体現したのである。1925年と1929年の間にはフランスは同盟国のイギリスと以上にドイツとともに行動したということ、そしてこの仏独協調の状況のなかでブリアンが1929年から1930年にかけて彼のヨーロッパ連合構想を提案したことを知ることは大切である[9]。「仏独カップル」と「ヨーロッパ統合」の関係は当時からすでに結ばれていたのである。

世界大恐慌、ヒトラーの出現、第二次世界大戦、フランスの敗北とドイツによるフランス占領は、この壊れやすい協調を忘れさせたかのようであった。1945年以後、フランス人は最終的に戦勝国陣営に入り、1918年後と同じ経過をたどるかに見えた。フランス人は最初、彼らの目に危険に映ったドイツのいかなる復活も阻止することを期待し、ついで前回と同様の間隔を置いて、1950年には新しいドイツ国家、西ドイツとの協調政策を始めている[10]。この二つの戦後の比較から以下の事実が明らかとなる[11]。

それはフランス人がドイツについて抱いているイメージの根本的二律背反を示している。この点については、「他者」の表象についていくつかの方法論的指摘をしておく必要がある。多くの研究者たち[12]、とりわけ歴史家のピエール・ラボリ[13]が我々に喚起しているのは、あらゆるイメージ、とりわけあらゆる他者イメージが二律背反的であり、しかもこれは二つの別々なレヴェルで言えるということである。第一のレヴェルは、肯定的イメージと否定的イメージが、社会的想像界において同時に共存しているということである。たとえば、フランスにおけるドイツ嫌いとドイツ好きは同じステレオタイプの資本のなかからイメージを汲み出している。「ドイツ人」イメージの資本はフランス国民にとっての共有財産であるだけに、少なくとも無意識的には、ドイツ好きのなかにはドイツ嫌いの痕跡が、ドイツ嫌いのなかにはドイツ好きの痕跡が常に存在している。それに、フランス人世論のドイツ嫌い熱が協調や和解の意志に移行するのも、世論がゲルマン人のイメージを構造的に修正したのでは全くなく、世論は、同じ表象を使い続け、ただその正負をひっくり返すだけで十分であったからである[14]。フランス人は完全に否定的なイメージから完全に肯定的なイメージに移ったわけではない。彼らは、振り返って別の顔を見せる、二つの頭を持つローマの神、ヤヌスの像のような、ほぼ永続的な同じイメージを逆転させている。ドイツに対する世論の転回やメンタリティーの変化というよりも、政治的状況の変化に影響された記号の逆転が問題となる。フランスのよりよい安全保障と繁栄のためのドイツ人の有用性という集合意識が現れる。実際、——これが第二のレヴェルだが——他者に対しては自己のかなりの投影

があり、他者はしばしば、自身について期待することあるいは恐れることに応じて道具化されている。農村的で伝統的なフランスのイメージに対する工業的で躍動的なドイツのイメージは、フランス人が自らにはもはや欲していないイメージである。この点から見れば、1940年の対独戦敗北の屈辱感、つまり「1940年症候群」ゆえに、フランス人はアイデンティティを変えることを欲している。ドイツとともに歩むということは、この方向でフランス人の助けとなりうる。アイデンティティの源である「自己イメージ」が、これらの「外国人観の型」を育むのである。かくして20世紀半ばのフランスにおけるドイツ人のイメージは、憎しみと魅力の産物——第一の二律背反——であると同時に、自己と他者の間のミラー効果——第二の二律背反——である。ここでは、この場合、父祖伝来の敵対と平和と近代化の切迫した要請とが天秤にかけられている。したがって、ピエール・ラボリが強調したもう一つの力学についても語る必要がある。すべての表象は、同時代人が生きる三重の時間性に応じた時間のなかへの自己の投影である。他者のイメージは過去の遺産に依存し、現在の争点を考慮に入れるが、しばしば忘れられすぎていることは、未来の展望に応じてイメージが互いにつながりあっているということである。1950年代には、フランスにおけるドイツのイメージは過去を構造化する父祖伝来の憎しみの産物だけではなく、より良き未来を保証する和解の強い欲求でもある。あのようなトラウマの後、未来の力が過去の重みに勝る。比較的安定しているとはいえ、「他者」のイメージは不動ではなく、事件やイメージを変えようとする意志を持つ政治家の行動のままに変化する。

2　協調から和解へ——政治的意思と政治的介入

　この変化と近代化の強い欲求がフランスにおいては、多くの指導的サークル、経済界——後述するが——政界そして高級官僚の世界を動かしている。これらの世界が交差する位置にいたジャン・モネ[15]が仏独カップルを創出する上での重要なイニシアティヴをとる。モネは外務大臣ロベール・シューマンに一つ

のプランを提案するが、それは1950年5月9日に記者団に発表されたときには後者の名を冠することになる。目的はドイツとともに石炭と鉄鋼のための共同体を形成することであり、それには他のヨーロッパ諸国も加わることができるというものであった。政治的成功はすぐにやって来る。四つの他の国々、イタリアとベネルクス三国がこのグループに加入することを決意し、ヨーロッパ石炭鉄鋼共同体（ECSC）条約が1951年4月に調印される[16]。6カ国の欧州が誕生する。一挙に仏独カップルがヨーロッパ共同体の歴史の第一幕に影響力を持つことになった。この過程で根本的な役割を果たした状況は、1945年と1949年の間に試みられた仏英ヨーロッパの失敗である。そこにはまさに、一種のコペルニクス革命に基づくジャン・モネの主要な思想があった。フランス人は友人たちとヨーロッパを作ることができないがゆえに、かつての敵たちと建設することを試みるというのである。かくして史上二番目の仏独カップル、シューマン＝アデナウアーのカップルが確立する。

　すぐに両国は、お互いに利益を見いだすことになる。西独は、ナチスの敗北からまもない時期に、真の国際的認知を、そしてヨーロッパにおける役割を、さらに自らの鉄鋼の市場を獲得している。イギリスの躊躇は結局フランスに好都合で、フランスは大陸に留まったままの共同体のなかでリーダーシップをたやすく確立することに成功した。シューマン・プランに引き続いて、ヨーロッパ軍についてのプレヴァン・プランが提案され、1952年5月には同じ6カ国によってヨーロッパ防衛共同体（EDC）の調印に漕ぎ着ける。歴史の逆説はよく知られている。フランスは自らが提案したこの計画を失敗させる。というのもフランスは欧州防衛共同体条約の批准を1954年8月30日に最終的に拒否したからである。1950年から1954年にかけては広範に議論が展開された。政治勢力や世論はこの問題をめぐって二分されている。ドゴール派と共産党は激しい「反EDC派」、逆にキリスト教民主主義者たちは「EDC派」で、その他の党派（社会党、急進党、独立保守穏健派）は分裂していた[17]。論争の当初、多くの人びとを恐れさせたのはドイツ再軍備の問題であった。フランスにおけるドイツのイメージの変化は、石炭と鉄鋼のようなどちらかといえば技術的な共同体

をドイツと作ることを受容するには十分だったとしても、フランス人の想像界はドイツの兵士たちと防衛共同体を創設することに同意するほどまでには深く変容はしていなかったのである。ドイツ国防軍による占領の記憶は、生々しかったし、この計画は傷ついた祖国のアイデンティティに触れすぎていたのである。1955年のヨーロッパ統合の再発進は、経済によるヨーロッパ建設に戻ることになる。交渉のなかで、仏独カップルは、作り直され、とりわけ1956〜57年にはギ・モレ＝コンラット・アデナウアー[18]のカップルが形成される。ユーラトムとEEC（あるいは共同市場）を創設する、1957年3月25日に調印されたローマ条約は、両国の利害の微妙な均衡である。

　ドゴール将軍が1958年に権力の座に復帰したとき、ECSCにもEDCにも反対していたその彼が、ローマ条約を遵守することを受け入れたことは驚きであった。その上、彼はフランスと西ドイツの間の関係の深化に乗り出している。ドゴールが仏独カップルを創造したというのは誤り——少なくとも彼以前に三つはあった——だとしても、逆に彼が仏独カップルに特別な広がりを与えたことは理解しなければならない。彼以前のカップルが「両国間の協調」と協力を可能にしたとすれば、ドゴール将軍はさらなる前進を成功させたのである。それは二つの国民の「和解」であり、たしかに「協調」以上のことを成功させたのである。政治的協調は何よりも指導者たち、厳格にはエリートに関わっている。ドゴール将軍はしばしば宰相アデナウアーを迎えたし、アデナウアーはフランスの国家元首に敬意を表している。国民間の和解はこれ以上のことを要求する。すなわち、できるだけ多くの人びとの意識に達するようなメッセージをともなった、劇的で象徴的な行為によって追求され、獲得されるべき民衆の同意である。この点については、二つのエピソードが注目に値する。1962年7月のフランスへのドイツ首相の訪問の際、彼はドゴール将軍とともにランスの大聖堂のミサに列席している。それは1914〜18年の戦闘の間に部分的に破壊されて第一次世界大戦のフランスの廃墟の象徴になったところである。同じ年の9月にドゴールはドイツに一大巡回ツアーに赴き、しばしば群衆の前の演説をドイツ語の言葉で締めくくっている。ボンでは、彼の演説から発する言葉は、直

接聴衆の心に達している。というのも、彼は思うままに偉大な歴史を呼び起こした後で、ドイツ国民は「偉大な国民」であったと述べたのである。1945年以来、ナチズムの崩壊以来、死の収容所の発見がドイツ人の良心を揺さぶり、彼らに多かれ少なかれ抑圧した恥の感覚を引き起こして以来、誰もこの表現をあえて使うことはなかった。かく話したのが、ドイツ占領に対するフランス人のレジスタンスを体現し、そのことが発言の正統性や権威を高めることになった人物、ドゴール将軍であった。この言葉は大きな感動を引き起こし、割れるような拍手喝采を招いている[19]。歴史のページをめくり、ドイツ人を彼ら自身と和解させることで、ドゴールは彼らとフランス人の間の和解を容易にしたのである。たしかに、この仏独カップルに公式の側面を与える1963年1月のエリゼ条約は多くの政治的期待を裏切っている[20]。フーシェ・プランの失敗のせいで、単なる仏独相互協力は、もともとドゴール将軍が望んだヨーロッパ多国間政治協力のもろい代用品であるかのようであった。他方ドイツ連邦議会は、西ドイツの大西洋同盟への愛着を宣言する前文を議決し、この前文はドゴールがアメリカに対抗して主張したがっていたヨーロッパ・アイデンティティを著しく弱めることになった。挙げ句に、ドゴールはアデナウアーの後任で、さらに大西洋主義者の首相エアハルトとは仲が悪かった。

　アデナウアーとドゴールが構築した後にも、他にも仏独カップルは形成されている。しかし仏独和解を再活性化する、もう一つの強力な象徴的行為を見るには、1984年を待たなければならなかった。首相ヘルムート・コールと大統領フランソワ・ミッテランが手に手をとって、1916年の血みどろの戦闘の場所ヴェルダンで、両軍合わせて数十万の戦死者を偲んだ記念式典に出席している。戦争の記憶は、一定の時間の間隔を置いて、平和の精神の下で精神的一体感の手段となったのである。シンボルや言葉の力は、しばしば、いかなる外交的行為より強力である。

3 和解における知識人と青年の役割

知識人たちも和解に役割を果たしている。ヨーロッパをめぐる議論のなかで、フランスの知識人たちは、1920年代に比べれば、1950年代、1960年代にははるかに存在感が薄いことは知られている。サルトルは、ヴァレリー、ジュール・ロマンあるいはジュリアン・バンダがそうであったような、「ヨーロッパ主義者」ではない[21]。しかしながら、当時はそれほど名高くもなかった知識人が非常に早くから和解の道を開いている。とりわけ、1945年以来フランス語とドイツ語で編集されている雑誌、Documents/Dokumente があった[22]。登場する名前のなかには、元移送者のジョゼフ・ロヴァンやアルフレッド・グロセールのような後によく知られるようになる人びとがいた。1970年代からは、より専門性のある、新しい世代の知識人たちが、自分たちの専門分野（とりわけ政治学や社会学）を足場に、ラインの両岸で関係を結ぶようになっていく。アラン・トゥーレーヌ、ピエール・ブルデューなどである。多くのドイツの作家（とりわけベル）が、「公共空間」や「立憲的愛国主義」についての思想がフランス思想界に影響を与えているハーバーマスのような知識人と同様に、フランスで知られるようになった。同様な事柄を、たとえばイギリスの知識人については言うことはできないだろう。フランス思想とドイツ思想の相互浸透は、今日では国民概念についての両者の立場に、一種の部分的な逆転が見られるほどになっている。19世紀の末にはシュトラウスとモムゼンが、民族、言語そして文化に基づいた、国民についてのむしろ固定的、文化的な見方をしていた。エルネスト・ルナンはむしろ進化的、市民的概念を持っていた。（有名な「日々の国民投票」は、同意と政治的意思に基づいた国民概念を規定している。）20世紀の終わりから21世紀の初めにかけては、ハーバーマスは、むしろルナンに近く、国民の未来の進化に向かった見方をしているのに対して、ジャン・ピエール・シュヴェヌマン[23]は、ルナンの思想にもちろん同意しながらも、過去から引き出された価値観の遺産に基づいた国民観しか考慮していない[24]。

最後に、仏独両国間の学校、大学同士の交流についても入念な研究が必要であろう。このタイプの関係が成功していることについては、あらかじめ予想できるし、またいくつかの手がかりもある。ドイツでのフランス語教育、フランスでのドイツ語教育が減少するなど、言語教育の状況は芳しくないものの、ライン両岸の中学、高校同士の交流は年々増大している。あらゆる証言が示すように、これらの交流は、ドーヴァー海峡の両岸よりもうまくいっている。高等教育教員の交流や留学生の滞在費援助の給費などを定めた1963年の条約は、多くの点から見ても成功であった。

最後に、両国の大学人や教師たちによって編集された最近の仏独共通教科書は、記憶の沈静化を示している。取り扱いが最も困難であった時期は、両国民を対立させた苦難の時期——二度の世界大戦——ではなかった。両国の歴史家たちはこれらの悲劇について、いまではヴィジョンを共有しているからである。教科書の著者たちの間で最も多くの議論を引き起こした問題は、1945年以後の世界とヨーロッパにおけるアメリカ合衆国の政策と役割である。この問題に関して、フランスの著者たちは、ドイツの著者たちほど大西洋主義者の傾向を持っていない。

おわりに

以上のことは、仏独両国民の記憶がもはや痛ましい過去について対立しておらず、記憶の争点は現在と未来に関する民主的討議に場所を譲ったことの証明である。ここに「共生の望み」の形成に対する必要条件がある。

おそらくここに一つの歴史の教訓があろう。それは、世界の一大地域が統一ないし統合に成功するためには当該地域の古くからの敵同士が根本的に和解し合わなければならないこと、未来を作るためには実際に過去を鎮めなければならないこと、このことである。

注

1) *Le couple France-Allemagne et les institutions européennes. Une postérité pour le plan Schuman*, sous la direction de Marie-Therese Bitsch, Bruxelles, Bruylant, 2001.
2) Karl von Clausewitz, *De la guerre*, dernière édition française: Paris, Editions de Minuit, 2001, 760 p.
3) Johann Gottlieb Fichte, *Discours à la nation allemande*（édtion française), Paris, Imprimerie nationale, 1992.
4) Michael Howard, *War and the Nation State*, London, Clarendon Press, 1978; Michael Howard, *La guerre dans l'histoire de l'Occident*, Paris, Fayard, 1990.
5) Jacques Bariéty, *Les relations franco-allemandes après la première guerre mondiale, 1918–1925*, Paris, Pedone, 1975.
6) Stephen Schuker, *The End of French Predominance in Europe: the Financial Crisis of 1924 and the adaptation of the Dawes Plan*, University of North Carolina Press, 1978.
7) Serge Berstein, *Edouard Herriot ou la République en personne*, Paris, Presses de la Fondation Nationale des Sciences Politiques, 1985.
8) René Girault et Robert Frank, *Turbulente Europe et nouveaux mondes, 1914–1941*, Paris, Masson, 2e edition, 1998.
9) *Le plan Briand d'union fédérale européenne: perspectives nationales et transnationales avec documents*（sous la drection d'Anotoine Fleury), Berne, Peter Lang, 1998.
10) René Girault, Robert Frank, Jacques Thobie, *La loi des géants, 1941–1964*, Paris, Masson, 1993.
11) Robert Frank, "L'Occupation allemande dans l'imaginaire français d'une guerre à l'autre", *Relations internationals*, No. 80, automne 1994.
12) Andris Barblan, *L'Image de l'Anglais en France pendant les querelles coloniales, 1882–1904*, Berne, 1974; Andris Barblan: "A la recherche de soi-même. La France et Fachoda"; Marlis Steinert, "L'évolution des images nationales en Allemagne pendant la deuxième guerre mondiale", 両論文とも以下に所収。*Relations internationals*, No. 2, "Mentalités collectives et relations internationals", novembre 1974.
13) Pierre Labori, *L'opinion française sous Vichy*, Paris, Le Seuil, 1990（nouvelle édition: Points Histoire, Le Seuil, 2001).
14) 以下も参照。*Images et imaginaire dans les relations internationales depuis 1938*,

sous la direction de Robert Frank, avec la collaboration de Maryvonne Le Puloch, *Cahiers de l'IHTP*, No. 28, juin 1994; Robert Frank, "Metalitaten, Vorstellungen und internationale Beziehunge", in *Internationale Geschichte. Themen-Ergebnisse-Aussichten*, Wirfried Loth-Jurgen Osterhammel (Hrsg), Munchen, R.Oldenbourg Verlag, 2000, pp. 159-185.

15) Eric Roussel, *Jean Monnet, 1888-1979*, Paris, Fayard, 1996; *Jean Monnet, l'Europe et les chemins de la paix* (sous la direction de Gérard Bossuat et Andreas Wilkens), actes du colloque de Paris (mai 1997), Paris, Publictaions de la Sorbonne, 1999.

16) Raymond Poidevin et Dirk Spierenburg, *Histoire de la Haute Autorité de la Communauté européenne du charbon et de l'acier: une expérience supranationale?* Bruxelles, Bruylant, 1993; Régine Perron, *Le marché du charbon, un enjeu entre l' Europe et les Etats-Unis de 1945 à 1958*, Paris, Publications de la Sorbonne, 1996.

17) cf. Marie-Thérèse Bitsch, *Histoire de la construction européenne de 1945 à nos jours*. Bruxelles, Ed. Complexe, 1996. 331 p., 2e éd. 1999, 360 p. (Questions au XXe siècle).

18) Gérard Bossuat, *Les fondateurs de l'Europe*, Paris, Belin, 1994, 2e édition: 2001 参照.

19) Aurelien Kruse, *Les voyages officiels de Konrad Adenauer en France et de Charles de Gaulle en République fédérale, en juillet et septembre 1962, au miroir de deux grands hébdomadaires ouest-allemands*, mémoire de maîtrise sous la direction de Robert Frank, Université de Paris I' Panthéon-Sorbonne, 1997 参照.

20) すでに古典となった以下の著作を参照。Georges-Henri Soutou, *L'alliance incertaine. Les rapports politico-strategiques franco-allemands, 1954-1996*, Paris, Fayard, 1996.

21) Robert Frank, "Les contretemps de l'aventure européenne", *XXe siècle. Revue d' Histoire*, No. 60 sur "Les engagements du 20e siècle", octobre-décembre 1998, pp. 82-101; Robert Frank, "Raymond Aron, Edgar Morin et les autres: le combat intellectuel pour l'Europe est-il possible après 1950?", in *Les intellectuels et l'Europe de 1945 à nos jours* (sous la direction d'Andree Bachoud, Josefina Cuesta, Michel Trebitsch), Paris, Publications universitaires, Denis Diderot, 2000, pp. 77-89.

22) Raissa Mezieres, *L'idée d'Europe dans* Documents, *revue des questions allemandes, 1945-1963*, mémoire de maîtrise sous la direction de Robert Frank, Université de Paris I, Panthéon-Sorbonne, 1997.

23) ルモンド紙が企画したシュヴェヌマンとジョシカ・フィッシャーの討論を参照。*Le Monde*, 21 juin 2000.
24) Robert Frank, "La France de 2002 est-elle eurofrileuse?", *Revue politique et parlementaire*, No. 1017-1018, numéro intitulé "France 2002: mutations ou ruptures?", mars-avril 2002, pp. 190-199.

第2章　1945年以降の独仏の社会関係

ハルトムート・ケルブレ
永岑 三千輝 訳

はじめに

　長期の戦争のあとの二つの国民の和解については、仏独関係の歴史がヨーロッパ内外でとくに頻繁に参照される。フランスとドイツの国民が三度もの血なまぐさい戦争のあとで接近し非常に密接な政治的協力関係、「仏独カップル」(*couple franco-allemand*) の状態にあるというのは、一面では、驚嘆すべきことである。この和解の例外的な良好性のために世界世論はとくに独仏関係に関心を寄せている。他面で、この協力関係がこの間すでにほぼ60年もの長きにわたっていることも驚くべきことである。もちろん、その間、和解のコンテキストは、ヨーロッパのなかでのフランス植民地帝国の没落、東側陣営とブレトン・ウッズ国際通貨体制の終焉、ソ連帝国の崩壊、ドイツ統一、そしてヨーロッパ連盟の6カ国から27カ国への拡大とともに、根本的に変化した。

　廣田功氏は私に独仏関係のなかでの社会の役割を取り扱うよう求めた。それは研究のなかでは、しかしまた世論の議論のなかでもきわめて違った評価を受けている[1]。
　一方では、社会は独仏協力の生成と維持で何の重要性も認められていない。こうした評価において決定的なのは、政府間の政治的関係であり、両国の経済

の結びつきの増大であった。それゆえ、たくさんの独仏関係史の叙述が社会を全く取り上げないか、ほんのちょっと触れるだけである。しばしば、フランスとドイツの間の社会的関係は1945年以降かなり密接になったが他のヨーロッパ諸国との社会的関係よりも密接ではないと主張されている。移民も結婚も、さらに消費スタイルの受容でも、最近の歴史で両国の間にとくに緊密な関係が生まれてはいない。フランスとドイツの社会的な差異も目立って大きなままであった。たとえば、出生率、労働組合や社会紛争の展開、エリート養成、憲法、国家と教会との関係などで、フランスとドイツの間には今日にいたるまで明確な違いがある。二つの社会は第二次世界大戦後、外に向かって全く開放的になった。もっともな理由から西ドイツ社会とフランス社会の同じようなアメリカ化が指摘されている。しかし、ラインの向こう側の社会への特別の開放性とか、ドイツ社会のフランス化とかフランス社会のゲルマン化などといったことはどこでも話題にならない。したがって、社会的な結びつきはむしろ独仏関係の弱点だと論じられている。本書で意図されているように、日本の視角で、独仏関係から何らかの結論を引き出そうとするならば、社会関係はむしろ忘れたほうがいいであろう。

　他方で、社会が独仏関係で特別の役割を演じているというテーゼもしばしば主張されている。何十年以上も、フランスとドイツの市民社会の間に密接で多様な関係が発展してきた。それは両国の市民相互の緊密な結びつきに限られてはいない。それは、決して珍しくなかった政府関係の冷却期においてフランスとドイツの政治関係を安定化させた。最近になればなるほど、この市民社会相互の関係が重要性を増してきた。この視角からは、社会こそがフランスとドイツの政治的関係を安定化させたのだと主張されている。したがって社会が独仏関係の強みであった。もし独仏の事例から何かを学ぼうとすれば、この視角では社会関係をこそ徹底的に見るべきだということになる。

　本章はこうした対立的評価を吟味してみたい。1945年以降の独仏関係の四つの側面を取り上げる。最初に社会的な交流と結びつきについて。次にフランスとドイツの社会の差異と類似性について。そのあと社会モデルに関するフラン

スとドイツの世論での論争。ラインの彼岸と此岸のモデルについてと同時に共通のヨーロッパ社会モデルについても。最後に、相互的な学問的観察の発展について。そして最後にフランスとドイツの社会関係の弱い側面と濃密な側面を総括したい。

1　フランスとドイツの社会の交流と結びつき

　フランスとドイツの社会的交流は1945年以降、他のヨーロッパ諸国との交流に比べて人目を引くほど緊密なものとはならなかった。少なくとも結びつきという点ではそうであった。この点に関して我々が持っている数字は、外国での教育、結婚、旅行、職業の移動性、消費財選択についてである[2]。いくつかの目覚しい事例を見よう。教育の流動性はフランスとドイツの間でとくに緊密ではなかった。ドイツの大学生はフランスよりもイギリスにたくさん出かけたが、逆にフランスの大学生はドイツよりもむしろベルギーやイギリスに向かった[3]。また結婚の結びつきも仏独カップルの間でとくに密度が濃いわけではなかった。フランス人とドイツ人はお互いに普通以上に頻繁に結婚してはいなかった。フランス人の男性や女性はドイツ出身者よりも、地中海や北アフリカあるいは南欧の出身の外国人男女とはるかに頻繁に結婚していた[4]。

　1989年頃、ドイツ人男性はフランス人女性よりはむしろイタリア、オランダ、オーストリアの、あるいはトルコの女性とはるかに多く結婚していた。ドイツ人の女性は、フランス人男性よりもむしろイタリア人、イギリス人、ユーゴスラヴィア人、オーストリア人、トルコ人あるいはアメリカ人の男性と結婚した。

　他の家族関係もドイツ人はむしろ他の諸国と緊密だった。非ドイツ人の親類をドイツ人はフランスによりもオーストリア、トルコ、イギリスにはるかに多く持っていた[5]。フランス人にとってもドイツ人にとってもラインの向こう側の国は、優先的な旅行先ではなかった。フランス人は、1998年、ドイツよりもむしろスペインやイギリスに多く旅行した。ドイツ人はフランスよりもスペインやイタリアに旅行した[6]。それぞれのラインの向こう側への移民も限られた

ものだった。フランスではドイツ人の数は、1970年代初め、すなわちヨーロッパへの国際的移民の飛躍的増加の終焉の時点で、ヨーロッパ人の移民のなかでも付随的な役割しか演じなかった。それは、南からの移民、すなわちイタリア、スペイン、ポルトガル、ユーゴスラヴィアからの移民より少なく、さらにはベルギーやポーランドからの移民よりも少なかった[7]。旧ドイツ連邦共和国ではこの当時、たしかにフランス人が次第に多く生活するようになった。しかし、その数は他の地中海諸国のはるかに後塵を拝していただけでなく、オランダやポルトガルといったはるかに小さな国よりも少なかった。逆に、ドイツ人は2004年、外国への移民が異常に多い15万人まで増えたとき、フランスに向かうよりはむしろアメリカ合衆国、スイス、ポーランド、オーストリア、イギリスに移民していった[8]。

　消費財の購入でも、ラインの隣人は必ずしも互いに優先的な国ではなかった。とくに重要な消費財、自動車で、ラインのそれぞれの向こう側の国は、フランス人にとってもドイツ人にとっても、たしかにヨーロッパのなかで最も重要な供給者となっていた。しかし、自動車は例外だった。なぜなら、ヨーロッパの自動車生産がますます二つの国に集中していたからであり、両国を除けばわずかにイタリアとスウェーデンだけでその国産車を買うことができるにすぎなかったからである。

　第二の、明らかにとくに目に付く消費分野では、すなわちレストランでは、他の国々が重要な役割を演じた。フランスの公衆イメージには、ドイツ・レストランはほとんど全く見られない。ドイツの公衆イメージには、フランス・レストランよりもイタリア・レストランや中華料理店が頻出する。最近になってとくにフランスの影響が強く感じられるのは、ホテルチェーンやドイツ鉄道駅の軽食レストランでみられるバケットやクロワッサンである。

　疑いもなくほとんどすべてのこうした独仏の社会関係は、第二次世界大戦後、とりわけ1980年代以降、緊密度を増した。しかし、その背後にあるのは、独仏の二国間だけに特殊な発展ではなく、むしろヨーロッパ化のプロセスであった。この緊密化は両国政府間の協定などによってではなく、むしろとりわけヨーロ

ッパ規模の決定によって促進された。両国間の商品交換の増加や移動性の増大は、はるかに多く、ヨーロッパ共同市場の創出、ヨーロッパの諸条約による自由移動や営業の自由、弁護士や医者といった高給職業のゆっくりとした双方向での開放、シェンゲン協定による国境コントロールの除去、欧州委員会の介入による銀行間振り替えや携帯電話通信の低廉化、ヨーロッパ諸条約による国民的社会保障や健康保険制度の開放、エラスムス計画による大学生の流動性、ヨーロッパ規模の研究計画による科学者の流動性と関係していた。

　たしかに戦後すぐの時期から大学生や、博士の院生、大学教員の交換のための独仏二国間計画は存在していた。その点にはすぐあとで立ち返ろう。しかし、1980年代以降、エラスムス計画によって両国間の大学生交換はヨーロッパ化した。大学教員交換ではヨーロッパの研究計画の重要性が増した。博士の院生交換のみが、これまでのところ両国間関係が優勢である。

　これに対して、とくに緊密だったのは市民社会の独仏の結びつきであった。すなわち、二国間の協調イニシアティヴや諸組織、利益団体、社会運動、ネットワーク、プロジェクトの協力がそれであった。もちろん、第二次世界大戦後、こうした両国間の結びつきは遅々としか進展しなかった。協調イニシアティヴはわずかしか成立しなかった。それらはとくに両政府によって、そしてフランスの知識人・科学者と数人のドイツの知識人・科学者によって推進された。1948年創立の「新しいドイツとのフランス交流委員会」（comité français d'échange avec l'Allemagne nouvelle）、1945年設立の「連絡・記録国際事務局」（Bureau international de liaison et de documentation）、1948年創立のルートヴィヒスブルク独仏研究所、1951年にマインツに開設されたヨーロッパ史研究所がそうしたものであった。当時、戦争はまだ非常に強い影響を残していた。フランス人とドイツ人の相互の不信感は長い間強く持続した。ようやく1970年代になって、つまりラインの彼岸の国に対する信頼が世論で圧倒的になってはじめて、旧連邦共和国とフランスの間の市民社会の協力のためのイニシアティヴがたくさん生まれた。その形態は、都市パートナー、村パートナー、学校パートナー、青少年交流、大学間協力、教科書委員会、出会いセンター、たくさんの組織と

政党の意見交換、二国間科学協力といったものだった。

　フランスとドイツ民主共和国との間のはるかに密度の薄い協力も、かなり強く上からコントロールされ組織化されて発展した[9]。

　疑いもなく、市民社会の結びつきの分野でも二国間関係が完全に支配したわけではなかった。ヨーロッパ化が低く評価されるべきではなかった。すでにヨーロッパ統合の開始以来、ヨーロッパの利益団体や組織が生まれていた。それらのなかでフランスとドイツの利益代表者が協力し、欧州委員会や欧州議会の決定に影響を及ぼした。とくに1980年代以降、そのようなヨーロッパ組織の発展に大きな推進力が働いた。ブリュッセルは今日、そのようなヨーロッパ組織の、すなわち二国間ではない組織のエルドラドである。それと並んで、ヨーロッパ統合とは独立して、たくさんの国際的な、二国間ではない、しばしばヨーロッパ的な組織が、人権分野ではアムネスティ・インターナショナルのような組織、教会ではカリタスのような組織、社会的コンタクトではロータリー・クラブのような組織、スポーツではFIFAのような組織が生まれた。そうした組織のなかでもフランス人とドイツ人はよく協力した。

　総じていえば、ヨーロッパ統合とヨーロッパ市場の創出は、フランスとドイツがヨーロッパ統合の主導者であったし、きわめて早くからお互いにそれぞれ最も重要な貿易相手国になっていたとしても、両国の例外的に密接な社会的結びつきをもたらしたわけではなかった。密接な経済的協力が自動的にとくにたくさんの社会的結びつきをもたらしはしなかった。移民でも、旅行でも、教育交流でも、消費の結びつきでも。それに対して、とくに緊密だったのは、意識的な市民社会的結びつきであって、これは市場に依存するものではなく、むしろ両国政府の意思や市民社会のさまざまの組織やイニシアティヴの意思によるものであった。

2　フランスとドイツの社会的な収斂と乖離

　第二次世界大戦後の仏独関係にとってなんといっても決定的だったのは、

1950年代、1960年代以降のフランス社会と連邦共和国の社会が以前よりも似通ってきたことであり、二つの社会の19世紀と20世紀における長期の別々の発展が終わったことである。

フランスのドラマティックな経済社会の近代化、これを社会学者アンリ・マンドラ（Henri Mendras）は「第二のフランス革命」と呼んだが、それがさまざまの点で旧ドイツ連邦共和国との類似性を増加させた。すなわち、工業とサービスの同じような重要性、輸出経済志向での類似性、グローバルに活躍する大企業の似たような生成、さらに、都市拡張の類似性、都市・建築の拡大計画の類似性、福祉国家や教育拡張の類似性、さらには、消費文化、長期休暇文化、住宅文化、飲食などにおける接近といった事態である。

こうした接近は二つの社会の均質性をもたらしはしなかった。魅力的な、啓発的な、あるいは面白い独仏の違いは、経済や社会のこうした分野でも十分よく維持されている。しかし、そうした違いは、21世紀初めの今日、20世紀中頃と比べればはるかに重要性を失っている[10]。

こうした接近が経済と社会のすべての分野を把捉してはいないことは、間違いない。とくに四つの分野で相当な違いが残っている。家族は異なったままだし、フランスの出生率はドイツよりもはるかに高い。家族の教育方法も別である。フランスの家族は妻と母にとってドイツよりも自由であり、ドイツの家族は青少年のものにとってフランスよりも自由である。

社会紛争は第二次世界大戦後、別々の展開を遂げた。フランスでは労働組合がドイツよりはるかに弱いし、賃率協定もはるかに不安定である。フランスにおいては社会的抗議の意欲や社会的抗議への共感がドイツよりもはるかに大きい。妥協点を見つけるための粘り強い交渉の原則は、ドイツにおいてはフランスよりも優先度が高い。エリートもこれまでどおり根本的に異なっている。フランスのエリート大学校、グランゼコールに関して、ドイツにはこれまでどおりそれに対応するものがない。フランスのエリート校卒業生の生涯にわたる個人的な結びつきや仲間意識は、ドイツで発展しなかった。ドイツの大学は、フランスのエリート大学が持っているのと比較できる、公的儀式で箔をつける威

信を持っていない。最後に、宗教と教会も、フランスとドイツでは相当に違ったままである。この差異は、単にフランスがカトリックの支配的な国で、かなり多くの、主としてアラブ系イスラム系のマイノリティを持っているが、それに対してドイツは宗教的には混合の国で、フランスよりもいくぶん少ないが、主としてトルコ系のイスラム系マイノリティのいる国だということだけにあるのではない。国家と教会の基本的な関係も、両国では違っているのである。「ライシテ」については、ドイツではこれまでどおりそれに対応するような発展はなかった。その正しい概念さえもない。国家による教会税の徴収にいたるまでの国家と教会の密接な協力は、フランスでは理解するのが引き続き困難である。

　もちろん、こうしたフランスとドイツの対照的な位置づけは過度の単純化である。ドイツ国内でみられる宗教性や家族の大きな違いが、この差異をかなり複雑にしている。東部ドイツは宗教でも家族でも西部ドイツよりも、フランスとの差異がわずかしかない。さらに、社会学者は、宗教紛争や家族のなかでのフランスとドイツの間の新しい類似性を強調している。たとえば、イスラム教マイノリティとの頭巾紛争、あるいは教会に類似のイスラム組織を求める両国家の試み、あるいは新しい家族政策や若い世代の両親の父親と母親の役割の新しい定義などにおいてである。社会紛争でも紛争の対象の類似性を看過することはできない。公企業の規制緩和、年金年齢の引き上げ、そして生涯の労働時間の長期化、新しい貧困、終身の安定した就業の減少、不安定雇用の増加の問題などである。

　総じていえば、フランスとドイツの社会は過去50年間、相互の接近が支配的であった。二つの社会がまだお互いに学ぶには十分なほど違っているとしてもである。こうした接近は利害の類似性をもたらし、それによってヨーロッパ連合のなかでの両国間の政治的妥協を容易にした。さらに、歴史学や社会学でフランスとドイツの差異の評価が変化してきたという印象も受ける。こうした差異は、ヨーロッパ連合やグローバル化の重要性が増していることから、その魅力の多くを失ってしまったように見える。フランスとドイツという二つのヨーロッパ社会が直面しているたくさんの共通の問題は、しばしば科学にとっても

かなり大きな挑戦と受け止められている。

3　社会モデルについての論争

　社会モデルについての論争は、フランスとドイツの社会的な関係のもう一つの重要な要素であった。これは、二つの側面を持っており、それらが違った展開を遂げた。その論争は一面では、二つの社会の相互理解に関するものであり、他面では共通のヨーロッパ社会モデルに関する論争である。

　フランスとドイツの社会の相互の理解は、第二次世界大戦後、深い非対称性に特徴づけられた。フランスはドイツの見方からすれば、一度も一つの社会モデルとは認められなかった。フランスはとりわけ文化モデルであり、高い文化のモデルであり、絵画と彫刻のモデル、文学と映画のモデルであった。他面で、フランスは生活スタイルのモデルであった。すなわち、モード、料理、ワイン、香水、そしてエレガントな生活スタイルのモデルであった。パリはこうした文化モデルの二つの面の最も重要なシンボルだった。同時に、フランスはドイツの歴史認識では政治モデルであった。フランス革命と1968年5月はそれを象徴していた。このフランスの政治モデルは、明確な影の側面も持っていた。とくにフランスの指導権要求やフランスの政治的傲慢さ——これについてはナポレオンがシンボルとなっていた——といわれるものに対するドイツの不安があった。

　ようやく最近になってフランスは、家族に関する論争、高いフランスの出生率に関する論争、子供の教育のためのフランスの良好な保障給付に関する論争、そして母親の役割に関する別の、フランス的理解に関するドイツの論争でも、一つの社会モデルになった。

　これに対してドイツは、フランスからすれば、なんといっても社会モデルであった。ドイツは強い中間団体モデルであり、政府の政治的決定が社会との合意に達して下される前に、高密度の利益団体、同盟、ネットワークが詳しく議論するというモデルであった。

ドイツはフランス大統領の孤高の決定に対する反対モデルであった。フランス大統領の決定は社会の意見との不一致をもたらすことが稀でなく、フランスの大都市で大規模な政治デモを引き起こすことも稀ではなかった。さらにドイツは経営者と労働組合の間の妥協のモデルであり、少ないストライキと長期の交渉のモデル、賃率協約の発達と穏健な賃金協定のモデルであった。これに対して、文化モデルは、文学においても絵画においても、さらに映画においても、ドイツにはあてはまらなかった。個々の作家や映画の成功はそのことを何も変えなかった。18世紀と19世紀のドイツ哲学とドイツ音楽だけがフランスの文化的世論のなかで認められていたが、それは純粋に歴史的なドイツであった。政治の面ではドイツはとりわけネガティヴなモデルであった。ナチス独裁、ナチス軍隊によるフランス占領、フランスのユダヤ人も含めたユダヤ人の大量虐殺が政治的ドイツの像を刻印していた。連邦共和国の民主主義は間違いなく正確に確認されており、非常にポジティヴに受け止められていたが、決してフランスにとっての政治モデルではなかった。広範な世論のなかではなく専門家サークルの間でだけ、ドイツ連邦議会の強さがフランスの国民議会（*assemblée nationale*）の弱さとの比較で評価され、また連邦憲法裁判所の巨大な重みや連邦主義の利点が見習うべきモデルと評価されてきた[11]。

　こうした非対称性は嘆くべきことかもしれない。それによってフランスとドイツの世論がラインの向こう側の社会の別の利点に対して盲目になったままだからである。しかしながら、フランスとドイツの関係は、こうした非対称性によってむしろ強化されている。なぜなら、相手の国が自国の弱点を認識させるモデルとして役立っているからである。フランス世論が自分の国を社会的妥協の国、中間団体の強い国と認めているとすれば、彼らにとってドイツは何の興味もない国であっただろう。ドイツ世論が自分の国をモードや自主制作映画の国、あるいは料理の洗練された国と思い込んでいたら、フランスには何の注意も払わなかっただろう。お互いの認知の非対称性が二国間関係を強めたのである。

　これに対して、ヨーロッパの共通の社会モデルに関する論争は、独仏論争な

どではなく、ヨーロッパ人、アメリカ人、日本人、ラテンアメリカ人の間のグローバルな論争であった。そのグローバルさはもちろん明確な空間的限界を持っているのだが、その規模に関してはまだほとんど研究されていない。すでに両大戦間期から始まっていたことだが、ヨーロッパは第二次世界大戦後、福祉国家、都市計画、保健システム、教育のモデルになった。国家的な社会保険によってすべての個人的な生活の危機に対して全市民を普遍的に保護すること、そして国家による教育機会や人間らしい住まいの確保が、積極的な就業政策と結びついて、このモデルの最も重要な要素であった。それはもちろん、個別の問題では正確に定義されていないこともしばしばであった。この社会モデルは一方ではヨーロッパ人によって、そのなかに当然フランス人もドイツ人も含まれているのだが、第二次世界大戦後、とくにヨーロッパ的な達成として、しかしまた多くの場合に特別なヨーロッパの重荷としても、評価された。他方で、多くの非ヨーロッパ人には、とりわけ日本のような豊かな国々、あるいは北アメリカ、ラテンアメリカ、アフリカのようなヨーロッパととくに強く結びついている諸国では、このヨーロッパの社会モデルが自分たちの社会政策の目指すべき目印と評価された[12]。

　このヨーロッパ社会モデルは、第二次世界大戦後の歴史のなかで根本的に変化した。それは、1950年代から1970年代までは非常に強く人をひきつける力を持っていた。当時、ヨーロッパで経済の成長率が世界平均のはるか上をいっていた。その上をいくのは日本だけだった。また西ヨーロッパの失業率はきわめて低く、福祉国家がヨーロッパで膨張した。その当時、福祉国家はヨーロッパ人にとって社会的進歩信仰の支えであった。

　これが1970年代以降、変化した。ヨーロッパの経済成長率は、世界平均以下に沈んだ。失業率は豊かな国々の平均を上回った。貧困問題が大きくなった。ヨーロッパ社会国家の弱点が次第にはっきりしてきた。この社会モデルに対する批判がヨーロッパで増えた。それが廃棄されたところはどこにもなかったが、ヨーロッパのなかでの違いも世論の論争では以前より強調された。低い基礎的社会扶養のアングロサクソン・モデルが、非常に高額の社会支出と税金のスカ

ンディナヴィア・モデルと区別され、後者がさらに比較的多額の社会支出と相当高い失業率を持つ大陸の「ライン・モデル」と区別された。この「ライン・モデル」の核となるのがフランスとドイツであった。ヨーロッパの社会モデルはアメリカのモデルに対してグローバルな魅力を失った。「ライン・モデル」は多くのヨーロッパ人と非ヨーロッパ人にとって西ヨーロッパ、後には全ヨーロッパの病的経済状態のシンボルとなった。

　もちろんこの社会モデルはフランスとドイツではこれまで精神的には放棄されなかった。フランスとドイツの人びとは国家による社会保障の価値に確信を持っており、多数派はそれを私的な社会保障に置き換えることに前向きではなかった。政府は、別の諸原則を持ち込もうと試みることも稀ではなかったが、福祉国家を実際には廃棄しなかった。社会支出が社会生産に占める割合は減少せず、むしろその反対に持続的に増加した。「ライン・モデル」はしたがって世論のなかでは防御の体制に入ったが、決してそぎ落とされはしなかった。共通のヨーロッパの社会国家は、それによって独仏関係にとって議論がなくはないとしても、重要な意味を持った。

4　相互の科学的観察

　相互の社会的評価においては科学的な観察が重要な意義を持った。科学が政府の単なるメガホンになってしまったり独裁者によって監督されたりしない限り、科学は他の国を観察する上でも他の国に関する情報の面でも、また他の国に対する偏見をなくし、意見の対立を解決するためにも、抜きん出た役割を演じた。科学が公然と関与すれば、世論にも強い影響を与えることができる。フランスとドイツの相互の科学的観察は、第二次世界大戦後、著しく変化した。第二次世界大戦後の最初の何十年かはフランスとドイツの科学は互いに疎遠だった。たくさんの理由からフランスとドイツの科学者はあまり多くを語らなかった。二つの世界大戦によって生じた深刻な不信は、科学でも続いていた。両国の科学の相互の何十年もの孤立で、理論、方法、研究の問題関心、そして「熱

い」テーマで深い亀裂が生じた。ヨーロッパの共通のテーマについて、科学者は長い間、稀にしか研究しなかった。ナショナルなテーマが支配的な状態が続いた。啓蒙、フランス革命、ナチスのヨーロッパ占領といった国際的なパースペクティヴでこそ取り扱えるようなテーマも、主にナショナルな視角で考察された。アメリカ合衆国、西側の新しい主要科学の研究が両国に与える影響の強さは非常に違っていた。ドイツの研究はフランスの研究よりもはるかにアメリカ合衆国のほうを向いていた。それに対して、ラインの向こう側の科学に対する関心は両国でごくわずかで、麻痺状態であった。ドイツのフランス専門家とフランスのドイツ専門家は、それぞれの学問分野で弱い地位しか占めていなかった。こうした相互に無知の状況下では、政治と科学が協力した科学政策的な研究所の設立は大きな意義を持った。すなわち、パリのドイツ史研究所（1959）、パリのドイツ学術交流会DAAD事務所（1962）、ゲッチンゲンの以前のマックス・プランク歴史研究所に作られた「フランス史研究部門」（mission historique française 1977）がそうしたものであった[13]。

　それに対して、とくに1980年代以降は、それぞれに相手の国を研究する研究所が急速に増えた。すなわち、ベルリンのマルク・ブロック・センター、パリのCIER（「ドイツに関する勉学・研究のための学際センター」）、ザールブリュッケンの独仏大学、フライブルク、ザールブリュッケン、ライプツィッヒ、ベルリンのフランス・センター、とくに歴史家のためには、定期的にドイツとフランスの社会史研究者が研究会を持つ独仏歴史家委員会などである。これらの研究所はたいてい科学者のイニシアティヴによって生まれた。定期的な会議、講演、客員教授招聘によって、それぞれ相手の国についての正確な知識ができた。奨学金プログラムによってたくさんの若い科学者が相手の国を研究した。たくさんの独仏合同学位授与審査（cotutelles）が実施された。最近数年間に授与されるフランス国民議会とドイツ連邦議会の独仏議会賞には、毎年、それぞれの相手国についての研究、比較研究ないし関係研究の約50から60のモノグラフィーが提出されている。もちろん、両国の科学者の相互関心の双方向的高まりは、自動的に進行するものではない。それは繰り返し刺激され、助成され、

新しい「熱い」科学的テーマに向けられなければならない。付け加えておかなければならないことだが、一つの観点では密接な協力は全く成果がなかった。これまで大学教員のための共同の独仏市場は生まれていない。ごくわずかのドイツ人の大学教員がフランスの教授職で教えているにすぎない。ドイツの教授ポストで教えているフランスの大学教員は全くといっていいほどいない。

最近、さらに重要な変化がおきた。それぞれの相手国に関する研究が変化した。以前は、それぞれの相手の国についての研究には特定の学問分野が携わっていた。フランスではとくにドイツ学であり、これは単に文学だけではなく、一つの文明（civilisation）として政治、法、経済および全般的な歴史にも取り組んできた。それと並んで18世紀と19世紀のドイツ哲学に対する関心から、哲学がドイツを研究した。ドイツではとくにロマンス研究がそうであった。これはその一つの重点をフランス文学においていた。それに加えて両国では歴史家、政治学者、法律家、民族学者や社会学者がいて、彼らはそれぞれ相手国に専門化し、全生涯をつぎ込んで研究していた。もちろん最近フランスのドイツ学は、また明らかにフランスのドイツ哲学専門研究者も、劇的な危機に遭遇した。学生数が激減したのである。フランスのドイツ学研究所は閉鎖された。フランス文学を学ぶドイツの学生も減少しているようである。もちろんそれぞれの相手国に関する研究は別の学問分野で継続している。すなわち、歴史学、政治学、社会学、文化史、経済学において。たしかにそこでも相手国との取り組みは変化している。生涯にわたる専門化に代わって一つのプロジェクトだけで仕事をし、ラインの向こう側の国について一冊だけ本を書くというふうにである。その場合でさえ、もっぱら相手の国と取り組むのではなく、いくつもの国との比較や関係研究を行っている。そこで、自分の学問分野との結びつきが、ラインの向こう側の研究対象国との結びつきより強いこともしばしばである。

おわりに

フランス社会とドイツ社会の関係は、本当に1963年のエリゼ条約にいたるま

での両国の和解や接近だけでなく、両国の永続的な協力関係に貢献したのであろうか？　和解も協力の永続性ももっぱら社会的関係に依存していたわけではないことは確実である。結局は政府と市民社会の政治的意思が決定的であった。この側面は本書の別の論文で取り扱われている。しかし、それに加えて過去約50年間の社会的条件も独仏の和解と協力を著しく容易にした。良好な社会的条件だけに言及すれば、もちろん美化しすぎていることになろう。いくつかの社会的条件は独仏の和解と協力をむしろ妨げ、少なくとも本当には促進しなかったのである。

　独仏協力が両国間の社会的な絡まり合いによって促進されたというのは本当ではない。独仏協力は、両国間でとりわけ移民が多かったことによるのでも、とりわけ相互の旅行が多かったことによるのでも、それぞれの相手国での教育や大学での経験がとくに多かったことによるのでも、また結婚による家族的な結びつきが相互にとくに緊密だったことによるのでもなかった。これらすべての社会的な結びつきは、最近何十年かのうちに増加し、両大戦間期よりも密接に二つの国を結びつけた。しかしそれらは、他のヨーロッパ諸国との間よりも急速に増えたわけではなかった。だからそれらの要因ではとくに緊密な独仏協力を説明できない。ヨーロッパ統合は商品取引での両国のとくに緊密な経済的結びつきをもたらした。しかし、特別に密接な社会的結びつきをもたらしたわけではなかった。

　「ライン資本主義」の共通のモデルも、ある限定された時期に関してだけ、独仏協力の良好な文脈のなかで評価できよう。1950年代から1970年代まで、実際にこの「ライン資本主義」は異常に高い経済成長、輸出の成功、低い失業率、福祉国家の強力な構築、集中的な都市計画を特徴とし、独仏の共通性をなすもので、アングロサクソン・モデルやスカンディナヴィア・モデルから独仏を区別するものであった。この当時、フランスの経済学者ミシェル・アルベールがこの表現を打ち出した。

　「ライン資本主義」はたしかに当時の独仏和解にとっては有利な枠組みだった。しかし、1970年大以降、このモデルは経済的活力と社会的利点を失った。それ

は過去約30年間の仏独協力の永続性を正しくは説明できない。さらに両国の関係のもう一つの特殊性、すなわち外国語知識も弱まった。1950年頃は、まだそもそも外国語の知識を持っているのは少数派であったが、そのなかではかなりの割合で、フランス人がドイツ語を、ドイツ人がフランス語を話した。フランス語はまだ外交や国際組織の言語として大きな価値を持っていた。ドイツ語は、学問言語としてなおまだ重要だった。相手国の言葉の知識は、個別に立証するのは難しいとしても、二つの国の和解のための重要な前提条件であった。ところが現在、二つの言語は外国語としてはフランスでもドイツでも英語のはるかに後ろに退いてしまった。フランス人とドイツ人が英語で意思疎通することも稀ではない。それによって、緊密な独仏協力の言語的基礎、お互いの言語の知識が、危機的状態になっている。

　しかし、独仏協力の決定的で有利な社会的前提条件も存在した。最も重要なのは市民社会の自覚的意思的な関係であって、これがとくに1970年代以降、強力に発展した。しかも、それがエリートのレベルだけではなく諸都市、村々、学校、大学、職業組織、科学者のレベルでも発展した。市民社会のこの自覚的意識的な協力が、両国の和解だけでなく永続的な協力を支えた。なぜなら、それが政府間の緊張を和らげ、仏独政府のもめごとが敵対的な国民的緊張にならいようにする公然たる空気を作り出したからである。

　社会モデルについての公の論争も、相当に浮き沈みがあったが、独仏協力を支えた。それぞれの国がもっぱらポジティヴなモデルと見なされた。ドイツではフランスが文化モデル、政治モデルと見なされ、フランスではドイツが社会モデルと見なされた。ヨーロッパ社会モデルに関する同じような論争が、これまた独仏協力を支えた。外部からは排他的な「独仏カップル」なるものに対してヨーロッパと世界の批判が増えていたとしてもである。

　さらに過去何十年かに、とくに1970年代から1980年代以降、相手国の科学的観察が著しく強化された。相手の国を研究する科学的研究機関が増えた。相手国に関する研究が両大戦間期の敵国観察の性格を失って久しかった。科学的研究が両国に他者についての正確な知識をもたらし、理解が難しい相手国の発展

を説明することで、お互いを近づけた。それもまた仏独協力の永続性にとって決定的だった。

最後に、独仏協力は単に二国間の社会的理由からだけでは説明できない。なんといっても決定的なのは独仏社会関係のヨーロッパ化であり、全般的な西ヨーロッパの、後には全ヨーロッパの差異の解消傾向、社会的結びつきの増加傾向、そしてまた、社会モデルの論争の深化の傾向、ますます強まり地理的に包括的になるヨーロッパ統合を背景とした共通のヨーロッパ社会モデルに関する議論の深化であった。それは、統合の成果によってだけでなく、その危機や誤った決定を通じてもヨーロッパ化された。フランスとドイツの政治は単に二国間の協力を追求しただけではなく、とりわけ大きなヨーロッパのプロジェクトに対する責任も引き受けた。そこでは政治が社会的発展によって支持された。

注

1) 以下の比較的新しい文献のリストを参照されたい。Carla Albrecht, Neuere Forschungen zu den deutsch-französischen Gesellschafts-und Kulturbeziehungen nach 1945, in: Archiv für Sozialgeschichte; 45 (2005), S. 499–507; Marc Oliver Baruch, Servir l'état français. L'administration en France de 1940–1944, Paris Fayard 1997; Marie-Thérèse Bitsch, Hg., Le couple France-Allemagne et les institutions européens: Une postérité pour le plan Schuman? Bruxelles: Bruylant, 2001; Yves Bizeul, Der aktuelle Stand der deutsch-französischen Beziehungen, in: Mathias Schulz/Yves Bizeul, Die deutsch-französischen Beziehungen. Rückblick und aktueller Stand, Rostock 2000; Hans Manfred Bock, Hg., Projekt deutsch-französische Verständigung. Die Rolle der Zivilgesellschaft am Beispiel des deutsch-französischen Instituts in Ludwigsburg, Opladen 1998; Jean-Paul Cahn/Hartmut Kaelble, Hg., Religions et laïcité en France et en Allemagne aux 19ème et 20ème siècles/Religiöse Kulturen und Weltlichkeit in Deutschland und Frankreich im 19. und 20. Jahrhundert, (=Schriftenreihe des deutsch-französischen Historikerkomitees, Bd. 5), Wiesbaden: Steiner 2008; Eckart Conze, Die gaullistische Herausforderung: Deutsch-französische Beziehungen in der amerikanischen Europapolitik, 1958–1963, München: Oldenbourg, 1995; Marieluise Christadler, Einleitung: Deutsch-französische Kulturbeziehungen seit 1945, in: Deutsch-französisches Institut/Insti-

tut für Auslandsbeziehungen, Hg., Deutsch-französische Kulturbeziehungen seit 1945. Auswahlbibliographie 1991-2000, Stuttgart 2001, S. 1-10; Etienne François et al., Hg., Marianne-Germania. Deutsch-französischer Kulturtransfer im europäischen Kontext, 2 Bde., Leipzig 1998; Etienne François, Erbfreunde: Deutschland und Frankreich in Vergangenheit, Gegenwart und Zukunft, in: Wolfgang Bersdorf, Hg., Erbfreunde: Deutschland und Frankreich im 21. Jahrhundert, Weimar, 2007, S. 127-144; Julius W. Friend, The Linchpin. French-German relations 1950-1990s, New York Praeger 1991; ders., Unequal partners. French-German relations 1989-2000, Westport 2001; Rainer Hudemann, Die französische Besatzung in Deutschland nach 1945, in: Wolf Gruner/Klaus-Jürgen Müller, Hg., Über Frankreich nach Europa. Frankreich in Geschichte und Gegenwart, Hamburg 1996, S. 443-473; Pierre Jardin/Adolf Kimmel, Hg., Les relations franco-allemandes depuis 1963. Documents (1963-2000), Paris 2001; Ingo Kolboom et al., Hg., Handbuch Französisch, 2. Aufl., Erich Schmidt Verlag 2008 (vor allem die Artikel von Ernst Weisenfeld, Henrik Uterwedde, Hans-Manfred Bock, Michael Werner über die Geschichte der deutsch-französischen Beziehungen); Hartmut Kaelble, Les relations franco-allemandes de 1945 à nos jours, Thorbecke Ostfildern 2004; Hartmut Kaelble, Die kulturellen und sozialen Beziehungen Frankreichs und Deutschlands seit dem Zweiten Weltkrieg, in: Aus Politik und Zeitgeschichte: B 3-4. 2003, 20. 1. 2003, S. 40-46; Ulrich Lappenküper, Die deutsch-französischen Beziehungen 1949-1963. Von der "Erbfeindschaft" zur "Entente élémentaire", 2 Bde., München Oldenbourg 2001; Chantal Metzger, Hartmut Kaelble, Hg., Deutschland, Frankreich, Nordamerika: Transfers, Imaginationen, Beziehungen, München: Steiner, 2006; Hélène Miard-Delacroix, Rainer Hudemann, Hg., Wandel und Integration. Deutsch-französische Annäherungen der fünfziger Jahre. Mutations et intégration. Les rapprochements franco-allemands dans les années cinquante, München: Oldenbourg 2005; Hélène Miard-Delacroix, Les relations franco-alemandes, in: Serge Berstein, Hg, Les années Mitterand, les années du changement (1881-1884), Paris 2001, S. 295-310; Ulrich Pfeil, Die "anderen" deutsch-französischen Beziehungen: die DDR und Frankreich 1949-1990, Köln: Böhlau, 2004; Ulrich Pfeil, Hg, Deutsch-französische Kultur-und Wissenschaftsbeziehungen m 20. Jahrhundert. München Oldenbourg 2007; Raymon Poidevin, Péripéties franco-allemandes: du milieu du XIXe siècle aux années 1950. Recueil d' articles, Bern: Lang, 1995; Dorothee Röseberg, Hg., Frankreich und "Das andere Deutschland": Analysen und Zeitzeugnisse, Tübingen: Stauffenburg-Verl., 1999; Henri Rousso, Les années noires, Paris 1992; Martin Schieder, Im Blick des Anderen. Die deutsch-französischen Kunstbeziehungen 1945-1959, Berlin: Akademie Verlag 2005; Tilo Schabert, Wie Weltgeschichte gemacht wird. Frankreich und die deutschen Einheit, Stuttgart: Klett-Cotta 2002; Stephen A. Schuker, Hg., Deutschland und Frankreich. Vom Konflikt zur Aussöhnung. Die Gestaltung der westeuropäischen Sicherheit 1914-1963, München: Oldenbourg 2000; Georges-Henri Soutou, Alliance incertaine. Les rapports politico-stratégiques franco-allemands, 1954-1996, Paris: Fayard 1996; Martin Strickmann, L'Allemagne nouvelle contre l'Allemagne éternelle. Die französischen Intellektuellen und die deutsch-französische Verständigung 1944-1950, Frankfurt 2004; Simone Weske, Deutschland und Frankreich-Motor einer europäischen Sicherheits-und Verteidigungspolitik? Baden-Baden: Nomos 2006; Andreas Wilkens, Die deutsch-französischen Wirtschaftsbeziehungen 1945-1960, Sigmaringen 1997; Oliver Wieviorka, 1940-1944, Le noir de l'occupation, in: Jean-Pierre Rioux/Jean-Francos Sirinelli, Hg., La France d'un siècle à l'autre 1914-2000. Dictionnaire critique, Paris 1999; Wichard Woyke, Deutsch-französische Beziehungen seit der Wiedervereinigung. Das Tandem fasst wieder Tritt, Opladen: Leske & Budrich 2000.

2) ここではフランスと旧西ドイツ（連邦共和国）の間の絡まり合いに限定する。フランスと旧東ドイツ（ドイツ民主共和国）の間でははるかに希薄だったからである。

3) Vgl. Steffen Mau, Transnationale Vergesellschaftung. Die Entgrenzung sozialer Lebenswelten, Campus: Frankfurt 2007, S. 139.

4) INSEE.

5) Statistisches Jahrbuch der Bundesrepublik Deutschland, Jg. 1991, S. 76; Mau, Transnationale Vergesellschaftung, S. 121.

6) Europäische Kommission, nach: Frankfurter Allgemeine Zeitung 23. 10. 1998, S. 28.

7) Données sociales, édition 1981, INSEE Paris 1981, S. 47.

8) Statistisches Jahrbuch der Bundesrepublik Deutschland, Jg. 1976, S. 158; Mau, Transnationale Vergesellschaftung, S. 125.

9) Vgl. Hans Manfred Bock, Hg., Projekt deutsch-französische Verständigung. Die Rolle der Zivilgesellschaft am Beispiel des deutsch-französischen Instituts in Ludwigsburg, Opladen 1998; Hans Manfred Bock, Hg., Deutsch-französische Begeg-

nung und europäischer Bürgersinn: Studien zum Deutsch-Französischen Jugendwerk 1963-2003, Opladen: Leske und Budrich, 2003; Etienne François, Le manuel franco-allemand d'histoire: Une entreprise inédite., in: Vingtième siècle; (2007), 94, S. 73-86; Emmanuel Droit, Entre histoire croisée et histoire dénationalisée: Le manuel franco-allemand d'histoire, in: Histoire de l'éducation; (2007), 114, S. 151-162; Rainer Riemenschneider, Transnationale Konfliktbearbeitung: Die deutsch-französischen und die deutsch-polnischen Schulbuchgespräche im Vergleich, 1935-1997, in: Carsten Tessmer, Hg., Das Willy-Brandt-Bild in Deutschland und Polen, Berlin, 2000, S. 71-79; Ulrich Pfeil, Die "anderen" deutsch-französischen Beziehungen: die DDR und Frankreich 1949-1990, Köln: Böhlau, 2004, S. 636-647.

10) vgl. Henri Mendras, La Seconde Révolution française 1965-1984, Paris Gallimard 1988; vgl. für Konvergenzen und Divergenzen zwischen Frankreich und Deutschland: Isabelle Bourgeois, Médias français et allemands: Convergences et divergences dans le contexte européen, in: Revue d'Allemagne et des pays de langue allemande; 37 (2005) 1.-S. 65-86; Patrick Weil, France, Germany and immigration policy: A paradoxial convergence, in: Douglas Webber, Hg., The Franco-German relationship in the European Union, London; New York, 1999.-S. 159-166; Robert Picht et al., Hg., Fremde Freunde. Deutsche und Franzosen vor dem 21. Jahrhundert, Piper München 1997; Hartmut Kaelble, Nachbarn am Rhein. Entfremdung und Annäherung der französischen und deutschen Gesellschaft seit 1880, München: Beck 1991; ders., Frankreich-Deutschland: Historisch-systematischer Gesellschaftsvergleich: in: I.Kolboom, et al., Hg., Handbuch Französisch. Studium-Lehre-Praxis, Berlin: Erich Schmidt Verlag 2002, S. 679-685; ders. Auf dem Weg zur europäischen Konsumgesellschaft: Charakteristika in Frankreich und Deutschland im Vergleich, in: Hélène Miard-Delacroix, Rainer Hudemann, Hg. Wandel und Integration. Deutsch-französische Annäherungen der fünfziger Jahre; Mutations et intégration. Les rapprochements franco-allemands dans les années cinquante, München Oldenbourg 2005, S. 193-200; Catherine Achin/Frédérique Matoni, Le mystère de la chambre basse: Comparaison des processus d'entrée des femmes au Parlement France-Allemagne, 1945-2000, 2005; M. Cotta/H. Best, Between professionalisation and democratization: a synoptic view on the making of the European representative, in: H. Best/M Cotta, Hg., Parliamentarian representatives in Europe, 1848-2000, Oxford UP 2000, S. 493-525; Hervé Joly, Die Säuberung der wirtschaftlichen Eliten in Frankreich und Deutschland in der Nach-

kriegszeit, in: Thomas Höpel at al., Hg., 1945-50 Jahre danach, Leipzig 1996, S. 130-152; Sabine Haustein, Vom Mangel zum Massenkonsum. Deutschland, Frankreich und Großbritannen im Vergleich 1945-1970, Francfort: Campus 2007; Jens Beckert, Unverdientes Vermögen: Soziologie des Erbrechts Frankfurt/Main: Campus 2004; Vgl. Hervé Joly, Hg., Formation des élites en France et en Allemagne, Cergy-Pontoise: CIRAC, 2005; Christophe Charle, La crise des sociétés impériales. Allemagne, France, Grande-Bretagne 1900-1940. Essai d'histoire comparée, Paris: Seuil 2001; R. Brubaker, Staats-Bürger. Frankreich und Deutschland im historischen Vergleich, Hamburg 1994; Dietmar Hüser, "Rock around the clock". Überlegungen zur amerikanischen Populärkultur in der französischen und deutschen Gesellschaft der 1950er und 1960er Jahre, in: Chantal Metzger/Hartmut Kaelble, eds., Deutschland-Frankreich-Nordamerika: Transfers, Imaginationen, Beziehungen (= Schriftenreihe des deutsch-französischen Historikerkomitees, Bd. 3), Wiesbaden: Steiner 2006, S. 189-208; Claire de Galembert, Die öffentliche Islampolitik in Frankreich und Deutschland: Divergenzen und Konvergenzen, in: Alexander Escudier, Hg., Der Islam in Europa. Der Umgang mit dem Islam in Frankreich und Deutschland, Wallstein Göttingen 2003, S. 46-66; Jean-Paul Cahn/Hartmut Kaelble, eds., Religions et laïcité en France et en Allemagne aux 19ème et 20ème siècles/Religiöse Kulturen und Weltlichkeit in Deutschland und Frankreich im 19. und 20. Jahrhundert, (=Schriftenreihe des deutsch-französischen Historikerkomitees, Bd. 5), Wiesbaden: Steiner 2008 F.Kaufmann, Hg., Sozialpolitik im französisch-deutschen Vergleich, Wiesbaden 1996 (Bd. 1 der Sektion Sozialpolitik der deutschen Gesellschaft für Soziologie, ZSR 1996); F.Schultheis, Familie und Politik. Formen wohlfahrtsstaatlicher Regulierung von Familie im deutsch-französischen Gesellschaftsvergleich, Konstanz 1999; R.Köcher/J.Schild, Hg., Wertewandel in Deutschland und Frankreich, Opladen 1998; Olivier Bobineau, Dieu change en paroisse, une comparaison franco-allemande, Rennes 2005.

11) Dietmar Hüser, Selbstfindung durch Fremdwahrnehmung in Kriegs-und Nachkriegszeiten: Französische Nation und deutscher Nachbar seit 1870, in: *Das Bild "des Anderen": Politische Wahrnehmung im 19. und 20. Jahrhundert*/Hrsg.: Aschmann, Birgit.-Stuttgart, 2000.-S. 55-79; Rainer Hudemann, Sozialpartnerschaft oder Klassenkampf?: Zu deutsch-französischen Spannungsfeldern seit dem 19. Jahrhundert, in: Christof Dipper, Hg., Europäische Sozialgeschichte: Festschrift für Wolfgang Schieder, Berlin, 2000, S. 173-184; Isabelle Bourgeois, La modèle so-

cial allemand en mutation, Cergy-Pontoise, 2005; Hans-Manfred Bock, Wechselseitige Wahrnehmung zwischen Frankreich und Deutschland, in: Ingo Kolboom et al., Hg., Handbuch Französisch, 2. Aufl., Erich Schmidt Verlag Berlin 2002, S. 613–619; Claudia Moisel.; Frankreich und die deutschen Kriegsverbrecher, Göttingen: Wallstein 2004; Cary von Butlar, Das vereinigte Deutschkand in der überregionalen Presse Frankreichs 1989 bis 1994, Berlin: Duncker und Humblot 2006; Ingo Kolboom. Pièces d'identité. Signets d'une décennie allemande 1989–2000, Montréal: Presses de l'université de Montréal 2002; Adelheid Hege, Adolf Kimmel, Stephan Martens, Henrik Uterwedde, Regards sur l'Allemagne unifiée, Les Etudes n° 5235, Paris: La Documentation française, 2006; Katja Erler, Deutschlandbilder in der französischen Literatur: nach dem Fall der Berliner Mauer, Berlin: E. Schmidt 2004; Fritz Nies, Catherine Colliot-Thélène Hg., Les enjeux scientifiques de la traduction: Echanges franco-allemands en sciences humaines et sociales, Paris 2004.

12) E. Rieger/S. Leibfried, Limits to globalization. Welfare states and the world economy, Polity Press Cambridge 2003; Ilàn Bizberg, Social security in Latin America n the 20th century and the model of the European welfare state, in: Hartmut Kaelble/Günter Schmid, Hg., Das europäische Sozialmodell. Auf dem Weg zum transnationalen Sozialstaat, Berlin Sigma 2004 (WZB Jahrbuch 2004); Yoko Tanaka, Between self-responsibility and social security. Japan and the European model from a historical perspective, in: H.Kaelble/G.Schmid, Hg., Das europäische Sozialmodell. Auf dem Weg zum transnationalen Sozialstaat, Berlin 2004; Andreas Eckert, Exportschlager Wohlfahrtsstaat? Europäische Sozialstaatlichkeit und Kolonialismus in Afrika nach dem Zweiten Weltkrieg, in: *Geschichte und Gesellschaft* 32, 4 (2006), S. 467-488.

13) vgl. Ulrich Pfeil, Hg, Deutsch-französische Kultur-und Wissenschaftsbeziehungen im 20. Jahrhundert. München: Oldenbourg 2007; Hans Manfred Bock, Hg., Projekt deutsch-französische Verständigung. Die Rolle der Zivilgesellschaft am Beispiel des deutsch-französischen Instituts in Ludwigsburg, Opladen 1998; Hartmut Kaelble, Science and the Franco-German reconciliation since 1945, in: Technology and society 23. 2001, S. 407-426; ders., La recherche française sur l'Allemagne: impressions d'un observateur extérieur, in: L'Allemagne aujourd'hui novembre 2002, S. 179–184.

第3章　独仏関係の政治的射程
──エリゼ条約を超えて──

川 嶋 周 一

はじめに

　戦後における独仏関係がヨーロッパ国際政治で果たした役割とはいかなるものだったのだろうか。逆に言えば、戦後のヨーロッパ国際政治のアリーナにおいて独仏関係が果たした役割はどのようなものだったのだろうか。本章はこの問いに対して、戦後独仏関係を特徴づけた独仏友好条約（エリゼ条約）の成立過程の再検討と、冷戦後におけるいくつかの象徴的な事例を取り上げながら、戦後独仏関係の（国際）政治的射程についてスケッチを描くものである。ただその作業を行う前に、いくつかの前提事項を確認する必要がある。というのも、戦後の独仏関係の歴史は、欧州統合の進展を梃子として、第二次世界大戦以前の「先祖代々の宿敵」から「和解」と「協調」を実現した過程として描かれることが多い[1]。大枠から見てもちろんそれは間違っているとは言えないが、議論を進める前に以下の三点について確認することで、独仏関係の対外的・国際的性質の輪郭を浮かび出させることが必要となるからである。

　第一に、「和解」を導出させた要因として、２カ国間内部の要因と冷戦という外的要因の二つに分ける必要があることである。とくに独仏関係が宿敵状態から脱したのは、ドイツが分断され、その西側ドイツ（西ドイツ）とフランスがソ連という共通の仮想敵の下に団結を余儀なくされたこと、さらに分断したヨーロッパの西側で独仏を中核としたヨーロッパ統合が進展したこと[2]、そし

て冷戦が西側勝利の形で――無論これにはいくつもの留保が必要であるが――終焉し、西ドイツが東ドイツを吸収合併したことで、戦後フランスが西ドイツと作り上げていた関係が冷戦後もそのまま引き継がれることになったこと、この三点がなければありえないことだった。冷戦というヨーロッパを二分した悲劇は、皮肉な形で独仏を結びつけたのである。この意味から、独仏関係を国際政治のなかに位置づけることは、独仏関係を見る際に不可欠な視点であり、本章はこの視点から独仏関係を描くことになる。

　第二に、この独仏関係における「和解」という言葉には、政治外交的、文化的、国民感情的など、いくつもの意味内容が混在していることである。ここで取り上げるのは政治外交的な意味になるが、これは文化的、国民感情的なそれと等値のものではないのと同時に、しかしながら全く無関係なものでもない、という点には留意を払う必要がある。エリゼ条約の成立は政治外交的な意味合いからすれば「和解」足りえたと言えるだろうが、しかしそれが国民感情的もしくはより根源的な歴史的「和解」を意味するとは限らない。また国際秩序の観点から言えば、政治外交的な独仏和解はヨーロッパ統合がシューマンプランを現実化したものとして成立した時点で実現したと解釈することも可能であろう。それゆえ本章では「和解」の詳細な意味内容の議論については立ち入らないものとする。

　第三に、しかしこの「和解」はいずれの意味においても完全に達成されたものではなく、その内容は流動的であることである。国際関係のなかにおける独仏間の政治的協調は――それはしばしばアドホックな協調関係によって「独仏枢軸」と揶揄され、アドホックな対立により「枢軸の崩壊」と形容される――決して静的なものではなく、常に不安定で国際環境の動きと有機的に連動している。つまり、独仏関係は、常に協調関係にあるわけではなく、確執や対立といった不安定要素から無縁ではない。したがって、独仏関係が国際政治上政治的役割を発揮するためには、常に協調・合意を創出しなければならないのである。

　以上の三点を確認することで、ヨーロッパ統合と独仏関係との関わりを、国

際政治のなかで分析することの意味が明らかになるだろう。

　しかしながら同時に、第二次世界大戦後の独仏関係は、ヨーロッパ統合において特別なリーダーシップを担い続けていたと言われる。実際、独仏関係は外交的に特別な関係にある。それは、きわめて緊密な二国間関係をフランスとドイツが構築していることを意味するだけでなく、両国が他の二国関係と比べて特別な仕組みをすでに作り上げているからである。結論から述べれば、独仏関係の特別さとは、特定の外交的アリーナにおいては独仏の見解を一致させることが両国の共通の利益として認識されていること、そして二国間に横たわる利益・見解の相違を合意に（ときには妥協に）持っていくマルチトラックな協議メカニズムを確立しているということ、そしてこのような、認識上の一体性への志向性と実務上の合意形成への志向性の両方が備わっていることにある。

　しかし、言うまでもないが、この二重の志向性は、フランスとドイツの二国が第二次世界大戦後の国際政治の展開のなかで獲得していった歴史的形成物である。そして、冷戦後の独仏関係は、冷戦期のそれとは相当に異なる構造とダイナミズムを有している。なぜ、どのような過程を経て独仏関係は特別な関係になったのか、そして特別な関係となった独仏関係は、現在どのような意義を国際政治のなかで持ちうるのか。本章は、国際政治のなかの独仏関係の過去と現在について、問題の構図のスケッチを描いていく。

　本章は大きく分けて二つに分けられる。まず、独仏関係が「特別な関係」へと姿を変えていく契機となった1963年１月のエリゼ条約の成立過程を振り返りながら、そこに見られる独仏関係の特質を考えたい。そして次に、エリゼ条約成立後の独仏関係がどのように二国間関係を進展させていったのかについて簡単に触れつつ、冷戦後の世界において、EUの存在感が格段に増した世界のなかで、また９．11以後の世界のなかで、独仏関係がどのような役割を国際政治のなかで担っていくのかについて、検討していきたい（ただし取り扱う事例は、本章の元となる報告が行われた2008年初旬までとなる）。

1 冷戦期における独仏関係
——エリゼ条約の成立過程のなかの「ドゴール的前提」

　1963年に成立した独仏友好条約、いわゆるエリゼ条約は独仏関係史における重要な画期となった。それはなぜかと言えば、上記の政治外交上の独仏関係の「和解」が、この条約の成立によって「達成された」と見なされているからである。具体的に見れば、エリゼ条約の成立により両国間の政治、軍事、文化・青少年交流という三つのレベルでの提携関係が制度化されたこと、その結果、独仏二国間での緊密な提携関係がその後発展したこと[3]、そして独仏関係がヨーロッパの枠組のなかに埋め込まれたからである。そしてさらにエリゼ条約が重要なのは、その成立過程を詳しく見てみると、戦後の独仏関係のマクロな展開（政治外交上緊密な二国間関係の形成）とそれを基礎づける特質（ドゴール的前提に基づく関係）が、条約成立というミクロな過程のなかに見いだすことができることである。以下、エリゼ条約の成立過程を振り返りながら、そこに見られる独仏関係の特質について述べていこう[4]。
　なぜエリゼ条約は成立したのか？　大きくまとめると成立要因は三つある。第一にフランス大統領ドゴールのヨーロッパ構想、第二に西独首相アデナウアーの外交、第三に西独外務省の動きである。順を追って説明しよう。
　第一にドゴールのヨーロッパ構想についてであるが、エリゼ条約の成立は、ドゴールが1959年から掲げた西ヨーロッパにおける「政治連合」（Union politique）構想が独仏二国間で実現した帰結である側面を持っている。1958年にフランスの政権に復帰したドゴールは、1959年より、政府首脳・外相の定期会談の制度化と経済・軍事領域での提携強化を柱とする政治連合の設立という構想を掲げていた。この構想はEECの政治統合を実現し、そのなかで独仏の緊密な提携を、とりわけ安全保障の領域での協調を中核として新しい西ヨーロッパの国際秩序を再構築することを目的としたものだった。ドゴールのイニシアティヴに基づき、実際にEEC6カ国のなかで実現を目指して交渉が1961年から

1962年にかけて行われる。しかし政治連合に防衛機能を備えることでNATOに代替する新しい西ヨーロッパにおける安全保障の枠組を作り出そうとしたドゴールと、あくまでEECの政治的な統合を実現するものとして政治連合を設立しようとしたフランス以外の国々の対立により、政治連合交渉は1962年4月には暗礁に乗り上げた。しかしドゴールは、EECの6カ国で設立できないのであれば独仏の2カ国で政治連合を先行して設立しようとした。そこで1962年9月から始まったのが独仏二国間の提携交渉だった。独仏は政治連合の規定を模して、政府首脳・外相の定期会談、軍事領域の提携、さらに青少年の交流という三つの領域での協調について規定を設けることについて合意した。こうして1963年1月22日、エリゼ宮で独仏友好条約が調印されたのである。

　こう説明すると、エリゼ条約の成立はすんなり進んだかのような印象を持たれるかもしれないが、実際の成立過程はもっと複雑である。それには第二の成立要因である、西独首相アデナウアーが大きく関わっていた。アデナウアーは戦後分断されて成立した西ドイツ最初の首相として内政外交の両面においてリーダーシップを発揮していたが、1960年代に入ると徐々に政権内での権力基盤を弱めていった。さらに問題になったのが当時の西ドイツを取り巻いていた国際環境の変化だった。西ドイツ外交は、建国より安全保障における対米依存と、西ヨーロッパにおける対仏協調、その表れとしてのヨーロッパ統合への積極的なコミットメントを特徴としていた。とりわけ、1950年代前半を通じて問題となった西独再軍備をめぐる米欧間での政治的危機が、1954年における西独のNATO加盟によって解決された後、米欧関係におけるアメリカ、ヨーロッパにおけるフランスが、西ドイツにおいて特権的な友好国となった。

　しかし、1958年にドゴールがフランスの政権の座につき、徐々にアメリカと距離を取る政策を進めるにつれて[5]、西ドイツにとってアメリカとフランスは調和的なパートナーとは言えなくなってくる。とくに1961年のアメリカのケネディ政権登場後、ケネディがNATO加盟国に対してMLFと呼ばれる多角的核戦力の共有構想を呼びかけて以来、独自の核戦力保有にこだわるフランスと、それを牽制したいアメリカとの間の対立は決定的となった。重要なのは、この

米仏対立が、西ドイツ国内、とくに政府内における政治的対立に結びついていったことである。つまり、外交におけるアメリカとの協調を優先的に考えるグループと、フランスとの協調を優先的に考えるグループとの間で深刻な対立が起こったのである。経済相エアハルトや外相シュレーダーに代表される前者は大西洋主義者、アトランティカー（Atlantiker）と呼ばれ、国防相シュトラウスに代表される後者はドイツ・ゴーリスト（Gaullist）と呼ばれた。優勢だったのはアトランティカーのほうである。また議会においても、野党のSPDはケネディが民主党ということもありアトランティカーは議会でも主流派であった。先の述べた、1962年9月から始まったエリゼ条約に結実する独仏交渉の最中、シュトラウスがシュピーゲル事件で国防相を辞任したこともありアトランティカーの優勢は決定的になった。

　ではアデナウアー自身はどうであったか。彼は大西洋主義者であると同時に対仏協調の姿勢を崩さなかった。しかし、このような対仏協調への姿勢は、アデナウアーの長期政権に対する反発もあって、閣内の理解を得られず、アデナウアーの政権基盤は徐々に弱体化していった。このことはアデナウアー自身も自覚しており、1962年9月以降の独仏間交渉では、アデナウアーの要求に基づき、独仏協調は制度化されない「紳士協定」に基づいたものとして進められていった。なぜなら、独仏間での友好条約は、アトランティカーが大勢を占める議会では同意を得られることが難しいと考えられたからである。しかし最終的に、アデナウアーは独仏協調を条約として調印することを受け入れた。なぜなら、対仏協調が西ドイツの中長期的な外交的利益になることを強く認識していたアデナウアーは、自らの外交政策の基本路線を後継者に受け継がせるべく、あえて条約という制度を選択したのである。西ドイツ建国以来一貫して、西側国家としての西ドイツという立場を取っていたアデナウアーにとって、エリゼ条約はその外交の総仕上げであった。

　最後の要因は、西ドイツ外務省のフランスへの認識転換である。今説明したように、ドゴールはアメリカから自立した政治的ヨーロッパを構築する中核として独仏間の提携を必要とした。アデナウアーはそのままでは放棄される可能

性が高かった対仏協調を後継者に強要するために、独仏の条約を望んだ。しかしエリゼ条約の成立過程を見る際、一つ見なければならない画期は、条約直前の1963年1月14日のドゴールの記者会見であった。このときドゴールは、先ほど述べたMLFへの拒否に加え、当時EECのなかで大きな問題だったイギリスのEEC加盟問題について拒否を表明した。このドゴールの記者会見は西独外務省に大きなショックを与えた。なぜなら、西ドイツも賛成していたこのイギリスのEEC加盟問題は当時大詰めを迎えており、ドゴールの記者会見はこのイギリス加盟交渉の破綻を意味していたからである。さらに重要なことは、この記者会見でドゴールがこのような拒否の表明をすることを、西ドイツ側は全く事前に知らされていなかったことである。それは外交上当たり前のように思えるかもしれないが、しかし当時進んでいた独仏交渉において、フランス側が提示した規定の草案には、ヨーロッパに関する重要な国際問題すべてを事前協議して両国の見解をできるだけ類似のものに調和化させるということが盛り込まれていた。ドゴールの会見は、これから締結しようとする条約の趣旨に反するものだった。それゆえ、西独外務省のドゴールに対する不信感は増し、ドゴールの独走を防ぐためには、独仏提携を制度化して、可能な限りドイツがフランスを統御する経路をつくる必要があると考えたのである。そこで西独外務省は、国内政治的には不都合と思われた独仏提携を条約として成立させようとしたのである。

以上のような、エリゼ条約の成立過程を振り返ると、以下二点の独仏関係の特質が明らかになる。第一に、仏独双方が本心から相手を信頼して協調関係を結んだのではなく、むしろ両国の関係が弱かったからこそ独仏は提携したということ、また独仏間の政治的関係は決して同等ではなく、常にフランスが構想を提示し、ドイツがそれを受け入れるかどうか、という図式からもうかがえるように、フランスが優位にたつ関係が暗黙の前提となっていることである。これは、ドゴールが指摘しているが、フランスが第二次世界大戦の戦勝国としてドイツ分断について権利を留保し続けていることと無関係ではない。冷戦の申し子であった分断国家である西ドイツと、その西ドイツに戦勝国として軍隊を

駐留すらし続けているフランスとの間の関係は、冷戦という構造が続く限り、本質的には対等でありえなかったのである。端的に言えば、独仏関係はフランスが優位に立つ二国間関係であるという、「ドゴール的前提」(inspiration gaullienne) が冷戦期の独仏関係にはあったのである[6]。

　独仏関係はたしかに戦後より和解を志向していたが、エリゼ条約の成立は、このような二国関係を制度化すべく成立したものではない。エリゼ条約は、独仏関係の友好を確認するために成立したのではないし、下からの独仏和解の動きに呼応する形で運命的に成立したわけでもない。しかし同時に、全く協調関係が無の状態からエリゼ条約が生まれたわけでもない。重要なのは、ある意味当時の国際情勢のなかで偶然的に成立してしまったにも関わらず、それに大きな意味が与えられ、そして中長期的に見て十分に機能していったこと、つまり〈友好〉もしくは〈協調〉の制度化が行われたことが重要なのである。後に見ていくように、協議の枠組が成立したことにより、独仏関係の内実を問わず、「独仏関係は政治的に良好であることが通常の状態であり、良好ではないのは通常の状態ではない」という認識が形成されることになる。このようなパラドクスが、独仏関係を「特別」のものにしている一つの要因であろう。

　第二に、この協調の枠組は、基本的にヨーロッパ統合とリンクしており、対内的な二国関係の充実というベクトルは、常に対外的には「ヨーロッパ」という枠組を意識しており、決して「冷戦」や「大西洋」、もしくは「グローバル（あるいは経済）」を念頭に置いたものではないということである。独仏について、「フランス、ドイツ、ヨーロッパ」(France, Allemagne, Europe) という並べ方はされても「フランス、ドイツ、世界」(France, Allemagne, Monde global) などという言い方がされないのは、独仏という枠組は〈ヨーロッパ〉でのみ作用するメカニズムであり、それ以外では作用することをほとんどアプリオリに想定しないからである。独仏関係は、その意味できわめて限られた空間でしか役割を担わない。しかし、その限られた空間のなかでは、非常に特権的なパートナーシップを発揮する。このような空間的な限定に基づいて機能の限界と可能性が表裏一体になっていることが、この時期の独仏関係の姿として読み取れる。

そして後述するように、冷戦後における独仏関係の特徴でもあり続ける。

2　冷戦後の世界政治における独仏関係
――フィッシャー演説からイラク戦争まで

独仏関係の新しい時代

　冷戦終焉にともなうヨーロッパ国際政治の展開は、独仏関係においても深い部分での変動を引き起こすことになった。ドイツ再統一によりドイツの外交的自律性が高まることで独仏両国はより対等になり、マーストリヒト条約成立以降の急速な統合深化と2005年の東方拡大にともなうEUの変化により、独仏和解とヨーロッパ統合の進展のリンケージも消滅することとなったからである[7]。ただ、冷戦後における独仏関係の変化は、いくつかのレベルに分けて考えなければならない。なぜなら、冷戦崩壊によって単純に独仏関係のすべてが変わったという訳ではなく、時間軸のなかでの複数の中長期的な変容を経ながら徐々に変化していったものだからである。

　変化のレベルは以下の三つに分けることができる。第一に最もマクロなもので、今述べたような冷戦終焉とドイツの再統一により、冷戦期に形成された独仏関係におけるドゴール的前提が大きく揺らぎ、ほぼ消滅したことである。この点は、フランス外交の構造的変容よりもドイツ外交の変化に焦点が置かれる。つまり「ベルリン共和国」となったドイツにとって新しい外交的役割とは何かという問題と独仏関係の再定義は表裏一体である点に注意を払わなければならない[8]。第二には中期的なものである。これは後に触れるが2003年のイラク戦争以降の米欧間の亀裂によって、独仏が対米関係を再構築する必要に迫られたことから生じた変化である。第三に、よりパーソナルでかつ根本的要因に基づくが、シラクとシュレーダーの間でもそうであったが、現在のサルコジ政権とメルケル政権がヨーロッパ統合の長期的ビジョンを共有していないことから生じる変化である。第三点目についてはほとんど触れることができないが、この

ような状態で独仏関係を機能させることには、これまでにない新しい意義を独仏関係に見いだす必要がある。

　以上三つのレベルに気をつけながら、冷戦後に独仏関係がどのように展開し、そしてどのような特質を新たに備えようとしているかについて、二つのトピックを取り上げて考えてみたい。それは第一にフィッシャー独外相が提起した欧州統合の最終目的論争からニース条約調印にかけての独仏関係と、第二にイラク戦争勃発までの独仏関係である。双方とも、冷戦期と冷戦後における連続性と断続性の両方をうかがうことができるだろう。

フィッシャー演説と独仏関係

　2000年5月12日、ベルリンのフンボルト大学での講演で、ドイツ外相フィッシャーは、ヨーロッパ統合の最終目的に関する彼自身の野心的な構想を明らかにした。フィッシャーはこの演説において、EUを連邦制の政治体に組み替え、欧州大の民主主義を実現するために、二院制の導入、欧州委員会と理事会の役割の変更を提案した[9]。このフィッシャー演説の背景には、旧共産圏の東中欧ヨーロッパ諸国のEU加盟が数年後には行われることが確実になっており、EUの理念を見直し、制度を抜本的なところから改革しようとする機運が高まっていたことがある。実際同年12月に開催が予定されていたニース欧州理事会においてそのようなEU拡大と機構改革が議論されることが予定されており、フィッシャー演説はこのニース欧州理事会で議論するために提起された欧州統合の長期的ビジョンであった。フィッシャー演説はきわめて理念的な側面が強かったが、制度的な改革に関してフィッシャーが掲げた具体的な目標とは、ヨーロッパ共同体に民主主義的なコントロール機能を保障するために、二院制を兼ね備えた連邦国家をEU大で導入すること、ただしその際、加盟国全体で一斉に行うのではなく、導入可能な国家群が先に「先進グループ」として統合を進めるというマルチスピード統合を実施するという二点にあった。

　フィッシャーは演説のなかで、良好な独仏関係がヨーロッパ統合の進展には必要と断言しており、上記の先進グループの中核には独仏が入ることが暗に想

定されていた。しかし、このフィッシャー演説に対するフランスの反応は鈍いものだった。外相ヴェドリーヌは、フィッシャーが唱えたヨーロッパ連邦論を非現実的な制度として否定的な見解を示し、何より連邦の形成によって国民国家が消滅することを危険視した[10]。他方大統領シラクは、マルチスピード統合に対する賛意は示し、EUのデモクラシーが必要であることは認めるものの、ヨーロッパ連邦という最終目標を支持するまでにはいたらなかった[11]。

このようにニース欧州理事会を前にして、EU統合の将来像をめぐる活発な議論が独仏間で繰り広げられた[12]。しかし肝心のニース欧州理事会において最も議論されることとなったのは、理事会における票数であった。ドイツは再統一の結果、フランスと比べて3割以上人口が増加した。それゆえ、人口上ドイツはフランスより多くの理事会における票数を得ることができるのであり、実際にドイツはそのような変更を求めたのである。しかし、EEC発足以来一貫してドイツと同じ票数を有していたフランスは、懸命に独仏間の票数のパリテを保持しようした。その結果、2000年12月7～12日に開かれたニースでの欧州理事会で、このような独仏対立からフィッシャーが提起したヨーロッパ統合の長期的ビジョンが議論されることはなく、フランスが求めるとおりに独仏間の票数のパリテは維持された[13]。

それでも独仏間に残る不一致事項を協議するために、ニース欧州理事会の1カ月後にストラスブール近郊のブレースハイム（Blaesheim）という小さな町で独仏間で新たに非公式な「ハイレベル会合」が行われた。そもそもニース欧州理事会は、冷戦後の機能の深化と拡大にEUが体系的に適応するための条約改正を議論するために開催され、これを受け2001年2月にニース条約が調印された。ニース条約の調印までにもう一度この非公式ハイレベル会合は開かれ、ニース条約で扱った事項について協議が重ねられた。ニースでの欧州理事会開催からニース条約成立にかけて、独仏は激しく対立していたが、この間独仏間ではエリゼ条約に基づく年二度の定例の首脳会談が2000年11月10日と2001年6月12日に開かれた。しかしこの首脳会談の間に、さらに四度の非公式ハイレベル会合が開かれ、拡大とコンヴェンション[14]について議論が交わされた。そ

の結果、2002年7月の独仏首脳会談では、拡大、コンヴェンション、欧州共通外交政策の三つの問題について両国による作業グループを設置し協議しあうことについて合意し、また拡大とコンヴェンションについて大枠として支持することが確認された[15]。フィッシャー演説から始まってニース条約の対立にいたった独仏関係は、ヨーロッパ統合の長期的ビジョンについて深い溝を残しつつ、ようやくここで通常の状態に回復したのである。

EUがまさに性質変化しようとするときの、長期ビジョンをめぐるこれらのエピソードから、冷戦後の独仏関係には、独仏間の力関係の均衡化と両国間の協議メカニズムの強化という二つの新しい特徴を見て取ることができるだろう。

第一には、ビジョンを提示し力を増そうとしているドイツをフランスが何とかして均衡的な関係に持っていこうとする、独仏間の力関係の逆転である。これは、冷戦期におけるドゴール的前提が消滅し、新しい独仏関係の姿が生まれつつあることを意味していよう。しかし、独仏両国がヨーロッパ統合という枠組の重要性を認識し、そこにおいて独仏関係が重要な役割を担うことを望んでいるにも関わらず、ヨーロッパ統合の長期ビジョンについて両国の見解が一致することはなかった。むしろニース欧州理事会は、両国の主権国家としての主張が正面からぶつかり合う場となった。このような、対立と協調が複雑に混在している状態は、冷戦期における独仏関係においてもよく見られるものであった[16]。その意味で、独仏関係の対内的力関係は変化しているが、関係性そのものは連続していると言えよう。

第二に、独仏関係の協議メカニズムの深化である。独仏は利害が対立している場合であっても、最終的には何らかの合意にいたることが少なくない。なぜなら統合の最終目標に関して独仏間に対立点があったとしても、独仏は公式・非公式の話し合いを積み重ねることで、最低限の合意に持っていくための協議メカニズムを有していたからである。このような協議メカニズムを確実なものにするために、独仏はハイレベルの協議を定期的に、経路として複数設置した。第一には通常の外交的関係であり、第二には、1963年のエリゼ条約が定めた年2回の首脳会談と年4回の外相、国防省、教育・青少年担当相間の会談である。

首脳会談が必ず半年に１回行われることは、相互の信頼醸成を形成するのに、大きな役割を担ったのは間違いがなかろう。

さらに2003年以降、独仏は政府間だけでなくさまざまなレベルでの行政組織、議会間での二国間協議の場を急速に発達させている。そのきっかけとなったのが、2003年1月のエリゼ条約40周年時に採択された独仏共同宣言である。この共同宣言においては十一もの分野において二国間協調を深化させることが明記されたが[17]、それに加えて新制度として成立したのが独仏提携事務総長（SGFA/BdfZ）職であった。この職は、従来首脳会談を中心に開催されていた独仏サミットを独仏共同閣議として開催するために必要な準備作業の責任を負い、両国において一名ずつ任命され、外務省の組織に組み込まれる形で職務を担う[18]。独仏間の協調は、行政レベルでは外務、国防、経済・財政担当、教育担当といった主要省庁だけでなく地方自治体にまでおよび、それに加えて議会間の協調も進められている。そしてそのような公的レベルの協調を基礎づけるものとして、市民間の交流を発展させるためのさまざまなプログラムが計画・実行されている[19]。

以上の二つの側面は決して切り離されたものではない。先に述べたゴーリスト的前提が消滅し独仏が本質的に対等な関係となったため、独仏間の意見の擦り合わせにはより多くの時間とエネルギーが必要となる。通常外交枠組での協議とエリゼ条約枠組での協議を合わしても意見の擦り合わせが間に合わないとき、独仏が取った戦略は、ハイレベルの協議トラックをさらに増やすというものだった。それが、ブレースハイムで最初に開かれた非公式ハイレベル協議だった。以降、およそ２カ月から４カ月に一度、独仏の首脳が一対一で、議題の設定をせず率直にヨーロッパもしくは国際情勢に関して意見を交換することが制度化された[20]。さらに2003年以降は、独仏間の協議メカニズムは多くの行政機関において進められるべく拡大され、浸透していっている。このような多重の交渉チャンネルを確立させることによって、独仏関係は国際政治における協調関係を確実に確保しようとしている。ゴーリスト的前提が崩れて力関係が均衡したからこそ、より確実に対外的な提携を行うために、提携チャンネルの拡

大と二国間の対内的な提携関係のいっそうの緊密化が進められているのである。

イラク戦争をめぐる独仏関係

他方で、2002年から2003年にかけての有名なイラク戦争の勃発までの独仏関係は、独仏関係の新しい姿というよりも、むしろ旧い姿をまざまざと照らし出した。イラク戦争をめぐるフランスとドイツの外交については、邦語文献でも多く存在しており、ここでは割愛しよう[21]。確認しておきたいのは、イラク戦争の開始をめぐる国際政治の舞台において、かつてないほどまでに独仏関係が注目されたことである。周知のように2001年9月11日以降、世界政治は激流のなかに巻き込まれ、対テロへの戦争はいつの間にかイラクへの戦争へと変容し、フセインのイラクへの査察をめぐって仏米は決定的に対立し、ドイツのシュレーダーは劣勢だった2002年9月の総選挙の巻き返しを図るために、イラク戦争への断固反対を公約にして選挙に勝利した。そのことで独米関係にも亀裂が生じ、アメリカ対独仏という世界政治における新しい対立構図が2003年3月のイラク戦争開戦前に俄かに出現したのである。

この点で指摘しておきたいのは、イラク戦争勃発をめぐる仏米対立とシュレーダーによる明確なイラク戦争反対が合わさって出現した「アメリカ対独仏」というこの構図には、二つの注釈をつける必要があることである。第一の注釈は、まずこの構図の出現は、世界政治にヘゲモニーを確立しようとするアメリカに対して独仏が連帯して対抗したからというよりも、国内政治的な要因のほうが大きく、ある意味偶然の産物と言えなくもないことである。第二の注釈は、にもかかわらず結果的に注目を集めた独仏「枢軸」は、おそらく初めての世界政治レベルでの独仏間の外交的連帯だった、ということである。独仏関係が影響力を持つのはヨーロッパ統合の枠組においてであり、ヨーロッパ統合を進めるための特権的なパートナーシップが独仏関係である、というのが従来の独仏関係理解だった。逆にいえば、独仏関係がヨーロッパ統合の枠組からさらに広いグローバルな影響力を持つことは、あまり考えられなかったことだったのである。

しかしこのときの独仏は、多極的世界観（vision du monde multipolaire）に基づく国連の枠組の遵守という、アメリカの一極主義（ユニラテラリズム）に対抗する理念を打ち出すことによって、その連携を強化し国際社会の代表たる立場を一瞬だが手に入れるかに思われた。このような世界政治に登場した独仏関係の姿は、ソ連という仮想敵の下にトランスアトランティックに団結していた冷戦期では考えられなかった新しさを兼ね備えていたのである。

しかしその試みは周知のように失敗に終わった。イラク戦争勃発前に登場した世界レベルでの独仏連携は、米欧間と欧州内の二重の亀裂を残し、独仏はEUの中軸としてリーダーシップを取る存在どころか、むしろEUのなかで孤立的な存在に追いやられた。独仏とそれ以外の加盟国との間に、これほどはっきりとした溝ができたのは初めてであろう。独仏関係はアメリカに対し無力であった。その後の独仏で相次いだ政権交代期を期に、アメリカに対する対立的な姿勢が薄れたことは、改めてアメリカという存在がヨーロッパに対して決定的な要因であり続けることを示したのである。

以上のようなイラク戦争時における独仏関係から読み取れることは、国際政治における独仏関係を考える際には、独仏関係を取り巻くより広い国際的な枠組、とりわけ米欧関係もしくはアメリカそのものを考慮に入れなければならないことである。つまり、独仏関係は基本的にはヨーロッパに埋め込まれている以上、独仏関係が役割を発揮しようとしているのがヨーロッパ、つまりはEUを舞台にしたものなのか、それともEUよりもっと広範なグローバルな世界政治の枠組なのかを基本的に区別しないと、独仏関係の意味は全く異なるのである。イラク戦争時の独仏は、この区分法の乗り越えを試みたのであり、乗り越えられなかったことで、独仏はヨーロッパへと回帰していった。

この区分は、一見明白のようであるが、シリアスな問題となったのは実は冷戦以降のことであることに注意を払わなければならない。なぜなら、EUとグローバルという枠組は、冷戦期においては米ソ対立というグローバルな政治構造のなかにヨーロッパ共同体がその西側に埋め込まれていたのであり、ヨーロッパとグローバルというのは質的にそれほど相違がなく、ただ単に領域の大小

の違いしかなかった。しかし冷戦後、とりわけイラク戦争後如実に表れたのは米欧関係における構造的な利害の乖離であった。これはEUの枠組とアメリカを含んだ世界政治の枠組が質的に別物になったことを物語っている。そして、独仏関係の挑戦が挫折したことは、逆にヨーロッパとグローバルの枠組の乖離を加速させることになるのである。

　このように、国際政治のなかの独仏関係の姿は、そのときどきの国際政治の基本的構図に深く影響を受けている。国際政治のなかの独仏関係というプロブレマティークを考える際、まず問うべきは、「どのような国際政治なのか？」である。イラク戦争の教訓とは、ヨーロッパの特権的なパートナーシップをグローバルな特権的関係に拡大させるよりも、ヨーロッパの地位をまず保持すべきであるということだったのであろう。それゆえ、シュレーダーの後を継いだメルケルは、改革条約を成立させる際にも、独仏間の連携を梃子としながら議論をまとめたのであり、サルコジによる地中海連合構想についても、独仏間のきしみを見せながらも、最終的な合意にいたった。このように、独仏関係は、ヨーロッパのなかでは一定の役割を発揮し続けているのである。

おわりに――独仏関係の政治的射程

　以上、エリゼ条約以降の独仏関係の国際政治上の役割について、駆け足で振り返ってきた。エリゼ条約以降の独仏関係が示す姿とは、独仏関係はヨーロッパの枠組でのみうまく機能し、それより拡大した枠組では機能しづらいこと、そしてそのヨーロッパの枠組でしばしば見受けられる独仏間の合意は、友好な独仏関係に基づくから可能なのではなく、手続き的に、不一致を最低限の一致に持っていくための枠組を提供しているから可能なのであり、一般的に独仏間の意見の対立は珍しくないことである。つまり、独仏間の協調メカニズムは決して積極的に緊密な協力を進めるというものではなく、対立を緩和させるためのメカニズムを深化させているものである。つまり、マキシマムな協力ではなく、ミニマムな合意を保障する関係なのである。

このような点は、地中海連合をめぐる独仏間の確執についても同様である。3月6日にフィガロ紙とのインタビューにて、ドゴール、アデナウアー時代、もしくはジスカール－デスタンとシュミットがヨーロッパを引っ張っていた時代とは異なり、27カ国に拡大した現在のEUでは、独仏間の合意だけではヨーロッパは動かないと、サルコジは語る[22]。すべてのパートナーと協議し合意を得なければならないのだ、と。サルコジの認識が正しいとするならば、冷戦期においては、緊密な独仏関係はヨーロッパ統合の深化の必要にして十分な条件を提供していたのかもしれない。しかし、独仏関係はヨーロッパ統合における必要条件を提供するかもしれないが、十分条件までは提供しない。ただ、必要条件を提供するためには、独仏間の合意が前提となる。そのような意味で独仏間の合意は相変わらず必要なのである。

　ヨーロッパを離れたより広い文脈に独仏関係を置くならば、将来的な射程に向けて考えなければならない問題群は、三つにレベル分けすることができる。第一には、EU内での独仏関係のレベルである。独仏二国間における関係の緊密化は、EU内統合と密接に絡み合いながら進展しており、独仏関係の統合とEU統合のマルチスピード統合のモデルとなる可能性はある。EU内国際政治における独仏が果たす役割は、相変わらず無視できないものであり続ける蓋然性は高いと思われる。第二に、国際政治のなかでのEUのレベルである。EUが対外的に新しい役割を獲得する際に問題となる、トルコ加盟、ウクライナ・ベラルーシなどのヨーロッパの境界線と東方諸国に対する処遇に対する独仏関係は、第一のレベルとは異なり、域外国と独仏との関係を考慮に入れなければならない。それゆえ、このレベルでは第一のレベルよりも合意の調達が困難になる可能性が高い。2008年7月に正式発足した地中海同盟をめぐる独仏関係の綱引きは、この第二のレベルに相当しよう。第三のレベルは、EU以外のグローバルな問題群およびアメリカがアクターとして入ってくるレベルである。国連における独仏の共同歩調が通常問題とならないように[23]、また先に見たようにイラク戦争をめぐる問題からうかがえるように、このレベルでの独仏間の協調関係はヨーロッパレベルと比べて優先順位が低く、かつそのようなアリーナで

独仏関係が重要な役割を発揮することは難しい。それゆえ、大文字の国際政治のなかでの独仏関係の本当の政治的射程を測るためには、ヨーロッパ以外におけるグローバルな問題群に対して、両者が一体となって取り組むことができるかどうか、ということを考えなくてはいけないのであろう。

　独仏関係において、ある程度成功を収めている領域、深く制度化されているもの、十分な協調が機能しているものは、基本的に対内的な純粋な二国間関係に関するものである。それに対して、独仏関係の対外的な局面、つまり世界政治、米欧関係、もしくはヨーロッパという枠組みでの独仏関係は、国際政治・外交という領域の特質上制度化にはなじまず、ありえても脆弱で、政治指導者のパーソナリティに依存するアドホックな関係の連続でしかありえない。これまで、独仏関係の射程をヨーロッパに限定し、そしてそのヨーロッパが米欧関係のなかでうまくアメリカと協調してきたことで、独仏関係はヨーロッパ限定の枢軸として機能してきた。しかし、冷戦が終わり、イラク戦争以降の米欧関係の構造的利害の乖離状況が生じてきたなかでは、フランスとドイツの中長期的な外交政策の目標が収斂しない限り、独仏関係が世界政治のなかで特別な役割を発揮することは難しい。

　とはいえ、このような、ある外交政策領域では独仏関係の協調が基本的に成立せず、ドイツもフランスもお互いにお互いを特別なパートナーと見なしていない、という状況は、実は冷戦期においても見られたことであった。その代表例がNATOであり、そして国連であった。また、イギリスは独仏と同等に重要であり、ドイツが過度に東方に目を向けすぎれば、英仏協調（Entente Cordiale）に動くことも十分考えられる。他方で、今日のEUが抱える大きな問題は、EUの政策に対する民主的正統性の確保をいかに行うか、ということである。独仏関係がEUのなかで重要であるという物言いに対して、このようなEUにおける市民による政策へのコントロールという志向と折り合いをつける必要があるが、これは言うほど簡単ではない。

　独仏関係の様態は、対内的な提携を深化させ、新しい試みを実行に移し、そ

のことで新しい協調モデルを積極的に提示するのに対して、対外的な関係では、独仏関係は常にアドホックな提携に留まり、そのときどきの世界政治の状況に、大きく影響を受ける受動的な役割に留まっている。しかし、冷戦後におけるドイツの再統一、ヨーロッパの地政学的な根本的変化、EU の深化と拡大、米欧関係の構造的不和もしくはアメリカの一極化といった新しい国際政治の流れと独仏関係の進展は不可分な関係にある。近年の流動的な国際政治の展開が続けば、また民主主義の確保や基本条約批准、拡大 EU の機能の向上といった EU におけるイシューの解決が長引けば、独仏関係はそれに受動的にならざるをえない。独仏関係の二国間関係の緊密化の展開と、このようなグローバルレベル・EU レベルでの独仏関係の役割低下が不均衡であり続けるのはしばらく続くであろう。これは、世界政治のみならず EU においても未だに安定した国際秩序を形成できないという過渡期にあるからではなかろうか。独仏のイニシアティヴで EU の政治秩序が安定する時代が過ぎ去った以上、このような過渡期が終結しない限り、今明らかになりつつある独仏関係の新しい役割も過渡的なものに終わる可能性は否定できないのである。

注
1) 戦後の独仏関係史については、冷戦期については Georges-Henri Soutou, *L'Alliance incertaine: les rapports politico-stratégiques franco-allemands, 1954-1996*, Fayard, Paris, 1996; Gilbert Ziebura, *Die deutsch-französischen Beziehungen seit 1945. Mythen und Realitäten*, Neske, Sttugart, 1997. を、冷戦後については Wichard Woyke, *Deutsch-französische Beziehungen seit der Wiedervereinigung. Das Tandem fasst wieder Tritt*, 2. Auf., VS Verlag für Sozialwissenschaften, Wiesbaden, 2004. を参照のこと。邦語文献では渡邊啓貴「欧州統合の中の独仏関係」田中俊朗・小久保康之・鶴岡路人編『EU の国際政治——域内政治秩序と対外関係の動態』慶應義塾大学出版会、2007年を参照されたい。
2) この意味で、戦後ヨーロッパ統合の母は冷戦だった。ヨーロッパ統合と冷戦とが不可分に結びつきながら成立していった過程については、遠藤乾編『ヨーロッパ統合史』名古屋大学出版会、2008年を参照。
3) この点について詳しくは、Corine Defrance et Ulrich Pfeil (sous la dir.), *Le*

traité de l'Elysée et les relations franco-allemandes, 1945-1963-2003, CNRS Editions, Paris, 2005. を参照。

4) エリゼ条約の成立過程について、基本的に以下の拙書第4章に依拠した。川嶋周一『独仏関係と戦後ヨーロッパ国際秩序——ドゴール外交とヨーロッパの構築 1958-1969』創文社、2007年。

5) ドゴールの対米政策は単なる対立とは言えないものだったが、従来以上に距離を取り、そして対米対等を志向する点で、アメリカとの関係は対立的な様相を呈するようになった。川嶋『独仏関係と戦後ヨーロッパ国際秩序』第3章およびGeorges-Henri Soutou, *L'Alliance incertaine* を参照。

6) Edouard Husson, « 40 ans de coopération politique dans le cadre du traité de l'Elysée: un bilan historique », in Stephan Martens (sous la dir.), *L'Allemagne et la France. Une entente unique pour l'Europe*, L'Harmattan, Paris, 2004.

7) Martin Koopmann, "Auf der Suche nach dem verlorenen Gleichgewicht: Aspekte eines Neuanfangs deutsch-französischer Zusammenarbeit in der Europa-Politik", in Martin Koopmann, Stephan Martens (Hrsg.), *Das kommende Europa. Deutsche und französische Betrachtungen zur Zukunft der Europäischen Union*, Nomos, Baden-Baden, 2007.

8) この点は詳述できないが、フランスのドイツ外交専門家スタルクは、冷戦後のドイツ外交においても多角的枠組の強さを指摘し、イラク戦争を契機に、EUの国際政治的な役割の向上を通してのみドイツは世界政治上の役割を果たしうるという考えに基づいて、より自国利益の確保を意図した外交へとドイツ外交は方向転換した指摘している。Hans Stark, « L'Allemagne entre affirmation nationale et ancrage multilatéral », *Politique étrangère*, 2003, Vol. 68, N° 3. ドイツ現代外交の専門家ヘルマンも同様の見解を取る。Gunter Hellman, "Deutschland in Europa: eine symbiolitische Beziehung", *Aus Politik und Zeitgeschichte*, Nr. 48, 2002.

9) フィッシャー演説のテクストについてはJoschka Fischer, "Vom Staatenverbund zur Föderation. Gedanken über die Finalität der europäischen Integration"; Rede am 12. Mai 2000. http://www.ena.lu/mce.swf?doc=17984&lang=3 (閲覧は、以下とくに記さない限り2008年8月30日)。

10) Hubert Védrine, « Réponse à Joschka Fischer », *Le Monde*, 11 juin, 2000.

11) 2000年6月20日ドイツ連邦議会におけるシラクの演説を参照。http://www.ena.lu/mce.swf?doc=17985&lang=1

12) 詳しくはJoachim Schild, *Über Nizza hinaus. Deutsch-französische Debatten über die Zukunft der EU*, Deutsch-Französische Institut, Aktuelle Frankreich-Analy-

sen, Nr. 16, 2000 を参照。
13) ニース欧州理事会における議論およびその統合の進展における位置付けについては、鈴木一人「21世紀のヨーロッパ統合」遠藤乾編、前掲書を参照。
14) コンヴェンションとは、欧州憲法条約の起草委員会を意味する。この時期にはEUの東方拡大が半ば既定のものとなり、大幅な加盟国の増加に対応したEUの根本的改革のために憲法条約の必要性が認識されていた。憲法条約の制定は2001年12月のラーケン欧州理事会で合意され、コンヴェンションの設置も決定される。しかし、周知のように、2003年6月にコンヴェンションが憲法条約草案を提出し2004年10月に欧州憲法条約として調印されるものの、翌2005年のフランス・オランダの国民投票による否決によってこれは不成立に終わった。
15) Woyke, *op. cit.*, S. 182-4.
16) とくに、Soutou, *op. cit.* 参照。
17) 共同声明に掲げられた順番に、青少年・教育・スポーツ、市民社会・文化・メディア、立法の調和化、公衆衛生、脱中央集権・国境横断的協力、対外政策、防衛、経済・財政政策、開発援助、環境・持続的発展、研究・テクノロジー開発である。
18) これまでのところ、SGFAは両国のヨーロッパ問題担当閣外相が当っている。2009年7月現在、フランスはPierre Lellouche、ドイツはGünter Goslerである。
19) 2003年以降、独仏デー（Journée franco-allemande/Deutsch-französischer Tag）にさまざまな交流行事が開催されるようになった。
20) これは現在ブレースハイム・プロセスもしくはブレースハイム協議と呼ばれ、2007年末までのおよそ7年間で36回開かれている。ブレースハイム協議のリストは以下を参照。http://www.france-allemagne.fr/Archives-Les-rencotres-de-format,1723html
21) 山田文比古『フランスの外交力——自主独立の伝統と戦略』集英社新書、2005年、櫻田大造・伊藤剛編『比較外交政策——イラク戦争への対応外交』明石書店、2004年。
22) *Le Figaro*, 06/03/2008. オンライン記事 « J'appelle les Farc à ne pas commettre l'irréparable » より。（閲覧2008年4月11日）．
23) 独仏の対国連政策については、それぞれHans-Georg Ehrhart, Wolfgang Ehrhart, « L'Allemagne et l'ONU », *Politique étrangère*, Vol. 58, N° 3, 1993; Thierry Tardy, « La France et l'ONU: entre singularité et ambivalence », *Politique étrangère*, Vol. 67, N° 4, 2002.

第4章　ドイツ、フランスと欧州の制度秩序
——欧州経済共同体（EEC）からリスボン条約までの発展傾向——

ヨアヒム・シルト

福永　美和子　訳

はじめに

　フランスとドイツ[1]は、半世紀以上も遡る1950年5月9日のシューマン宣言と欧州石炭鉄鋼共同体（ECSC）の発足以来、しばしば欧州統合の「エンジン」と見なされてきた。1870年から1945年の間に起きた三度の残虐な戦争をへた独仏の和解は、同時に欧州を統合しようとする第二次世界大戦後の努力の前提であり、動因であった。独仏の影響力のある、欧州の共通目標を目指す指導的役割は、欧州のパートナー諸国と欧州外の観察者に認められただけではなく、ますます両国の自己理解と役割認識の一部になっていった。

　この「指導国」ないしは原動力という独仏の役割は、欧州統合の発展のすべての時期について言えるわけでも、欧州統合のあらゆる政治領域で見られたわけでもない。しかし、それは欧州統合に向けたとくに重要な、歴史をつくる決定がなされた際に、いく度も明らかになった[2]。

　そのような役割は、たとえば欧州の通貨協力[3]の発展や、共通通貨ユーロを持つ通貨同盟の創設のように[4]、欧州統合を深化させるために個々の政治領域で行われた基本的決定において、とりわけ大きな意味を持った。「欧州に関する重要な決定」には、とくにECSCからリスボン条約までの主要な条約交渉と条約改正も含まれる。

欧州連合（EU）の制度政策、つまり共同体の基本的な制度機構と決定手続きに関する決定は、たしかに独仏の影響がとくに顕著に表れている分野の一つである。そこではしばしば、利害調整と妥協の意思をともなう独仏間の立場の相違が、この分野で両国が指導的役割を果たすことを可能にした[5]。

　独仏がEUとその前身機関の制度秩序——あるいは「憲法」——に及ぼしたこのような影響について、私は三つのテーゼを述べたい。

(1)　独仏は欧州統合に関して非常に異なる憲法理念を持っていたし、現在でもそうである。これらの理念は歴史的に発展してきた両国の憲法文化と特有の憲法理解から説明することができる。
(2)　超国家的で共通の制度・決定手続きと、純粋に国家間的な制度・決定手続きとを併せ持つEUのハイブリッドな性格は、欧州の二つの中核国家である独仏のこのような異なる考え方が表れたものであり、その帰結だと見なすことができる。独仏の妥協と「一括取引」は、今日のEUのハイブリッドな形態の形成に大きく寄与した。
(3)　1993年にマーストリヒト条約が発効した後の最近の15年間に、独仏の双方で欧州の制度システムの発展に関する「現実主義」が広がっていることが見てとれる。それはいくつかの分野で、EUの制度形態に関する独仏の考え方が収斂することを可能にした。

1　欧州統合に関する独仏の憲法理念

　欧州憲法に関する独仏の理念は、一般に根本的な点で異なると考えられている。ここで言う憲法理念とは、EUないしはその前身機関の制度をどのようなものにすべきかという規範的理念を意味している[6]。別の問い方をすれば、独仏の視点から見て何がEUの正当な政治秩序であり、適切で規範的に望ましい制度かということである。

欧州統合の発展や欧州の制度秩序に関する多くの文献では、しばしばフランスの選好と結びつけられる政府間主義のモデルと、ドイツの選好と同一視される、欧州についての超国家的で連邦主義的な制度モデルや理想像が対比される[7]。

それによると図式的に言えば、ドイツは高度に統合された、超国家的な欧州の諸制度と決定手続きを持つ、連邦主義的な構造の全体システムを支持してきた。それは具体的には、独占的な主導権を有する強力な委員会、特定多数決で決定を下す理事会、監督、任命、そして何より共同決定に関する権限を次第に拡大し、理事会と同等の立法権を持つ欧州議会、それに欧州司法裁判所が保証する、独立した裁判官によるコントロールである。欧州共同体（EC）ないしEUの民主的正当性は、理事会制度において民主的に就任した各国政府が代表となることで示される国民国家的な正当性と並んで、欧州議会の地位の段階的な引き上げによって担保されるべきものとされた[8]。一般に広まっている規範的な基本理念によれば、ECないしEUはドイツの連邦国家像に応じて、徐々に一種の欧州の二院制に転換していくべきであり、したがって理事会は諸国家の議院へと改革され、それが持つ執行権は欧州委員会に移譲されねばならないと考えられてきたのである。

これに対してフランスの欧州政策は――諸文献の要旨を述べると――、国家主権の保護と国民国家の自律性を考慮した理想像をより強く志向しており、そのような理想像は、欧州の諸制度の形態に関するフランスの選好にも表れている[9]。それによると欧州の諸制度は、国家間協力という形態によって特徴づけられるべきであり、理事会制度を欧州の決定プロセスの要としなければならない。重要な政治問題では、加盟国政府に拒否権が認められる。超国家的な委員会の活動や欧州司法裁判所の判決は、たびたび不信の目で眺められ、欧州議会にはしばしば傍観者の役割が与えられるだけで、加盟国の代表として理事会と対等の役割が認められることはなかった。

ここから明らかになるのは、EUを連邦制のシステムと解するべきではなく、それゆえ連邦主義的な基本方針に従って発展させるべきではないという見解で

ある。むしろ欧州レベルの政治は、フランスにとってとくに外交政策の分野で「権力と影響力の増幅器」として役立つ補足的な行動領域と見なされている。フランスはたしかに強い欧州を欲しているものの、それは制度の弱い欧州であり、欧州の共通行動を望むのは、同時に国家の主権と自律性が保持される場合なのである。

このような独仏の異なる選好は、欧州の主要な諸制度を見るとはっきり分かる。

(1)　フランスがどちらかといえばEU委員会を、強い権限を備えた国際機関の事務局と見なし、その政治的野心には懐疑的であったのに対し、欧州政策を専門とする多くのドイツの政治家にとっては、委員会はむしろ欧州政府の胚芽だった。委員会はとくに第五共和政の創設者であったドゴール（Charles de Gaulle）から、独自の政治的正当性を持たない祖国なきテクノクラシーと見られていた。後任のポンピドゥー大統領（Georges Pompidou）も、委員会を待命状態にある欧州政府と捉えることはなく、理事会に従属する下位の執行機関と見なしていた[10]。

(2)　フランスの視点からは、政治指導という意味での政府機能を担う資格は、何よりもまず国家元首と首脳から構成される欧州理事会にある。それに対して、ドイツの連邦主義者はこの機関に不信感を示した。というのも、理事会は「諸政府の欧州」を象徴しているからである。

(3)　真の共同決定権を持つ強力な欧州議会は、ドイツの政治家にとってはふつう、欧州レベルの統治に民主的正当性を付与する中心的な機関だった。他方フランスの政治家、とりわけドゴール主義者にとっては、欧州レベルではせいぜい形式的な正当性があるだけで、真に民主的な正当性はありえなかった。なぜなら欧州国民や欧州の民衆（デモス）などというものは存在せず、民衆、国民、統治の民主的な質は、分かちがたく結びついていると考えられているからである。そこから以下のような帰結が導かれる。欧州政治の民主的正当性は、当面の間、国民国家の枠組みで仲介されねばならない。選挙で選ばれ、民主的資格を得た国民国家の代表者が、欧州の決

定プロセスの中心を占めねばならないだけではない。彼らは、間接的に欧州政治に必要な正当性を与えることもできる。それゆえ、議会による欧州政治の正当性の承認と監督を強化することを支持するときには、フランスの代表者はたいてい欧州の決定プロセスにおける各国議会の役割の拡大に賛成する。

(4) 欧州司法裁判所に対する態度においても、両国の間には明確な違いがある。ドイツではナチ支配の経験から得た教訓として、法治国家的、立憲国家的な考え方が深く根を下ろしており、最高裁判所が共同体の法律文書を第一義的な法、すなわち現行の欧州諸条約の基準に照らして審査しうることは自明とされている。それに対してフランスでは、欧州司法裁判所への不信と「裁判官の支配」に対する批判が広く浸透している。この懐疑はルソー主義的でジャコバン主義的な思想の伝統に由来しており、その伝統にとっては、裁判官の権限によって人民主権が制限されうるという考え方はなじみのないものなのである。

この広く流布した、単純化された対比は、フランスがドゴール主義的な欧州政策をとっていた1960年代の時期に最もよくあてはまる。ことに、ドゴール主義の思考に確たるイデオロギーとして根付いていた、欧州レベルの政治のために国家主権を放棄することに対する反感についてはそうであった[11]。

これに対して、第四共和政時代にあたる1950年代の欧州の諸制度の創設期と、フランスが制度的な統合の深化を積極的に擁護した1980年代以降の時期については、このイメージを修正する必要がある。他方ドイツでは、全く逆の方向への転換が生じたと言える。それは、制度政策の分野でより現実主義的に、連邦主義的な欧州という理想像にかつてほど規定されることなく態度を決定し、欧州の諸制度と手続きの発展に際してドイツの利益をより強調する方向への転換である。「欧州合衆国」の連邦主義的な理想像は、ドイツでもとうに使い古されてしまった[12]。

2　EUのハイブリッドな性格――独仏の「取引」の帰結

　ECSCと欧州経済共同体（EEC）の諸機関、とくに委員会と欧州司法裁判所の超国家的な性格は、それらの創設期における西ドイツとフランスの間の原則的一致がなければ、考えられなかっただろう。欧州の政治秩序が当初から、それまでの純粋に国家間的な国際機関よりはるかに統合が進み、超国家的であったことは、フランスでは外相シューマン（Robert Schuman）、その協力者で計画庁長官であったモネ（Jean Monnet）と首相モレ（Guy Mollet）、そして西ドイツでは連邦首相アデナウアー（Konrad Adenauer）といった政治家たちのおかげである。シューマンは、すでに1950年5月9日に行ったECSCに関する宣言のなかで、最高機関の決定に加盟国に対する拘束力を持たせることを企図しており、ECSCを「欧州連邦の第一段階」と位置づけた[13]。国家主権思想とのこのようなラディカルな決別なくしては、際立って超国家的な要素を持つ欧州秩序へと向かう道が開かれることはなかっただろう。中央集権主義的なフランスとは対照的に連邦制の伝統を持つ西ドイツは、自らの連邦主義的な国家を欧州の連邦制の同盟に組み入れることを、フランスよりも容易に想像し、受け入れることができた。戦争によって失った主権の事実上の回復が、超国家的に統合された欧州の諸機構へのいっそう同権化された編入という道を通じてはじめて可能になったために、なおさらそうであった。そのためフランスとは異なり西ドイツにとっては、欧州統合は少なくともその創設作業の初期には主権の獲得に等しかったのだ。

　ローマ諸条約では、ECSCの基盤をなす制度秩序の基本的特徴が確認された。それは、ECSCの最高機関に対応する委員会、理事会、超国家的な決定権を有する欧州司法裁判所、そしてほとんど影響力を持たない共同総会を政治的な主軸とするもので、共同総会は意識的に自らを「欧州議会」と称したものの、まだ理事会と同等の権限を持つにはほど遠かった。たしかに西ドイツはイタリアとともに、予算権を含めて議会に比較的強い地位を与えようと努めたが、この

点ではフランスの抵抗にあって挫折した[14]。議会の直接選挙も当時のフランスにとっては考えられないことであり、もしそのような制度を採用していたら条約の批准を危うくしただろう[15]。しかしすでに当時、EECの発足に際して、フランス政府は理事会での多数決を強く支持したのである。「全会一致、それはすなわち拒否権であり麻痺に他ならない！」と、共通市場に関する政府間会議のフランス代表団長であった外務次官フォール（Maurice Faure）は、1957年1月にフランス国民議会で述べている[16]。

ローマ諸条約が描いたより超国家的な決定手続きに向けた歩み、とくに理事会制度における多数決は、ドゴールがフランスの政治舞台に復帰して以降、第五共和政下では四半世紀の間、進展を見なかった。フランスが理事会での交渉にあたる代表者のブリュッセルへの派遣を数カ月にわたって停止した1965年から1966年にかけての「空席の危機」によって、ドゴールはルクセンブルクの妥協という形で、死活的な国益が危機に瀕している問題の場合には、加盟国が事実上の拒否権を持つことを認めさせた。このEECが直面した最初の重大な危機では、西ドイツ出身の委員長ハルシュタイン（Walter Hallstein）とドゴール将軍が対立した。ハルシュタインは欧州連邦国家の完成を夢想し、ドゴールは主権を尊重する諸国民の欧州というイメージを追い求めていた。政府レベルでも、エアハルト首相（Ludwig Erhard）が率いた西ドイツ政府は、EECの超国家的な発展を阻止するためにドゴールが意図的に引き起こした政治的、制度的な「空席の危機」の解決に際して、ドゴールの主要な対抗者だった[17]。

超国家的な統合の歩みは1960年代と1970年代に、一部では西ドイツとフランスの明確な意思なく、それどころかそれに反して、すなわち欧州司法裁判所の事例判決によって進められた。裁判所は欧州共同体法の直接の効力と、国家の法に対する欧州法の優位を認めた1963年と1964年の指針となる判決を通して、純粋に超国家的な欧州の法秩序を確立した。そしてその後もこの判決を一貫して発展させている[18]。

1970年代には典型的な独仏の「取引」が行われ、それが欧州の制度秩序のハイブリッドな性格の形成に寄与することになった。フランス大統領ジスカー

ル - デスタン（Valéry Giscard d'Estaing）は、それまで散発的に開かれていたEC加盟国の国家元首と首脳による会合を定例化し、欧州理事会の制度化を進めたが、それに対して西ドイツはシュミット首相（Helmut Schmidt）のもとで欧州議会への直接選挙の導入を支持し、1979年に初の直接選挙が実施された。このような形での西ドイツとフランスの妥協は、一種の「加法による妥協」だった。つまり、ECの発展の方向性と制度的な将来についての大きく異なる理想像から生まれた、相違のある、それどころか矛盾しさえする制度的要素をひと括りにした妥協が図られたのである。政府間主義的な「首脳の欧州」という要素が、ECの政治システムの議会制度化につながる道を原則的に開く制度的刷新と組み合わされた。当初二国間で取り決めたそのような妥協を欧州のパートナー諸国の間でも貫徹する独仏の力は、両国がEUのなかで対極に位置する制度的理想像を掲げていることから生じている。まさにこのことが、独仏がEU内の異なる陣営の代弁者となり、両国による二国間の妥協が多国間で採択されることを可能にしているのである。

　独仏によるこのような「取引」は、最近20年間の欧州条約をめぐる交渉の枠組みにおいても見られた。1987年の単一欧州議定書から20年後のリスボン条約まで、どの欧州条約の改定に際しても欧州議会の地位は高められ、それによって決定プロセスの超国家的な性格が強まった[19]。それと並行して、そしてこの超国家化をいわば埋め合わせ、バランスを取る措置として、条約加盟国は徐々に欧州理事会の強化や制度化を図り、絶えず新たな決定権や任命権、政治的責任を付与してきた[20]。

　政治的、内容的な決定を制度問題と結びつける独仏の「取引」も見られる。欧州中央銀行を理事会の諸政府の指示から独立した機関とすることにフランスが賛成し、銀行が価格安定という優先目標に条約上の義務を負うことは、ドイツが通貨同盟とマーストリヒトで確定されたその設立のための実施日程が撤回不可能であることに同意するための前提だった[21]。

　2007年12月に調印されたリスボン条約にいたる欧州憲法の制定作業においても、独仏は二国間の立場の調整と共同提案によって、制度に関する主要な争点

第4章　ドイツ、フランスと欧州の制度秩序　67

を緩和することができた。フランスは、スペイン、イギリスの支持を得て、欧州理事会の常任議長職を設けることに成功し、他方でドイツは、将来的に欧州委員会の長を欧州議会が承認することで、委員長の政治的地位を格上げするのに寄与した[22]。諸文献では、このように独仏が主要な制度問題で合意し、「二重の長」に共同で賛意を表明したことは、「主導的な妥協」と解釈された[23]。実際、二国間の妥協の本質的な部分が、欧州憲法条約ないしはその批准が挫折した後に結ばれたリスボン条約に採用されている。

議会による欧州政治の正当性承認についても、典型的な「加法による妥協」が成立していた。すなわち、ドイツは欧州議会の共同決定権の拡大に成功し、他方フランスは、1980年代末以降に自国がいっそう強く推し進めてきた欧州の決定プロセスへの各国議会の関与を、欧州レベルで促進し、定着させることができたのである。

3　EUの正当な政治秩序に関する独仏の考え方の収斂？

マーストリヒト条約以来、ライン河を挟む両国で、欧州の制度秩序に関する現実主義が広がりを見せている[24]。第一に、独仏の二つのパートナー国は、超国家的な制度・手続きと国家間的な制度・手続きの間にあるEU特有の緊張関係を、一方に有利な形で解決することはできないということを基本的に受け入れたと言えよう。欧州の政治秩序のハイブリッドな性格は持続的な状態であり、加盟国、とくに独仏の異なる選好を反映している。それはまた、市民連合であり国家連合であるEUの破棄できない二重の性格を映し出しているのである。

他方で、欧州の制度秩序に関する独仏の選好は、首尾一貫してEUの秩序に関する規範的な憲法理念や基本制度の理想像に影響されているわけではなく、ときに極めて具体的な政治的利害状況、言い換えれば、実利本位の政策関心に規定されていることが分かる。

理事会でフランスの選好に沿った政治的多数派を形成できそうなところ——たとえば、域内市場立法、欧州の産業政策、社会・租税政策といった分野——

では、パリは1990年代の半ばから常に理事会における多数決の拡大を支持し、それは主権の共同管理に有利に働いた。個々の加盟国の拒否権は、これらの分野でのフランスの利益の保護を妨げるものである。「拡大EUで全会一致を要求すると、あまりに頻繁に決定が阻まれる」。それゆえ、「(理事会で――筆者)採決によって決定を下せる領域を拡大しなければならないだろう」と、公にされた1996年のアムステルダム政府間会議に関するフランスの機密の指針は述べている[25]。

最近では、サルコジ(Nicolas Sarkozy)大統領のもとでのフランスの欧州政策に、このような形の現実主義が認められる。サルコジは、欧州の移民政策の分野で積極的な統合を追求している。サルコジにとっては加盟国とその労働市場への合法的移住を効果的に管理し、非合法な移住を阻止することは、主権の固守というドゴール主義的な欧州政策のイデオロギーよりも明確に優先すべき事項である。EU域内国境での検問のない開かれた領域――いわゆる「シェンゲン領域」――においては、移住は国家レベルではもはや有効に管理することはできない。当然の帰結として、サルコジは移民政策のより強力な欧州化を、2008年後半にフランスが理事会議長を務めるにあたっての四つの主要な優先事項の一つに掲げた[26]。移民問題における制限的な路線が、欧州レベルで多数派を形成しうるものであることは、そうした方針を後押しした。

欧州の庇護・移民政策の領域では、マーストリヒト条約の交渉以降、独仏の立場は逆の方向に転換したが、その共通点は利益重視の現実主義にあった。マーストリヒトでは、ドイツはまだEUのこの新しい政策分野で、可能な限り共同体化を進めることを支持しており、他方でフランスは、条約の3柱構造――第一のECの柱、および政府間主義に基づく第二、第三の柱である共通外交安全保障政策と司法・内務政策――を首尾よく持ち出し、採択させることに成功した。その後アムステルダムでの条約交渉では、両国の立場が一部で逆転した。フランス政府は問題に効果的に取り組むねらいから、庇護、ビザ、移民に関する政策の共同体化に基本的に賛成し、国家主権に関する考慮を後回しにした。反対にドイツは、第三の柱の共同体化、すなわち司法・内務領域におけ

る協力という目標を基本的に堅持してはいるものの、アムステルダムでの条約改正会議以降、欧州の移民・庇護政策の分野と、EUで合法的に生活している第三国人の滞在条件の決定において、拒否権を維持し、各国の権限を保持することをくり返し求めた[27]。ドイツの連邦政府ととりわけ諸州は、内政上きわめてデリケートなドイツ労働市場への移民の流入を、欧州諸国間の妥協に左右されることなく、引き続き自国で管理できるよう望んでいる。ドイツの代表は、2003年の欧州憲法制定会議の交渉の最終段階でこの立場を強く主張した[28]。

制度的な理想像と具体的な利害状況が矛盾するときは、独仏は欧州の制度秩序に関する問題で交渉上の立場を確定する際に、明らかに後者を重視している。フランスにとっては、問題がもたらす政治的圧力の高まりが認識され、フランスの選好がEU諸国の間で原則的に多数派を形成できそうな場合は、共同体化の超国家的な形態に同意することが可能となる。これに対してドイツでは、デリケートな政治問題で、自国が理事会での多数決で敗れる恐れがあるときには、共同体化の進展と多数決の拡大を躊躇する態度が強まっている。

ドイツでは一般に1990年代の初頭以降、欧州の多元的システムにおける補完性思想と加盟国および地方の権限の保持が、いっそう強調されるようになっている。このことはたしかに今なお連邦主義的な考え方に適合しているのだが、いまや連邦制の下位のレベルの意義が以前とは比較にならぬほど強調され、農業政策から構造的経済政策、企業に対する国家援助の管理にいたるまで、権限と財源を欧州から国家のレベルへと部分的に返還することが持ち出されている。それゆえ連邦主義的な考え方は、もはや統合の深化に対する支持を必然的にともなうものではなくなっている[29]。フランスでも、フランスの思考にはどちらかといえばなじみの薄い補完性思想が、1990年代に次第に支持をうるようになった。というのも、補完性思想はそれが欧州のレベルに対して加盟国の権限の保護を約束するところでは、欧州に関するドゴール主義の行動原則と完全に一致するからである[30]。

それに加えてドイツでは、共通外交安全保障政策が基本的に政府間主義的な性格を持つもので、欧州委員会と欧州議会はわずかしか関与しないことが、お

おむね受け入れられた。反対にドイツに迫られたフランスは、2003年１月に出された EU の制度建築のための独仏の基本指針で、共通外交安全保障政策における理事会の決定を多数決とすることにはじめて賛成した。もっとも欧州のパートナー諸国間で行われたその後の交渉プロセスでは、これを採択させることはできなかったのだが。

　他の制度問題においても、独仏の間には共通の関心領域が認められる。両国政府はすでにニース条約に関する交渉で、そして2001年以降の憲法制定プロセスで改めて、決定手続きで人口規模をより強く考慮することによって、理事会における特定多数決で大規模な加盟国がより重みを持つよう尽力した。1995年の EU の北方への拡大と、2004年および2007年の東方拡大の過程で加入したのは、ポーランドを除けば中小規模の諸国ばかりであったため、改革がなされなければ、理事会の権力バランスは明らかに大規模な加盟国に不利な形で変化していただろう。ここでは独仏は、明らかに似通った権力政治上の利害を守る必要があった。同じように両国は、欧州委員会の合議的な性格と内部での決定能力を維持するために委員会の規模の縮小を求めることで、もう一つの重要な制度問題でも同じ目標を追求した。これら二つの点においても、独仏は交渉プロセスで両国の基本的な方針を貫徹することができたのである。

　このように欧州政治のいくつかの主要分野で、欧州政策に関する独仏の立場は明らかに接近しており、そのことは二国間の妥協を容易にしている。欧州の制度形成をめぐる独仏の考え方を、前者は「欧州合衆国」の理想像、後者はドゴール主義的な「諸国民の欧州」構想というように、正反対のものとして描くことができた時代は、とうに過去のものとなっているのである。

おわりに

　独仏の憲法理念と欧州に関する理想像の――前者は連邦主義的で超国家的、後者は政府間主義的で主権重視という――単純な対比は、この60年間の欧州統合の歴史のすべての時期にあてはまるというにはほど遠く、今日では27の加盟

国を擁するEUにおける独仏の選好と交渉上の立場を理解するための一助となるにすぎない。ある制度や決定手続きを選択した場合のコストや利益が、自国の政策選好に照らしてあらかじめはっきり認識できるところでは、双方の側で冷めた現実主義的な利害計算がいっそう強く行動を規定するようになっている。このことは、そのときどきの利害得失に応じて、欧州統合を進める用意が強まることも、また逆に、国家主権の欧州レベルへの移譲や、超国家的で共同体化された決定手続きの枠内での主権の行使に慎重な態度が取られることも意味しうる。制度改革の損益を算定することが難しく、制度上の方針転換が自国の実利的な政策利害に及ぼす長期的な作用が不明瞭な場合には、いまなお異なる基本的な統合の理想像や憲法理念が引き続き両国の行動に影響を及ぼしている。

　欧州内部での妥協とEUのハイブリッドなシステムのさらなる発展の方途が模索されるなかで変わらないのは、独仏の抜きん出た役割である。この妥協を形成する役割は、まさに両国で主流を占めている規範的な憲法理念の共通性ではなく、その相違に依拠している。このような憲法理念のゆえに、半世紀以上にわたる欧州統合の発展の重要な段階で、独仏はそれぞれに異なる政治的、制度的な規定や発展を支持してきた。EUはそのハイブリッドな性格を失うことはないであろう。それゆえ、独仏の影響のもとで欧州統合の基本的な制度問題において妥協を見いだそうとする努力も、歴史の完結した一章ではないのである。

注
1）　本章でドイツと記述する際には、1990年の東西ドイツ統一後のドイツを指す場合と、統一ドイツと旧西ドイツの両方を表す場合がある。また、独仏と記す場合も同様である。統一ドイツ、旧西ドイツとも、正式名称はドイツ連邦共和国である。〔訳者注〕。
2）　1945年以後の欧州の政治状況を背景とした独仏関係に関する基本文献として、Gilbert Ziebura, *Die deutsch-französischen Beziehungen seit 1945. Mythen und Realitäten*, Stuttgart: Neske, 1997; Georges-Henri Soutou, *L'alliance incertaine. Les rapports politico-stratégiques franco-allemands, 1954-1996*, Paris: Fayard（Pour

une histoire du XXe siècle), 1996; Alistair Cole, *Franco-German Relations*, Harlow a. o.: Longman (Politcal Dynamics of the European Union), 2001; Julius Weis Friend, *The linchpin. French-German relations, 1950-1990*, New York: Praeger (The Washington papers, 154), 1991; Julius Weis Friend, *Unequal partners. French-German relations, 1989-2000*, Westport, Conn a. o: Praeger (The Washington papers, 180), 2001を参照。また、独仏関係に関する概説的な文献解題を行なったものとして、Dieter Menyesch/Bérénice Manac'h, *France-Allemagne. Relations internat. et interdépendences bilatérales; une bibliogr. 1963-1982=Deutschland-Frankreich*, München: Saur, 1984と Bérénice Manac'h/Dieter Menyesch/Joachim Schild, *France-Allemagne. Relations internationales et interdépendances bilatérales. Une bibliographie 1983-1990.=Deutschland-Frankreich. Internationale Beziehungen und gegenseitige Verflechtung. Eine Bibliographie 1983-1990*, München u. a.: KG Saur, 1994がある。

3) Peter Ludlow, *The Making of the European Monetary System*, London: Butterworth, 1982.

4) Kenneth H. F. Dyson/Kevin Featherstone, *The road to Maastricht. Negotiating economic and monetary union*, Oxford: Oxford Univ. Press, 1999.

5) 欧州統合のプロセスでの制度機構の建設と発展に際して独仏が果たした役割を、豊富な資料を用いて歴史的に概観したものとして、Marie-Thérèse Bitsch が編集した論集 Marie-Thérèse Bitsch (éd.), *Le couple France-Allemagne et les institutions européennes. Une postérité pour le plan Schuman*, Bruxelles: Bruylant (Organisation internationale et relations internationales, 53), 2001を参照。

6) Markus Jachtenfuchs, *Die Konstruktion Europas. Verfassungsideen und institutionelle Entwicklung*, 1. Aufl., Baden-Baden: Nomos Verl.-Ges. (Weltpolitik im 21. Jahrhundert, 9), 2002.

7) Andreas Maurer/Thomas Grunert, "Der Wandel in der Europapolitik der Mitgliedstaaten", in: Mathias Jopp (Hg.), *Europapolitische Grundverständnisse im Wandel. Analysen und Konsequenzen für die politische Bildung*, Bonn: Europa-Union-Verl. (Analysen zur Europapolitik des Instituts für Europäische Politik, 14), 1998, S. 213-300.

8) Jachtenfuchs, *op. cit.*, S. 162-209.

9) Sabine Jung, *Europa, made in France. Eine Analyse des politischen Diskurses Frankreichs zur Zukunft der Europäischen Gemeinschaft von den Anfängen bis heute*, 1. Aufl., Baden-Baden: Nomos-Verl.-Ges. (Nomos-Universitätsschriften: Poli-

tik, 97), 1999: Jachtenfuchs, *op. cit.*, S. 76-121; Gisela Müller-Brandeck-Bocquet, *Frankreichs Europapolitik*, 1. Aufl., Wiesbaden: VS Verl. für Sozialwissenschaften (Frankreich-Studien, 9), 2004.
10) Pierre Gerbet, "Le président Georges Pompidou et les institutions européennes", in: Bitsch (éd.), *op. cit.*, pp. 356-357.
11) 第五共和政を創設したドゴール将軍は、超国家的な欧州の諸制度は、「技術的な価値」を有するものの、「権威や政治的実効性を持たず、また持つこともできない」と考えており、以下のように述べた。欧州の共同作業には、「責任ある諸政府が組織的、定期的に協調し、政府の下に設置された専門機関がそれぞれの共通分野で活動することが必要である」。"Die Pressekonferenz des französischen Staatspräsidenten Charles de Gaulle (Auszug) vom 5. 9. 1960", dokumentiert in: *Europa-Archiv*, Nr. 21/1960, S. 303を参照。
12) ドイツが欧州政策に関して抱いていた理想像の発展については、Heinrich Schneider, "Deutsche Europapolitik: Leitbilder in der Perspektive. Eine vorbereitende Skizze", in: Heinrich Schneider/Mathias Jopp/Uwe Schmalz (Hg.), *Eine neue deutsche Europapolitik. Rahmenbedingungen-Problemfelder-Optionen*, Bonn: Europa-Union-Verl. (Band 1 des Projektes zur neuen deutschen Europapolitik), 2001, S. 69-131 を参照。
13) Schuman-Plan: Erklärung der französischen Regierung über eine gemeinsame deutsch-französische Schwerindustrie, dokumentiert in: Jürgen Schwarz (Hg.), *Der Aufbau Europas. Pläne und Dokumente. 1945-1980*, 1. Aufl., Bonn: Osang, 1980, S. 108-109、ここでは S. 108 を参照。ECSC の制度形成に関するさまざまな立場と交渉については、Hanns-Jürgen Küsters, "Die Verhandlungen über das institutionelle System zur Gründung der Europäischen Gemeinschaft für Kohle und Stahl", in: Klaus Schwabe (Hg.): *Die Anfänge des Schuman-Plans. 1950/51. Beiträge des Kolloquiums in Aachen, 28.-30. Mai 1986*, 1. Aufl., Baden-Baden: Nomos-Verl.-Ges. [u. a.] (Veröffentlichungen der Historiker-Verbindungsgruppe bei der Kommission der Europäischen Gemeinschaften, 2), 1988, S. 73-102を参照。
14) Jean-Marie Palayret, "Les décideurs français et allemands face aux questions institutionnelles dans la négociation des Traités de Rome 1955-1957", in: Bitsch (éd.), *op. cit.*, pp. 140-141.
15) *Ibid.*, p. 145.
16) *Ibid.*, p. 137 より引用。
17) ドゴールの欧州政策と「空席の危機」に関する新たな解釈のなかで、歴史家ロー

トは、EEC の制度建設と運営に関する西ドイツとフランスの考え方の隔たりを過大評価すべきではないと注意を促している。Wilfried Loth, "De Gaulle und Europa. Eine Revision", in: *Historische Zeitschrift*, H. 253（1991）, S. 629-660; Wilfried Loth, "Français et Allemands dans la crise institutionnelle de 1965", in: Bitsch (éd.), *op. cit.*, pp. 229-243 を参照。

18) Joseph H. Weiler, "The Transformation of Europe", in: *Yale Law Journal*, Jg. 100（1991）, H. 2, pp. 2403-2483.

19) Berthold Rittberger, *Building Europe's parliament. Democratic representation beyond the nation state*, Oxford: Oxford Univ. Press, 2005.

20) Philippe de Schoutheete, "The European Council", in: John Peterson (ed.), *The institutions of the European Union*, second edition, Oxford: Oxford Univ. Press (The new European Union series), 2006, pp. 37-59.

21) Dyson/Featherstone, *op. cit.*

22) 独仏が欧州憲法の制定会議の交渉になしたこの最も重要な貢献——これは相違があり、部分的には矛盾する独仏の立場の「加法による妥協」と呼ぶことができる——の内容については、Renaud Dehousse/Andreas Maurer/Jean Nestor/Jean-Louis Quermonne/Joachim Schild, *La nouvelle architecture institutionnelle de l'Union Européenne. Une troisième voie franco-allemande*, Notre Europe (Etudes et recherches N° 23), 2003 を参照。オンラインで以下から入手可能。http://www.notre-europe.eu/fileadmin/IMG/pdf/Etud23-fr.pdf#search='La nouvelle architecture institutionnelle de l'Union Européenne. Une troisième voie francoallemande, Notre Europe (Etudes et recherches N° 23)'.

23) Paul Magnette/Kalypso Nicolaïdis, *Large and small member states in the European Union: Reinventing the Balance*, Notre Europe (Research and European Issues N° 25), 2003. 以下よりオンラインで入手可能。http://www.cie.gov.pl/futurum.nsf/0/A557B8EB43C3BF62C1256D2E0034D364/$File/Etud25-en.pdf（2008. 8. 15に最終確認）。また以下も参照。Joachim Schild, *La France, l'Allemagne et la Constitution européenne: un bilan mitigé, un leadership contesté*, Notes du Cerfa N° 10, 2004, pp. 1-14. オンラインで以下から入手可能。http://www.ifri.org/files/Cerfa/NoteCerfa_10.pdf

24) 1996～97年のアムステルダム条約、2000年のニース条約、2001年以降の欧州憲法条約に関する交渉での加盟国の立場と選好、交渉プロセスを概観したものとして、Finn Laursen, *The Amsterdam Treaty. National preference formation, interstate bargaining and outcome*, Odense: Odense Univ. Press (Odense University Studies

in History and Social Sciences, 245), 2002; Finn Laursen (ed.), *The Treaty of Nice. Actor preferences, bargaining and institutional choice*, Leiden: Nijhoff (Constitutional law library), 2006; Finn Laursen (ed.), *The rise and fall of the EU's constitutional treaty*, Leiden: Nijhoff (Constitutional law library), 2008 を参照。

25) "Leitlinien Frankreichs zur Regierungskonferenz von 1996. Ein vertrauliches Papier aus dem Elysée", dokumentiert in: *Dokumente. Zeitschrift für den deutsch-französischen Dialog*, Jg. 52 (1996), H. 3, S. 218-221、ここでは S. 219 を参照。

26) "Das Arbeitsprogramm der französischen EU-Ratspräsidentschaft", in: http://www.ue2008.fr/webdav/site/PFUE/shared/ProgrammePFUE/Programme_DE.pdf, S. 19ff. を参照（2008. 8. 15 に最終確認）。

27) Maurer/Grunert, *op. cit.*, S. 291.

28) 当時、外務省の欧州局長であったクンツ（Eckart Cuntz）は、会議でドイツの特別な関心事項を押し通したことについて述べた際に、このことを真っ先に挙げている。「会議ではドイツの特別な関心事項にも配慮することに成功した。すなわち自由、安全、司法の領域において、第三国からの労働市場への移住に関する加盟国の権限を確保することができたのである……」。Eckart Cuntz, "Ein ausgewogener Gesamtkompromiss. Die Ergebnisse des Konvents aus Sicht der Bundesregierung", in: *Integration*, Jg. 26 (2003), H. 4, S. 354.

29) Vlad Constantinesco/Ingolf Pernice, *La question des compétences communautaires: vues d'Allemagne et de France*, Notre Europe, 2002. オンラインで以下から利用可能。http://www.notre-europe.eu/fileadmin/IMG/pdf/EtudPernice-Constantinesco-fr.pdf#search='Constantinesco, Vlad/Pernice, Ingolf, La question des compétences communautaires: vues d' Allemagne et de France, Notre Europe, 2002'.

30) 先に引用した、アムステルダム条約に関する交渉（1996～97年）のためのフランスの機密の交渉文書では、政府間会議に向けた優先目標のなかで、補完性原則のより適切な適用が筆頭に挙げられた。"Leitlinien Frankreichs zur Regierungskonferenz von 1996. Ein vertrauliches Papier aus dem Elysée", dokumentiert in: *Dokumente. Zeitschrift für den deutsch-französischen Dialog*, Jg. 52 (1996), H. 3, S. 218 を参照。

参考文献

Bitsch, Marie-Thérèse (éd.), *Le couple France-Allemagne et les institutions européennes. Une postérité pour le plan Schuman*, Bruxelles: Bruylant (Organisation internationale et relations internationales, 53), 2001.

Cole, Alistair, *Franco-German Relations*, Harlow a. o.: Longman (Politcal Dynamics of the European Union), 2001.

Constantinesco, Vlad/Pernice, Ingolf, *La question des compétences communautaires: vues d'Allemagne et de France*, Notre Europe, 2002. Online verfügbar unter http://www.notre-europe.eu/fileadmin/IMG/pdf/EtudPernice-Constantinesco-fr. pdf#search= 'Constantinesco, Vlad/Pernice, Ingolf, La question des compétences communautaires: vues d'Allemagne et de France, Notre Europe, 2002'.

Cuntz, Eckart, "Ein ausgewogener Gesamtkompromiss. Die Ergebnisse des Konvents aus Sicht der Bundesregierung", in: *Integration*, Jg. 26 (2003), H. 4, S. 351–356.

Dehousse, Renaud/Maurer, Andreas/Nestor, Jean/Quermonne, Jean-Louis/Schild, Joachim, *La nouvelle architecture institutionnelle de l'Union Européenne. Une troisième voie franco-allemande*, Notre Europe (Etudes et recherches N° 23), 2003. Online verfügbar unter http://www.notre-europe.eu/fileadmin/IMG/pdf/Etud23-fr.pdf#search='La nouvelle architecture institutionnelle de l'Union Européenne. Une troisième voie francoallemande, Notre Europe (Etudes et recherches N° 23)'.

Dyson, Kenneth H. F./Featherstone, Kevin, *The road to Maastricht. Negotiating economic and monetary union*, Oxford: Oxford Univ. Press, 1999.

Friend, Julius Weis, *The linchpin. French-German relations, 1950–1990*, New York: Praeger (The Washington papers, 154), 1991.

Friend, Julius Weis, *Unequal partners. French-German relations, 1989–2000*, Westport, Conn a. o.: Praeger (The Washington papers, 180), 2001.

Gerbet, Pierre, "Le président Georges Pompidou et les institutions européennes", in: Bitsch, Marie-Thérèse (éd.), *Le couple France-Allemagne et les institutions européennes. Une postérité pour le plan Schuman*, Bruxelles: Bruylant (Organisation internationale et relations internationales, 53), 2001, pp. 355–375.

Jachtenfuchs, Markus, *Die Konstruktion Europas. Verfassungsideen und institutionelle Entwicklung*, 1. Aufl., Baden-Baden: Nomos Verl.-Ges. (Weltpolitik im 21. Jahrhundert, 9), 2002.

Jung, Sabine, *Europa, made in France. Eine Analyse des politischen Diskurses Frankreichs zur Zukunft der Europäischen Gemeinschaft-von den Anfängen bis heute*, 1. Aufl., Baden-Baden: Nomos-Verl.-Ges. (Nomos-Universitätsschriften: Politik, 97), 1999.

Küsters, Hanns-Jürgen, "Die Verhandlungen über das institutionelle System zur Gründung der Europäischen Gemeinschaft für Kohle und Stahl", in: Schwabe, Klaus (Hg.): *Die Anfänge des Schuman-Plans. 1950/51. Beiträge des Kolloquiums in Aachen, 28.-30. Mai 1986*, 1. Aufl., Baden-Baden: Nomos-Verl.-Ges. [u. a.] (Veröffentlichungen der Historiker-Verbindungsgruppe bei der Kommission der Europäischen Gemeinschaften, 2), 1988, S. 73-102.

Laursen, Finn, *The Amsterdam Treaty. National preference formation, interstate bargaining and outcome*, Odense: Odense Univ. Press (Odense University Studies in History and Social Sciences, 245), 2002.

Laursen, Finn (ed.), *The Treaty of Nice. Actor preferences, bargaining and institutional choice*, Leiden: Nijhoff (Constitutional law library), 2006.

Laursen, Finn (ed.), *The rise and fall of the EU's constitutional treaty*, Leiden: Nijhoff (Constitutional law library), 2008.

Loth, Wilfried, "De Gaulle und Europa. Eine Revision", in: *Historische Zeitschrift*, H. 253 (1991), S. 629-660.

Loth, Wilfried, "Français et Allemands dans la crise institutionnelle de 1965", in: Bitsch, Marie-Thérèse (éd.), *Le couple France-Allemagne et les institutions européennes. Une postérité pour le plan Schuman*, Bruxelles: Bruylant (Organisation internationale et relations internationales, 53), 2001, pp. 229-243.

Ludlow, Peter, *The Making of the European Monetary System*, London: Butterworth, 1982.

Magnette, Paul/Nicolaïdis, Kalypso, *Large and small member states in the European Union: Reinventing the Balance*, Notre Europe (Research and European Issues N° 25), 2003. Online verfügbar unter http://www.cie.gov.pl/futurum.nsf/0/A557B8EB43C3BF62C1256D2E0034D364/$File/Etud25-en.pdf, zuletzt geprüft am 15. 8. 2008.

Manac'h, Bérénice/Menyesch, Dieter/Schild, Joachim, *France-Allemagne. Relations internationales et interdépendances bilatérales. Une bibliographie 1983-1990. = Deutschland-Frankreich. Internationale Beziehungen und gegenseitige Verflechtung. Eine Bibliographie 1983-1990*, München u. a.: KG Saur, 1994.

Maurer, Andreas/Grunert, Thomas, "Der Wandel in der Europapolitik der Mitgliedstaaten", in: Jopp, Mathias (Hg.), *Europapolitische Grundverständnisse im Wandel. Analysen und Konsequenzen für die politische Bildung*, Bonn: Europa-Union-Verl. (Analysen zur Europapolitik des Instituts für Europäische Politik, 14), 1998,

S. 213-300.

Menyesch, Dieter/Manac'h, Bérénice, *France-Allemagne. Relations internat. et interdépendences bilatérales; une bibliogr. 1963-1982=Deutschland-Frankreich*, München: Saur, 1984.

Müller-Brandeck-Bocquet, Gisela, *Frankreichs Europapolitik*, 1. Aufl., Wiesbaden: VS Verl. für Sozialwissenschaften (Frankreich-Studien, 9), 2004.

Palayret, Jean-Marie, "Les décideurs français et allemands face aux questions institutionnelles dans la négociation des Traités de Rome 1955-1957", in: Bitsch, Marie-Thérèse (éd.), *Le couple France-Allemagne et les institutions européennes. Une postérité pour le plan Schuman*, Bruxelles: Bruylant (Organisation internationale et relations internationales, 53), 2001, pp. 105-150.

Rittberger, Berthold, *Building Europe's parliament. Democratic representation beyond the nation state*, Oxford: Oxford Univ. Press, 2005.

Schild, Joachim, *La France, l'Allemagne et la Constitution européenne: un bilan mitigé, un leadership contesté*, Notes du Cerfa N° 10, 2004, pp. 1-14. Online verfügbar unter http://www.ifri.org/files/Cerfa/NoteCerfa_10.pdf

Schneider, Heinrich, "Deutsche Europapolitik: Leitbilder in der Perspektive. Eine vorbereitende Skizze", in: Schneider, Heinrich/Jopp, Mathias/Schmalz, Uwe (Hg.), *Eine neue deutsche Europapolitik. Rahmenbedingungen-Problemfelder-Optionen*, Bonn: Europa-Union-Verl. (Band 1 des Projektes zur neuen deutschen Europapolitik), 2001, S. 69-131.

Schneider, Heinrich/Jopp, Mathias/Schmalz, Uwe (Hg.), *Eine neue deutsche Europapolitik. Rahmenbedingungen-Problemfelder-Optionen*, Bonn: Europa-Union-Verl. (Europäische Schriften des Instituts für Europäische Politik, 77), 2001.

Schoutheete, Philippe de, "The European Council", in: Peterson, John (ed.), *The institutions of the European Union*, second edition, Oxford: Oxford Univ. Press (The new European Union series), 2006, pp. 37-59.

Schwabe, Klaus (Hg.), *Die Anfänge des Schuman-Plans. 1950/51. Beiträge des Kolloquiums in Aachen, 28.-30. Mai 1986*, 1. Aufl., Baden-Baden: Nomos-Verl.-Ges. [u. a.] (Veröffentlichungen der Historiker-Verbindungsgruppe bei der Kommission der Europäischen Gemeinschaften, 2), 1988.

Schwarz, Jürgen (Hg.), *Der Aufbau Europas. Pläne und Dokumente. 1945-1980*, 1. Aufl., Bonn: Osang, 1980.

Soutou, Georges-Henri, *L'alliance incertaine. Les rapports politico-stratégiques franco-*

allemands, 1954-1996, Paris: Fayard (Pour une histoire du XXe siècle), 1996.

Weiler, Joseph H., "The Transformation of Europe", in: *Yale Law Journal*, Jg. 100 (1991), H. 2, pp. 2403-2483.

Ziebura, Gilbert, *Die deutsch-französischen Beziehungen seit 1945. Mythen und Realitäten*, Stuttgart: Neske, 1997.

第5章 拡大ヨーロッパにおける仏独関係
―― リーダーシップは今日でも正当か？ ――

クリスチャン・ルケーヌ

廣田 愛理訳

はじめに

　1989年以降のEU拡大に対するフランス外交の主要な特徴の一つは、西ヨーロッパ統合の成果の保護を理由に、チャンスよりもリスク面をしばしば強調してきたことである。反対に、ヘルムート・コール時代のドイツ外交は中欧諸国への拡大をすぐに支持した。しかし、ゲアハルト・シュレーダーが政権に就くと、拡大の帰結の具体的管理を理由に前言は撤回された。拡大が達成されてみると、仏独関係は1989年以前と同様の主導者的役割を果たすことができないことに気づかされる。その理由は制度的（EU内の「大国」と「小国」の関係の悪化、多数決制の復権）でもあり、社会的でもある。国際政治観において両国の社会が変化したこと（たとえば、ドイツにおける反アメリカニズムの増大）と、ヨーロッパに「適した」社会経済モデルの仏独流のヴィジョンが必ずしも新規加盟国によって共有されてはいないという事実による。新規加盟国は、明らかに「ライン」モデルよりも「アングロサクソン」型資本主義モデルに近いと感じており、多くの点で仏独モデルよりも自由主義的傾向の強いイギリスモデルに魅力を感じている。

　本章は、1989年の激変から生まれた新しいヨーロッパにおける仏独関係の変化に立ち戻り、フランス側の要因に力点を置きながら仏独関係を分析すること

を目的とする[1]。

1　ドイツ再統一は単一通貨の実現を危険にさらしてはならない

　今や周知の出来事であるが、1989年11月9日の19時頃、東ドイツ共産党政治局員ギュンター・シャボウスキーが東ベルリンで記者会見を終え、それはテレビで放映された。そのなかで、彼は、新たな旅行規則に関して、以下のような東ドイツの閣議の決議案を読み上げた。「外国へのプライベートな旅行は、旅行動機や家族関係などの証明書を提出せずに許可されうる。許可証はすぐに交付されるだろう。この方向で通達が間もなく出される予定である。ビサと住民登録の責任者である人民警察省は、現行の条件が満たされていなくとも、すぐさま旅行許可を与えるよう委任される。永続的なものも含め、旅行は、西ドイツとの国境にあるすべての検問所において可能となるだろう」。「この措置はいつから有効となるのか」という記者の質問に対して、彼は、「私が知る限り、直ちにである（ドイツ語でsofort）」と答えた[2]。

　そのため何千人もの東ベルリン住民が西ベルリンとの国境通過地点に殺到した。国境警備隊もビザの責任者である国家安全省の係官も正確な知らせを受けていなかった。この通達は、翌日に出される予定であった。明確な指示はなかったものの、群衆の圧力でボルンホルマー通りの検問所は23時頃に開けられ、続いて、ベルリンや西ドイツとの国境地点の他の検問所もすぐに開けられた。世界中のテレビカメラの前でベルリンの壁は開かれた。西ドイツも含め、この出来事の速さと規模を予期していた者は誰もいなかった。この出来事は何を示しているのだろうか。まず、数カ月以来、平和的な反体制デモと、チェコスロヴァキアおよびハンガリー経由で西ドイツに向かう市民の大量出国を受けた東ドイツ体制の息切れが挙げられる。より一般的には、ゴルバチョフ政権下のソ連が救済のために介入することを決定せず、中東欧のすべての共産主義体制が相次いで転覆したことである。ベルリンの壁の崩壊は、決して忘れてはならない出来事だが、しかしながらこの転覆の最初のエピソードではない。1989年8

月19日以降、ポーランドは戦後初の反共産主義野党出身の首相タデウシュ・マゾヴィエツキによって指導されていた。同様に1989年10月23日には、人民共和国の終わりがハンガリー大統領マーチャーシュ・スーレシュによって宣言された。

　ベルリンの壁が崩壊したとき、フランス政府は1989年7月1日から半年間、ECの議長国であった。この議長国任期の優先目標は、1989年6月26・27日のマドリッド欧州理事会で承認されたドロール委員会報告に沿って、経済通貨同盟（EMU）に向けた3段階のステップを軌道に乗せることであった。議長国フランスは、コールとミッテランによって回復された機能主義的計画に忠実に、1989年12月にEMUに関する政府間会議招集の日程を決定することを目指した。コール首相は、1989年春の時点ですでに、1990年12月の連邦議会の刷新前にEMUの道を急速に進むことはドイツの世論にとって困難であると述べていた。よって、EMU計画の進行をさらに遅らせる可能性があり、計画自体をも危うくしかねないドイツ再統一について、フランス政府はいっそう心配した。

　フランス政府の不安は根拠のないものではなかった。ドイツでは再統一に関連した出来事が加速していた。1989年11月28日、コール首相は、「国家連合の構造」のための10項目からなる計画を提案した。そして1989年12月5日、コールはミッテランに政府間会議招集を1年遅らせ、そのときにEMUと政治同盟の両方を対象とする二重の行動に着手することを提案する手紙を送った[3]。ドイツとフランスの指導者は、ドイツ再統一が強化されたヨーロッパの枠組みのなかでなされるべきだとの考えを共有していたものの（これはイギリスのマーガレット・サッチャー首相とは大きく意見が異なる点である）、そこに到達するための制度的手段については意見が分かれていた。ミッテランにとっては、「まずEMUを通じてドイツを共同体的ヨーロッパに定着させねばならない」が、コールにとっては、ドイツ再統一に制度的枠組みを与えるために「早急に共同体の政治的輪郭を強める」必要があった[4]。

　最終的に1989年12月8・9日のストラスブール欧州理事会において、仏独の重要な「取引」が生じた。これによりコール首相は、1990年末前にEMUに関

する政府間会議を招集することに合意した。フレデリック・ボズが指摘するように、フランス大統領官邸の計画は「それ以後軌道に乗り、ドイツ統一のプロセスがヨーロッパ統合のプロセスを危うくする危険性は遠ざかった」[5]。しかし、フランスに対するこのような譲歩には、EC 12カ国によるドイツ再統一への公式の支持という見返りがあった。かくしてストラスブール欧州理事会は、「ヨーロッパにおける平和状態が強化され、そのなかでドイツ国民が自由な自己決定を通じて統一を回復するであろう」と表明した。同時に EC 12カ国は、「このプロセスが条約を尊重しつつ平和的・民主的に実現されるべきである」と明言した。

一方で、自由な自己決定のためには、東ドイツにおける自由選挙によって、東ドイツ国民が本当に統一を望んでいるという証拠を手に入れることが重要であった。1989年12月、ミッテランとフランス外交は東ドイツ国民の熱望についてまだ疑問を抱いていた。なぜなら、東ドイツの野党と反体制派知識人の大部分は、まだ再統一の見通しを支持する状態ではないように見えた[6]。東ドイツの願望が不確かであったことは、ミッテランが1989年12月21・22日の東独訪問を固持する決定をし（後に彼はしばしば非難されることになる）、訪問中に何度も東独とフランスの関係の将来について強調した理由の説明となる。その間、東独では、1990年3月18日の自由選挙で、再統一に好意的なキリスト教民主主義政党が西独 CDU に支持されて大きな勝利を収めたことにより、ミッテランにとってドイツ再統一は不可避となった。

他方で、国境の安全は、ミッテランにとって、ドイツによるドイツ＝ポーランド国境の不可侵性の承認を獲得することを意味していた。戦争を経験し、主権国家体制への指向によって社会化された最後の指導者であるミッテランは、あらゆる形の国境侵害に反対であった。それゆえ彼は、「仏独関係の影響力のすべてをドイツ＝ポーランド国境紛争の解決に役立てた」のである[7]。コール首相にとっては避けたかったであろうオーデル・ナイセ国境に関するドイツ＝ポーランド講和条約が1990年11月に調印されたことは、フランス大統領の懇願に多くを負っている。ポーランド国境を扱う際、2カ国＋4カ国のグループ会

議にポーランド代表を招くことを要求したのはミッテランであった。

　最終的に、仏独の意見対立は、「共同作業」を通じた信頼の蓄積により、コールとミッテランの時代に比較的早く克服することができた。このようにヨーロッパによる再統一の枠が確定したので、1990年3月半ば、コール首相は、「ドイツ再統一に対する警戒心を取り除き」かつ「西ドイツにEMUをより好意的に受け入れさせる」という二重の利点を持つ政治同盟に関する共同イニシアティヴの構想をミッテランに改めて提案した[8]。ミッテランは、躊躇した後、政治同盟に関する政府間会議の招集を呼びかける仏独共同イニシアティヴの考えに賛同した。議長国アイルランドは、それを1990年4月のダブリン臨時欧州理事会の議事日程に組み込んだ。この理事会は、当初、条約を変更せずに東独をECに統合する実際的な方法を検討するために召集されたものであった。政治同盟に関するイニシアティヴは、政治同盟の最終的な展望を明白にすることによって、「穏やかな機能主義」のシェーマをいくぶん助けることになったとはいえ、仏独政府間のコンセンサスを欠いているために、具体的な内容に立脚するのに苦労した。「共同体の政治目的」を明瞭にすることを求めた1990年3月22日のベルギー要覧に続いて、1990年4月19日のミッテラン＝コール文書は、一般的な言い回しで、政治同盟の作業を制度の効率性の改善、経済・通貨・政治の諸分野における活動間の結びつきの強化、さらに共通外交・安全保障政策の創設に向けることを求めた。こうした展望は、1990年1月17日に欧州議会において欧州委員会委員長ジャック・ドロールが表明したもの、すなわち一つのヨーロッパ連邦のなかでEMUと制度改革を合体するという展望ほど大胆ではなかった。その理由は、コールや当時のドイツ外交の大部分とは異なり、ミッテランとフランス外交には、委員会と欧州議会により大きな権限を与えたり、あるいは外交政策を共同体化することを目指すヨーロッパの制度改革を受け入れる心構えができていなかったからである。フランスにとって、共同体の深化とは、何よりもまずEMUの実現、そして場合によっては欧州理事会のより大きな役割の確立を意味していた。

　第2回ダブリン欧州理事会では、政治同盟についての政府間会議が1990年12

月に招集されることが承認された。この政府間会議は、EMU に関する政府間会議と並行して開催され、1992年2月にマーストリヒトで調印される欧州連合（EU）条約の段取りを立てた。EU に関するこの条約は、共同体の論理と政府間の論理の完全なる妥協であることがわかる。実際、域内市場・共通政策・EMU を含む共同体の柱と、共通外交・安全保障政策および司法・内務協力という完全に政府間政策的な二つの柱が共存する。

2 　東欧の共同体加盟を支持するか抑止するか？

　フランス外交は、すでに1988年から中東欧の共産主義諸国に対して開放政策を開始していた。1989年春にピエール・アスネールが書いているように、それは「人権の伝統から着想を得たレトリックと国是から着想を得た外交の二重性」に立脚している[9]。実際にこの政策は、ゴルバチョフの政策に対して最も躊躇している国にミッテランを赴かせ（1988年12月にチェコスロヴァキア、1989年1月にブルガリア）、共産党の「高官」（チェコスロヴァキアではフサク、ブルガリアではジコヴ）への公式訪問と、フランス大使館での朝食の際の地元反体制派との会談が行われた。ウィリー・ブラント以来のドイツの東方政策と比較した場合、たしかに野心の少ない政策である。多くの人が強調しているように、ミッテランも彼の取り巻きも、1988年末から1989年初頭にかけて、ハンガリー・ポーランド・東ドイツで進行中の変化と中東欧諸国全体の社会における民主主義の覚醒との関連を評価していなかった[10]。この過小評価は、一部にはネットワークの欠如に起因する。実際、フランス外交は、ある種当然の考慮から、冷戦の間、ヨーロッパの共産主義諸国における非公式筋と連絡を取ることを怠る傾向にあった。フランス外務省分析・予測センター（CAP）の30周年記念シンポジウムの際、報告者のひとりが以下のようなエピソードを想起した。国際学術研究所（CERI）の研究者で CAP 顧問であったジャン＝リュック・ドメナックが、ポーランドの労働組合運動の規模を量る目的で、1980年に「連帯」と最初の交流関係を確立した。その際、ワルシャワのフランス大使セ

第5章　拡大ヨーロッパにおける仏独関係　87

ルジュ・ボワドゥヴェはレフ・ワレサとのけしからぬ会談に対して激しく抗議した[11]。これはより綿密な報告書（「東方研究」）や非公式のコンタクトをおろそかにしないという制度的選択のおかげで、共産主義社会についてより詳細な知識を持っていたドイツ外交との違いである。プラハのドイツ大使館では、1980年代に、ひとりの顧問が「憲章77」の署名者とのコンタクトを公式に任務としていた。同様の職はフランス大使館には存在していなかった。

　ベルリンの壁の崩壊の後、最もオーソドックスな共産主義体制の相次ぐ崩壊（チェコスロヴァキア、ルーマニア、ブルガリア）に驚いたフランス外交は、EC加盟国と中東欧の新しい民主主義体制との関係の組織化を可能にする措置に着手した。ミッテランは、1989年12月31日にフランス国民に宛てた年末の挨拶のなかで、「我われの大陸のすべての国家を貿易・平和・安全の共通かつ恒久的な連合のなかに参加させるような文字どおりのヨーロッパ国家連合」の創設を呼びかけた。

　フレデリック・ボゾが書いているように、この国家連合構想は「フランス外交の西欧優先と不可分」であった[12]。ドイツ再統一の場合と同様に、中東欧諸国の変化が、早すぎる加盟申請の提出によってECを弱体化させないよう注意することが重要であった。東への拡大によってECが弱まるという心配は、1989年からすでにフランス外交、より一般的にはフランスの政治エリートの特徴となっている。1990年1月11日、ヨーロッパ問題担当顧問エリザベト・ギグーはフランス大統領に宛てた文書のなかで、「共同体への加盟と現状の間の中間形式の可能性を目に見えたものにするという大きな利益」を持っているので、「国家連合は共同体の弱体化を回避する機会を提供する」と強調した[13]。

　ところで、この国家連合の権限と機能はいかなるものであるべきと考えられていたのだろうか。当時のヨーロッパ組織、とりわけEC、さらには欧州審議会と欧州安全保障協力会議とどのように結びつけられるべきと考えられていたのだろうか。1990年秋、ミッテランは民主的なチェコスロヴァキアの新大統領ヴァツラフ・ハヴェルに対して、翌年、プラハで政界とヨーロッパ市民社会の大物を集めた集会を開くことによって（ミッテランが参加した1948年のヨーロ

ッパに関するハーグ会議のように）この構想に着手することを提案した[14]。フランスの考察は、環境・輸送・エネルギーといった協力分野において各国の政策を調整するような、ヨーロッパ諸国全体に開かれた政府間的性格の機関の創設の方向へと急速に向かった。この機関は、ソ連をヨーロッパにつなぎとめるために、ソ連にも開かれたものとなることが想定されていた。反対に、アメリカは除外されていた。そのため、アメリカを除外することがより困難な政治・軍事的側面は、フランスの立案者が思い描く国家連合構想から遠ざけられた。

1991年6月12〜14日のプラハでの国家連合に関する集会の開催は、結局、派手な政治的失敗に終わり、まさにフレデリック・ボゾが指摘するように、「中東欧におけるフランスの影響の限界」を垣間見せるものとなった[15]。これにはいくつかの理由がある。

第一のかつ本質的な理由は、EC加盟の（一時的な）代替策として構想された機関を創設するという考えが、早く対等なメンバーになりたいという中欧の新しい国々の意思を過小評価するものであったということにある。なぜならECは、NATOと同様に、西側世界への「真の」復帰を体現していたからだ。ヘルムート・コールはこのような中欧の切望をよりよく理解していた。集会開催日にRFI（国際ラジオ・フランス）で行ったミッテランの場違いな宣言は、ECへの加盟が「何十年も」かかることを強調し、国家連合構想は中欧諸国を二番手に格下げする目的があるのではないかとの疑念を明らかに強めることとなった。

この構想の失敗の第二の理由は、ヨーロッパにつなぎとめたいとの配慮から、崩壊中のソ連を参加させるという選択をしたことと関係がある。ゴルバチョフとペレストロイカは、間違いなく暗に中東欧諸国の変化を促進したが、新しい民主主義諸国は、西側への復帰をソ連印の明白な除去として理解していた。中欧諸国は、最終的に1991年に崩壊したソ連を、民主主義に対する熱望を否定する不安定要因、そして何となくヨーロッパとは異質の文化空間だと見なしていた。

第三に、フランス外交は、完全にアメリカなしで済まされるという「ヨーロ

ッパ的ヨーロッパ」（ゴーリストの古い表現を使うならば）に属することへの中東欧諸国の熱望を過大評価した。1990年代初頭、中東欧諸国は、今日以上に自らのヨーロッパの将来をアメリカ抜きでは考えていなかった。冷戦の間の共産主義に対するアメリカ政府の反抗、とりわけ非常に反共産主義的なロナルド・レーガン政権下のアメリカ政府の反抗は、ソ連体制崩壊の一要因として受け取られていた。さらに、アメリカは、ドイツとフランスよりもはるかに、軍事面で中東欧の安全を保障する信頼できる国だと考えられていた。アメリカ外交は、チェコスロヴァキアのハヴェル大統領のような中東欧諸国の指導者に対して、国家連合構想を失敗させるためにできる限りのことをした。ドイツは、1991年秋に、とくにフランスを助けようとはせず、国家連合構想は放棄された。

3　合理化された拡大とともに

　この構想の失敗は、フランス外交に以下のような現実を自覚させることになった。すなわち、中東欧の民主主義国は、ECへの加盟候補として考えられ、時が来たらその権利を彼らに認めるべきであり、ドイツ首相がそのような展望を支持しているだけになおさらであると。
　1992年にミッテランが51.04％の「ウイ」を獲得することによってかろうじて勝利した、マーストリヒト条約に関する国民投票後に起こったヨーロッパ統合の妥当性についての激しい議論は、拡大の問題をほとんど取り上げなかった。「ウイ」と「ノン」の支持者の対立は、主として国家主権に対する条約の新しい措置の影響をめぐるものであった。すなわち、独立した中央銀行、特定多数決の理事会への拡大、さらには欧州議会の立法権の強化といった内容である。マーストリヒト条約の仕上げの際、右派・左派の双方において、論争は連邦主義対主権国家の議論によってさらに白熱した。
　中欧諸国の加盟の可能性に対するフランスの立場の緩和は、まず、1989年7月から1992年11月に加盟新申請をしたEFTA加盟5カ国（オーストリア、スウェーデン、フィンランド、スイス、ノルウェー）に限られ、1993年3月の国

民議会選挙における右派の勝利の後で確実となった。外務大臣に任命される前からすでに、アラン・ジュッペは次のように明言していた。「南欧諸国の加盟の際にかつて行ったように、経済問題に関する加盟にはいくぶん長い移行期を予定する必要があるかもしれないが、私は、これらの国を共同体に迎えることを示す強い行動が早急に必要だと考える者のひとりである」[16]。フランスの立場の変化は、1993年のコペンハーゲン欧州理事会において確実になった。エドワール・バラデュール新内閣と折り合いをつけねばならなかったミッテランは、「希望すれば中東欧諸国は、EUのメンバーとなることができる」ことをEC12カ国に認めさせようともくろんだコール首相の積極的行動主義を阻むことができなかった。こうして新規加盟は公式に承認されたものの、いかなる予定表も作成されず、故意に定義を広くした一連の三つの政治経済的基準の尊重をともなった。それにはヘルムート・コールも同意したが、その内容は、第一に、法治国家・民主主義・人権・マイノリティーの尊重および保護を保証する安定した制度の設立、第二に、持続性のある市場経済ならびに競争圧力とEU域内における市場の力に対処しうる能力、第三に、EU加盟にともなう義務を負う能力と、とりわけ政治・経済・通貨同盟の目標に同意する能力である。1993年6月22日、コペンハーゲン欧州理事会後の記者会見の際、中東欧諸国の加盟に対して再び自身の悲観論を自由に述べる機会がミッテランに与えられた。「希望はあるが、これらの国々にとって大きなリスクとなりうる共同体の重圧に耐えることができる状態になるまでには、多くの作業と実行が必要だろう。単一市場であるから、十分な支えを持つことができる状態にない国は、外部、とりわけ西欧の大国から来る企業や商品によってすぐに侵略されてしまうだろう。これはリスクであり、当然、財政負担が過度に重くなるのを望まない現在の共同体メンバーにとってのみのリスクではない」[17]。西欧の統合が反復的に危険にさらされることへの不安と結びついたミッテランのこのような姿勢は、拡大に反対するフランスのイメージを作り上げるのに大いに貢献することとなった。

　それでもコペンハーゲン欧州理事会は、中東欧諸国がすぐに加盟申請を表明することを力づけた。1994年4月1日に加盟申請をしたハンガリーが最初の一

歩を踏み出した。1996年に加盟申請をしたチェコ共和国は中東欧8カ国中の最後であり、キプロスとマルタも同時に手続きを行った。加盟申請がなされたことで、加盟交渉の予定表が明確になった。1995年12月のマドリッド欧州理事会の際、ミッテランに代わりジャック・シラクが大統領であったが、フランスは、条約改正のためにマーストリヒト条約によって予定された政府間会議終了から6カ月後に加盟交渉を開始できるとの考えに同調した[18]。ただし彼は、すべての準加盟国に加盟交渉を開始する資格があることを主張し、ドイツがヴィシェグラード・グループ諸国とスロヴェニアに留めることを望んだのに対して、フランスが「後援する」ブルガリアとルーマニアの利害を守った[19]。

1993年3月に右派が政権に復帰して以降のフランスの新しい政策は、合理化された拡大を支持するものであり、それは二つの理由に基づいていた。

第一は、フランス国内の政策と関係があった。右派は東欧への拡大が利益となるという考えで統一されているとは言い難かったが、エドワール・バラデュール首相とアラン・ジュペ外相は、ミッテランの躊躇に対抗しようと努めた[20]。さらに、右派はフランスの大企業の要求の影響を受けやすく、大企業は、他国の競争相手、とりわけドイツ企業のせいで東欧市場が手に入らないと力説していた[21]。1995年には、貿易の点でも投資の点でも、フランスは、中欧諸国において、ドイツのみならずオーストリアやオランダにもリードを許していた。1990年代のチェコスロヴァキア政府経済顧問ジャン=リュック・デルプクは、著書のなかで、1991年の自動車企業スコダの買収におけるフォルクスワーゲンの成功、すなわちルノーの失敗の理由の一つは、チェコスロヴァキアのヨーロッパへの完全復帰に躊躇していると思われていたフランスに対するチェコスロヴァキア指導者層の不信感であったと強調している[22]。

第二に、拡大により好意的な立場は、コール首相の積極的行動主義の上をいくという対応であった。1990年代初頭でもなお、昔のミッテル・オイローパ（中欧）構想を復活させかねない中欧におけるドイツ政治の影響圏の再建について、フランス側では深刻な疑問が持ち上がっていた。この疑問は複数の要因から生じている。すなわち、実際に遠く先頭を走るドイツ企業の経済的影響力

（投資の50％を占める）と、コール首相が三つの最も近い中欧諸国（ハンガリー、ポーランド、チェコスロヴァキア）に常に与える優先権と、1991年のクロアチアおよびスロヴェニア独立のドイツ政府による一方的な承認である。拡大に好意的なコールの積極的行動主義は現実であった。彼は1995年7月にワルシャワで、2000年からのポーランドのEU加盟に賛成であることを最初に表明した。この少しばかり扇動的な首相の言葉は、フロランス・ドゥロッシュによれば、「特殊」[23]であったが、シラクにそれ以上のことをする気にさせた。フランス大統領は、1996年9月にワルシャワ、1997年1月にブダペスト、1997年4月にプラハで、これら三つの中欧諸国が今から2000年までにEUに加盟することを望むと表明した。ところが、ドイツがせき立てるというのはフランス外交による間違った評価から生じている。実際には、中欧社会は、痛ましい歴史を清算しなければ、ドイツの政治的リーダーシップを受け入れる用意は全くなかった。

　ドイツにおいても、1989年の変化は、1945年のドイツ敗北の後、ベネシュ政令によってチェコスロヴァキア（ズデーテン）から、あるいはポーランドとソ連による併合領土（シュレジエンと東プロシア）から追放されたドイツ市民とその子孫たちの団体の要求を再び生じさせた。ズデーテンのドイツ人の例を見るならば、チェコ政府とドイツ政府は1997年1月に共同宣言に署名し、そのなかでチェコ側は、追放の際にドイツ国民に与えられた「損害と不当な行為」に対して「遺憾の意」を表明したものの、結論は、「過去の係争に関する政治的・法律的要求に終止符を打つ」という双方による厳粛な約束であった[24]。ズデーテンのドイツ人団体（「ズデーデン・ドイツ人同郷会」）が認めないのは、まさにこの最後の点であり、それはいわゆるドイツの報復主義についてチェコ社会において広く不信感を育てることに貢献した。チェコの大衆紙は、（しばしば極端な）「ズデーデン・ドイツ人同郷会」の要求とドイツ政府のより控え目な解決要求を明確に区別せずに伝え広めた。さらに、チェコとポーランドの一部の政治家は、有権者の国民感情を満足させうるこの曖昧さを育てることがこの上ない利益となることを理解していた。しかしながら、重要なことは、この悲痛な過去があらゆる政治的影響力に対する留保の要素を持ち込むことであり、

第5章　拡大ヨーロッパにおける仏独関係　93

フランス外交はそれをすぐには理解しなかった[25]。

　1990年代の後半は、EUへの中欧諸国の連合政策の発展、次いで、加盟交渉の開始によって特徴づけられる。第一段階として、コール首相は、自身が議長を務める1994年12月のエッセン欧州理事会からすでに、中東欧諸国の加盟を準備するための特別融資を予定することを提案した。シラクはこの要求に従う用意があったが、相変わらず中欧におけるドイツの影響力が大きくなりすぎるのを避けるために、代償として地中海沿岸の第三国に対しても同様の措置が設けられることを条件とした。実際、東からの大国ドイツの復活の不安は、南方の権益の擁護を狙うフランスの要求をともなった。このフランスの立場のなかには、2007年の地中海連合構想を育てたのと同様の反応が認められる。すなわち、地中海沿岸南部は、ドイツがヨーロッパの中央において勢力を持つ場合にはなおさら守らねばならない自然の勢力圏だという考えである。第二次世界大戦前の歴史に戻ると、1938年5月のミュンヘン協定の前日、作家シモーヌ・ヴェイユ（強制収用中に死亡）は驚くほど諦めて次のように強調した。「ヨーロッパの中央にヘゲモニーが存在する必要があるとすれば、ドイツのヘゲモニーであるのが自然の成り行きであろう」。『マタン』紙論説記者ステファヌ・ロザンヌは、ヒトラーに対する英仏の断念を正当化し、次のように付け加えた。「地理的な政策を持つべきである。地理的に、フランスは地中海を越えてアフリカの奥地まで広がる西欧の国である。したがって、フランスにとって死活の権益・力・運命は、西欧・地中海・アフリカに集中している」[26]。こうした考えの遺産は、1995年6月のカンヌ欧州理事会における次のようなフランスの三重の主張のなかに暗に見いだされる。第一に、1995年から1999年にかけて中東欧諸国と地中海沿岸の第三国に向けられる総額は、一つにまとめられること。第二に、1995年11月にバルセロナ会議の集まりを活発化させ、ヨーロッパと地中海の協力のプロセスを制度化すること。第三に、第8次欧州開発基金（EDF）においてアフリカ・カリブ・太平洋地域諸国との協力にあてられる資金は、少なくとも第7次EDFと同額となること。

　具体化する拡大プロセスを前にして、バラデュール内閣は、1997年6月に後

を継ぐリオネル・ジョスパン内閣同様に、加盟希望国間の処遇の平等の原則を主張した。彼らの配慮は、フランスの庇護下にあると見なされていたバルカン半島の2カ国（国際フランス語圏機関の加盟国）を不利にしないことと、中欧諸国だけを相手としてドイツに「先行」させないことであった。このことは、1997年12月のルクセンブルグ欧州理事会において、シラクとジョスパンがこの原則の「歪曲」[27]を受け入れることを妨げなかった。実際、1998年3月に開始した加盟交渉は10カ国中5カ国だけを対象とし、ドイツの希望にかなり近い形となった。すなわち、エストニア、ハンガリー、ポーランド、チェコ共和国、スロヴェニアである。この選択的アプローチに対してフランスが提案した補正措置は、EU加盟国と加盟資格がある国とを定期的に集める「ヨーロッパ会議」の創設であった（これは挫折した国家連合を想起させる）。コソヴォの危機、第一波からの除外に対して候補国の一部で生じた政治的変化（とりわけスロヴァキアにおけるウラディミール・メチアルの交代）[28]、1996〜97年以降の中欧におけるフランス企業の立場の改善、そして拡大の戦略的意義に関する欧州委員会の強調は、プロセスの加速を生じさせた。1999年12月のヘルシンキ欧州理事会では、2000年3月に候補国全体と加盟交渉を開始することが決定された。2年前に拒否されたトルコの加盟資格はようやく認められた。

　加盟交渉は、10カ国とともに2002年まで続き、ブルガリアとルーマニアとは2005年まで続いたが、この交渉において、フランス政府は最も厳しい加盟国のなかに属してはいなかった。たとえば、新規加盟国の労働者の自由移動というデリケートな問題については、ドイツがオーストリアに支持され、旧加盟国が7年間特例措置を講ずることができるようにすることを主張した[29]。反対に、フランス政府は、共通農業政策の恩恵を将来の加盟国に拡大するという考えに一貫して反対であった。援助に関しては、フランス政府は、加盟時に25％から始めて、2013年までに徐々に100％にするという委員会提案を支持した。交渉から離れて、1998年10月27日にコールと交代した社会民主党のシュレーダーとシラクの間で交わされた2002年10月の2国間合意は、農業支出の限度額を2006年レベルに定め、2007年以降2013年までそれを25カ国で安定させるものであっ

た。この措置は、シラクにとって、ドイツの同意を得て共通農業政策を短期間聖域化するという利点があった[30]。

このような拡大の加速を前にして、「政府全体が途方にくれており、フランスの政策のライトモチーフは、制度改革の要求に留まっている」[31]。1997年10月にアムステルダム条約の調印にいたった交渉の際、フランスは拡大を展望して二つの優先事項を提示した。すなわち、欧州委員会の縮小と、人口だけでなくGDPと共同体財政に対する加盟国の貢献を考慮に入れた閣僚理事会における投票権の再配分である。これら二つの目的はアムステルダムでは達成されなかった。なぜなら、欧州委員会の改革と理事会における特定多数決制の改革は、条約の新たな改革に持ち越される「残りもの」の一部にされたからである。1999年3月、ヴァレリー・ジスカール＝デスタンにそそのかされて、フランスの議員は、アムステルダム条約批准のための法律に、最初の加盟交渉妥結前に制度の本質的な改革が必要であることを表明する一つの条項を付け加えた。

2000年12月のニース条約交渉のための政府間会議は、この関心に部分的に応えるものであった。シュレーダー首相は、ドイツの人口的優位を明言するという考えに前任者ほど臆病ではなかったが、ニースでは、まず、二重の多数決システムを提案し、次に、後退した案として、他の「大きな」加盟国よりも際立った投票権の放棄を提案した。これに対してフランスの優先目標は、閣僚理事会においてドイツと同等の投票権を維持することであった。この点についてフランスの拒否は明瞭であり、ニースにおいて仏独の危機が生じた。投票権のバランスの改革はありえるが、放棄はありえなかった。他の大きな加盟国（ドイツ、イタリア、スペイン、イギリス）と同様に、フランスはニースにおいて2人目の委員を断念したが、欧州委員会の規模の縮小はブルガリアとルーマニアの加盟による27カ国のEUを見越して持ち越された。再び、条約には2004年に修正を予定する条項が付け加えられた。従来の条約の未完成部分を修正するための改革の連続のなかで、フランス外交の野望は完全に達成されたわけではない。このことから、フランスの伝統的な親ヨーロッパ主義者の間で、深化を犠牲にするのではないかと懸念される拡大に対して、躊躇が強まっていった理由

が理解できよう。

　しかし、非常に大胆な方向で EU を深化させるには、ニースではすでに遅すぎた。1994年秋に、バラデュール内閣がドイツ連邦議会の CDU＝CSU グループのアピール、いわゆるショイブレ＝ラメルス構想に同調することを拒否したときにチャンスを逃したのである。コール首相の賛同を得たこのテキストは、拡大されたドイツがヨーロッパ統合への関与の証拠を提供することを望んでおり、単一通貨に参加資格を持った国々から構成される「ヨーロッパの中核」(ドイツ語で「Kern Europa」)の周りにヨーロッパ連邦体を創設するようフランスを促すという確認から始まっていた。この「ヨーロッパの中核」(アムステルダム条約とニース条約の「強化された協力」よりもずっと野心的である)は、マーストリヒト条約の二つ目と三つ目の柱を含め、拡大された EU の前衛となるのに適していた。ジャン＝ルイ・ブールランジュのようなフランスの一部の連邦主義者(少数派)の好意的な返事にもかかわらず、フランス政府、そしてとりわけフランス外交はこのような展望には反対であった[32]。理由は常に同じである。外交や安全保障といった政策の共同体化は彼らには考えられなかった。6年後の2000年5月12日にドイツ外相ヨシュカ・フィッシャーがベルリンのフンボルト大学において、「確信的なヨーロッパ主義の加盟国による小グループ」が「連邦創設の核となるヨーロッパの新しい基本条約」を締結することを個人的に提案したが、フランスの公式な回答は再び否定的なものだった。外相ユベール・ヴェドリーヌは、前衛を形成することは不可能であるとの考えだった[33]。フランスの政治階級や社会の多数派と同様に、彼が根底において拒否するのはヨーロッパ連邦の考えであった。中東欧諸国への拡大はフランスに EU の深化を拒否させるほどの理由ではなく、むしろ、マーストリヒトにおいて到達した一定の限界を越えて国家主権と妥協することは構造的に不可能であることが拒否の理由であったことが理解できよう。

第5章 拡大ヨーロッパにおける仏独関係　97

4　イラクに関する分裂からサルコジとメルケルの新しいヨーロッパ政策へ

　キプロスとマルタと中東欧8カ国（エストニア、ハンガリー、ラトビア、リトアニア、ポーランド、チェコ共和国、スロヴェニア、スロヴァキア）は、2003年4月16日、アテネにおいて、2004年5月1日からEUへの加盟を可能にする加盟条約に調印した。ブルガリアとルーマニアについては、2007年1月1日の加盟に導く条約が2005年4月25日に調印されるまで、もう2年待たねばならなかった。最初のグループの加盟についてのフランス議会における議論は、2003年11月の夜、少なくとも右派と左派のコンセンサスに基づく雰囲気のなかで「手早く片づけられた」。新規加盟国が参加を促される連合の型とトルコ加盟の見通しに反対する右派議員フィリップ・ドヴィリエは別にして、議会討論の間に交わされた議論は争いがほとんどなく、それどころか平穏であった。2003年11月26日の国民議会において、508票のうち（共産党は棄権した）505票が拡大に賛成し、反対は3票のみであった。ブルガリアとルーマニアの加盟については、フランス議会での議論はもう少し荒れたものの、2006年6月27日の国民議会投票では、右派も左派も前回同様に非常に好意的であった。2005年5月の欧州憲法条約に関する否定的な国民投票の1年後、論争は拡大よりもむしろ制度改革に集中した。したがって、2003年のフランス議会では、中東欧諸国への拡大の真の争点をめぐる議論はほとんど見られなかった。これを反映して、ジャーナリズムやフランス社会における反響も小さい。トルコへのEUの拡大については同じようにはゆかなかった。シラクは、自身の政党とフランス社会の多数派とは異なり、EUへのトルコの加盟の原則に対してオープンな態度を示した。彼は文化主義に敏感ではない政治家なので、トルコは「ヨーロッパ」の国ではないからEUの外に留まらねばならないと断言する趣旨の彼の声明は全く見いだせない。シラクが2006年9月、エレヴァンにおいて、トルコはアルメニア人の大虐殺をいつかは認める必要があるとためらわずに明言したとして

も[34]、彼は1999年にはトルコの加盟資格を認めるのに好意的であったし、2005年には加盟交渉の開始に好意的であった。EU加盟の準備のための政治的チャンスをトルコに与えるべきだというヨーロッパの国家元首と政府の間でかなり多数派の意見にシラクは合流しており、シュレーダーもそのひとりであった。しかしながら、彼自身の政治集団、とりわけUMP党首ニコラ・サルコジの懐疑的態度と、欧州憲法条約に関する国民投票の波乱の予想を前にして、シラクは体裁を繕う必要があった。かくして彼は、2005年2月、フランス議会において以下のようなフランス憲法の改正を要求し、これを認められた。すなわち、クロアチアのEU加盟の後、いかなる新たな拡大の批准もフランスにおいては国民投票によって認められねばならないと。当時の政治的議論を静めることを狙ったこの措置によって、結果的に、将来のあらゆるEU拡大（たとえば西側バルカン諸国への拡大）は、フランス国民の拒否の可能性に左右されることになった[35]。この国民投票の錠は、2008年7月に採択される予定の次のフランス憲法改正の際に開けられるだろう。

　2003年4月のアメリカのイラクに対する軍事介入は、フランス外交と加盟候補国である中欧との関係の新たな緊張の原因となった。軍事介入が必要だとブッシュ政権が判断したイラクにおける大量破壊兵器の存在の可能性をめぐって開始された議論において、EUは分裂した。シラク大統領とシュレーダー首相は、イギリスのブレア首相、イタリアのベルルスコーニ首相、スペインのアズナール首相、デンマークのラスムセン首相、ポルトガルのバローゾ首相とは異なり、直ちに懐疑的な陣営に与した。シュレーダーの反アメリカ主義は意外であり、これまでのドイツ首相とアメリカとの間の協調的な雰囲気にそぐわないものであった。このような政策の変化は、おそらく、ブッシュの外交政策に対するドイツの世論の強い態度に対応するものであった。

　2003年1月30日、仏独とは異なり介入に好意的な欧州理事会の5人のメンバーは、サダム・フセインの大量破壊兵器によって「これまでになく脅かされた」アメリカを支持する明白な呼びかけを行った。この呼びかけに中欧の3カ国の大統領・首相、すなわちチェコ大統領ハヴェル（退任の2日前）、ハンガ

リー首相ペーテル・メッジェシ、ポーランド首相レシェック・ミレル（両首相は1989年前には共産党員であった）が加わり、「8カ国による公式書簡」が出された。このアメリカの介入に対する明白な支持に次いで、2003年2月5日には、NATO加盟候補国の中東欧諸国の外相による「10カ国宣言」が出された。アルバニア、ブルガリア、クロアチア、エストニア、ラトヴィア、リトアニア、マケドニア、スロヴァキア、スロヴェニア、ルーマニアである。NATO拡大のためのアメリカ委員会の旧委員長であり2002年からイラク解放委員会委員長を務めるアメリカ共和党ロビイストのブルース・ジャクソンのイニシアティヴにより、この書簡は、アメリカ国務長官コリン・パウエルが国連安全保障理事会においてサダム・フセイン体制に対する強硬な要請を宣告したのと同じ日に公にされた。「10カ国宣言」は、安全保障理事会が「イラクの持続的な脅威に対して、国際平和と安全のために必要で適切な措置」を取るよう促し、かくして仏独の立場と正反対の行動をとった。

　シュレーダーは中東欧諸国に対して火に油を注がないよう努力したが（前任者とは異なり、在任中概して彼はこれらの国々にあまり関心がなかった）、シラクは激しく反発した。2003年2月17日のイラクに関するブリュッセル特別欧州理事会終了の際の記者会見において、シラク大統領は「共通外交政策の考えに逆らう」行動であると加盟候補国を激しく非難した。彼は、次のような理由を付け加えたが、説教的で激しい口調はすぐに論争を引き起こした。「これらの国は、はっきり言えば、失礼であり、アメリカの立場への早急な同調がもたらす危険に少しばかり無自覚でもあった」[36]。加盟候補10カ国中9カ国におけるEU加盟の国民投票の開催を数週間後に控え、シラクの言葉は激しかった（彼は後に後悔することになる）[37]。彼はフランスと中欧の政治的距離を広げ、アメリカ国防長官で新保守主義者(ネオ・コン)のドナルド・ラムズフェルドの対立を煽るレトリックをかきたてる。ラムズフェルドは2003年1月22日に次のように明言した。「ご覧なさい、ヨーロッパの多くの国は、仏独とではなくアメリカと意見が一致している（……）。あなた方はヨーロッパについて考えるとき、ドイツやフランスを念頭に置くだろうが、私はそうではない。私が思うに、それは古

いヨーロッパだ」。

　EU加盟候補国では、仏独コンビが指揮官として行動したがっているという感情の広まりによって、フランスに対する不信感が高まり、あらゆるヘゲモニーを警戒する中欧諸国の力を見せつけた。彼らの仏独に対する警戒は、二つの「大国」は自分たちの都合に合わせて共同体規則を自分勝手に解釈するにもかかわらず、自分たちの基準をEUに押しつけようとしているという考えによって強まった。マーストリヒト条約の基準違反のために仏独に対し欧州委員会によって開始された財政赤字超過に対する手続きが、2003年11月25日のEU蔵相理事会で延期されたことは、状況次第でばらばらの判定を下すEUの特徴と見なされた。

　最後に、シラクとシュレーダーのロシアに対する政策は、緊張を増大させた。在任期間中、フランス大統領とドイツ首相はロシアに配慮した。フランスでは、多くのNGO団体がチェチェンにおいてロシア軍が行った戦争に反対して集まったが、シラクとシュレーダーは、チェチェンにおける反乱の鎮圧と、より広く、コーカサス、とりわけグルジアとウクライナにおけるモスクワの干渉主義に対して公の批判をそれほど発しなかった。ロシアのガスへの依存（フランスよりもドイツの）は考慮すべき要素だが、ロシアに対する慎重な配慮は経済的な計算のみから生じたものではなかった。それは仏独の多くの政治家と両国の外務省に根付いた戦略的確信からも生じるものであった。一方で、ロシアは、相変わらず不安定だが影響力のある「大国」であり、ヨーロッパの安全に影響を及ぼす危険を冒してまで侮辱してはならない存在であった。他方で、モスクワ政府と良好な関係を持つことは、国際外交上、中欧の民主主義的「小国」との関係よりも有用であった。加えて、ロシアへの配慮は、イラクにおけるブッシュ政権を妨害する手段でもあった。しかし、このことは、加盟直前の時期に、EUの新規加盟国におけるドイツとフランスの信頼を損なうものであった。

　同時に、こうした緊張を誇張してはならない。イラクに関しては、中欧政府は、当初、軍事介入がイラクに民主主義を「もたらす」と馬鹿正直に信じたものの、それがほとんどできないと悟り、彼らの「良い生徒」的態度への代償を

アメリカにあまり期待すべきではないと悟るにつれて緊張は和らいだ。

　25カ国のEU、そして今や27カ国のEUは、仏独外交が中東欧のそれぞれの国と個々に作業をし、閣僚理事会において提携することを学ぶことを必要とする。そこでは、利害は反復的ではなく問題によって変化する。2005年11月22日のアンゲラ・メルケルの首相ポストへの任命は、シュレーダーがおろそかにした隣国との関係の改善を可能にした。メルケルは旧東独の出身であり、プラハにおいて物理学を一時勉強したため、中欧の認識には敏感である。ニコラ・サルコジ（彼の父は、第二次世界大戦後、ハンガリーからフランスに来た）は、選挙キャンペーンの間、「フランスがヨーロッパにおける影響力を回復したいのであれば、盟友と和解し東欧のパートナーと打ち解けることが絶対的に必要である」と断言することで、新規加盟国を安心させるよう努めた[38]。選挙キャンペーン中、サルコジがアメリカに近づこうとしたことやロシアと距離を置いたことは、中欧政府を安心させるもう一つの要素であった。同時に、「サルコジ流」のレトリックは、ヨーロッパにおけるフランスの影響力がまず肝心であると強調し続けた。このことは、EUにおける平等の尊重を心配する中欧の「小国」に疑問を抱かせた。ゴーリストの伝統に従い、サルコジが、ポーランドを含んだEUの六つの大国は「彼らの責任」をもっと引き受けねばならないと度々明言するのをためらわないだけに、この疑問はいっそう強くなった[39]。「大国」を前面に押し出したEUという考えは、ワルシャワの政府を満足させた。反対に、中欧の他の政府に疑問符を残すこととなった。メルケルは、すべての加盟国を尊重する必要性を強調することで、EU内での「大国／小国」関係を道具化するリスクをこれまで以上に避けた。

　サルコジの大統領就任は、EUの新規加盟国との新たな関係に道を開くことを可能にしたものの、限界を孕んでいる。

　フランスをNATO軍に復帰させることを可能にしたパリとワシントンの関係の正常化は、新規加盟国を安心させる要素であり、ベルリンにも好意的に映った。ロシアに対しては、エネルギー依存と国際舞台へのモスクワ復帰により、CDU＝SPD連立政権は「現実的政策」に組み込まれた外交を展開するにいた

ったが、人権問題については妥協しないという印象を与えた。サルコジは、ひとたび当選したら「人権」面を忘れる傾向にあるものの、このようなドイツの変化は、選挙キャンペーン中にサルコジが表明した立場と一致するように思われる。選挙における不正行為の疑惑にもかかわらず、2007年12月2日の国民議会選挙における「統一ロシア」党の勝利の後、ウラジミール・プーチンに送られた「真心のこもった」祝辞は、中東欧諸国に対して非常にネガティヴな効果をもたらした。メルケルは、またもやより慎重に振る舞った。

EU内において、サルコジの約束と、リスボン条約に好意的なドイツが2007年上半期の議長国となったことは、新規加盟国にとって、欧州憲法条約に対するフランスとオランダの「ノン」によって生じた危機からヨーロッパを脱出させる兆候となった。同時に、中東欧諸国のすべてがEUの政治的権限の強化を目指す改革に対して熱狂的な政党によって統治されているわけではなかった。したがって、ポーランドのカジンスキー内閣とチェコ共和国のトポラネク内閣は、リスボン条約交渉の際に「ミニマリスト」側につき、メルケルが欧州理事会議長を務めた際、大きな問題を生じさせた。スロヴェニア、フランス、チェコという2008年1月から2009年7月までの議長国の順序は、交渉の継続を保証するためにフランスに新規加盟国政府と直接仕事をさせることになる。27カ国のEUにおいて前進するためには、フランス外交が具体的な協力の要素へとうまく導くことが必要である。なぜなら、27カ国のEUは、政治的理由（政治的推進力は12カ国よりも27カ国において散漫になる）と制度的理由（理事会における特定多数決の回復は、非常にフレキシブルな利害の結合に導く）によって結びつきを多様化する必要があるからだ。

パリとベルリンの政治関係は、ユーロ圏の経済政策に関するさまざまな意見対立ゆえに最良の状態ではなく（メルケルは、フランスがマーストリヒト条約の基準を達成するために十分な経済政策的措置を取ってこなかったことを非難した）、地中海沿岸の近隣諸国との関係についても同様である。「サルコジ流の」地中海連合構想の最初のバージョンは、地中海沿岸諸国のみによって構成されていた。ベルリンは気を悪くし、移民といった地中海の問題はドイツにもこの

上なく関係があることを強調した。このため、2008年3月13・14日のブリュッセル欧州理事会は、フランスの構想が、1995年以降全く機能しなかったバルセロナプロセスを再活性化させるような真に共同体的な構想になるよう、再検討をおこなった。

　2008年上半期からフランスがEU議長国になるという展望のなかで、1980年代からイギリスの経済的変化に魅了されてきたサルコジは、ロンドンとの新しい二国間関係に着手することを試みた。2008年3月の彼のイギリス訪問は、ブラウン首相へのヨーロッパに関する一連の提案によって特徴づけられ、その内容は、防衛問題だけでなく、エネルギーや地球環境の変化に関する協力も含んでいた。同時に、サルコジ大統領とフランス外交は、ユーロや移民政策といったいくつかの問題に関して、単一通貨にもシェンゲン協定にも参加しないイギリスとよりも、ドイツとともにEUに政治的刺激を与える方が容易であることを意識している。しかしながら、フランスとドイツにとって、当初はEUを前進させるためのイニシアティヴだった1980年代の「穏やかな機能主義」は、大いに過去のものとなった。利害が多様化したことと「大国」のリーダーシップが受け入れられにくいという理由で、拡大はもはやそれを可能にしないのである。フランスは20年経ってそれを自覚した。20年という期間は、冷戦の終わりがフランスのヨーロッパ政策にもたらした必然的変化に対して措置を講じるのに必要な時間であった[40]。

注
1） 詳細については、Christian Lequesne, *La France dans la nouvelle Europe*, Paris, 2008 を参照。
2） 記者会見の抜粋は www.chronik-der-wende.de を参照。
3） Joachim Bitterlich, *France-Allemagne: Mission Impossible ?*, Paris, 2005.
4） Christian Franck, « De Dublin I à Dublin II », www.uclouvain.be.
5） Frédéric Bozo, *Mitterrand, la fin de la guerre froide et l'unification allemande. De Yalta à Maastricht*, Paris, 2005, p. 152.
6） François Mitterrand, *De l'Allemagne, de la France*, Paris, 1996, p. 110.

7) Jacques Rupnik, « La France de Mitterrand et les pays de l'Europe du Centre-Est », Samy Cohen, dir., *Mitterrand et la sortie de la guerre froide*, Paris, 1998, pp. 197-198.
8) Bozo, *op. cit.*, p. 244.
9) Pierre Hassner, « Vers l'Est du nouveau ? », *Esprit*, mars-avril 1989, p. 113.
10) Bernard Lecomte, « François Mitterrand et l'Europe de l'Est: le grand malentendu », *Commentaire*, 19/75, Automne 1996, pp. 577-585; Rupnik, op. cit., 1998, pp. 189-216.
11) Ministère des Affaires Etrangères, *Le débat de politique étrangère* 1974-2004, Paris, 2004, p. 85.
12) Bozo, *op. cit.*, pp. 344-345.
13) Bozo, *op. cit.*, p. 345 による引用。
14) *Prague 1991. Assises de la Confédération*, Paris, 1991 参照。
15) Bozo, *op. cit.*, p. 353.
16) *Le Monde*, 6 mars 1993.
17) Florence Deloche, « La France et l'élargissement à l'Est de l'Union européenne », *Les Etudes du CERI*, numéro 48, octobre 1998, p. 13 による引用。
18) Françoise de La Serre et Christian Lequesne dir., *Quelle Union pour quelle Europe ?*, Bruxelles, 1998.
19) Françoise de La Serre, « La France et l'élargissement à l'Est de l'Union européenne », *Annuaire Français de Relations Internationales*, 2004, p. 508.
20) Deloche, op. cit., 参照。
21) 1991年4月19日、ブカレスト訪問の際、ミッテランはルーマニア大統領イオン・イリエスクとの共同記者会見において、「私の訪問は商業的な理由によるものではない。私が訪問するところはどこであれ、そのようなケースは今までにない。セールスマンというのは非常に立派な仕事だが、それは私の仕事ではない」と宣言した。
22) Jean-Luc Delpeuch, *Postcommunisme, l'Europe au défi. Chronique pragoise de la réforme économique au cœur d'une Europe en crise*, Paris, 1994.
23) Deloche, op. cit., p. 24.
24) 2005年5月、シュレーダーは、ボヘミアのテレジンにあるドイツの強制収容所を訪れた最初のドイツ首相であった。それに対してチェコのパロウベク首相は、「チェコスロヴァキア共和国に対して誠実であり、解放のために積極的に戦い、あるいはナチスの恐怖に苦しんだ、現在のチェコ共和国の領土で暮らしたすべてのチェコスロヴァキア市民——そのなかにはマイノリティーのドイツ人も含まれる

が――に対して」政府の「深い感謝の気持ち」を表明した。
25) Anne Bazin, « Les Décrets Benes. De l'usage du passé dans le débat européen », *Critique Internationale*, n° 21, octobre 2003; Georges Mink et Laure Neumayer dir., *L'Europe et ses passés douloureux*, Paris, 2007.
26) Emmanuel Terray, « Munich, un anniversaire oublié », *Les politiques de l'oubli*, Paris, 1988, pp. 73-74 による引用。
27) De La Serre, op. cit., p. 509.
28) Christian Lequesne et Jacques Rupnik, *L'Europe des vingt cinq. 25 cartes pour un jeu complexe*, Paris, 2005.
29) 中東欧への拡大交渉（1998～2005年）の間のフランスの立場に関する研究については知識が欠けている。1998年3月に出版されたフランスと東欧への拡大についてのドゥロッシュの見事な研究は、当然、交渉の最初の数カ月しか扱っていない。
30) Pierre Gerbet, « La nouvelle politique agricole commune », http://www.ena.lu. 参照。
31) De La Serre, op. cit., p. 510.
32) Jean-Louis Bourlanges, « Et si on disait oui aux Allemands », *Le Monde*, 29 septembre 2004.
33) *Le Monde*, 14-15 mai 2000 のヴェドリーヌの会見を参照。
34) International Crisis Group, *Turkey and Europe: The way ahead*, 17. 07. 2007, p. 26.
35) Christian Lequesne, « La France et l'élargissement de l'Union européenne: la difficulté à s'adapter à de nouveaux objectifs », *Questions Internationales*, n° 25, mai-juin 2007, pp. 84-89.
36) 「8カ国による公式書簡」、ヴィルニウスの宣言、シラクの記者会見は www.diploweb.com/ue/crise2003.htm において参照可能である。
37) Pierre Péan, *L'inconnu de l'Elysée*, Paris, 2007, p. 435.
38) « Intervention de Nicolas Sarkozy devant la Fondation Adenauer et la DGAP sur les perspectives de l'Europe, Berlin, 16 février 2006 », http://www.ciginfo.net/demain/fr/main.htm
39) Ibidem.
40) Lequesne, « La France. », op. cit., pp. 84-89.

第6章　ドイツ、ヨーロッパ、世界の間
　　──1957年以後のフランス経済の活動範囲──

ジャン-フランソワ・エック

廣田　功訳

はじめに

　歴史においては、ある決定が下されたときには持っていなかった重要性が後になって確認されることはしばしば見られることである。1957年3月25日、ローマのキリナル宮殿でフランスの2人の代表クリスチャン・ピノー（外相）とモーリス・フォール（対外問題担当相）がヨーロッパ経済共同体を発足させる条約に署名したとき[1]、この加盟は、政府内と政治勢力や世論のいずれにおいても、開かれた経済、国際化、グローバル化という新しい世界への不可逆的な関与を意味するものとして意識されていたようには見えない。もとよりフランスの参加の将来は、この条約の議会における批准にかかっており、防衛共同体条約がしばらく前に挫折したことは、この点で慎重な行動をとらせていた。フランス経済が構造と景気の点で受けるショックを和らげるために、いくつかの付帯文書と一時的な停止条件を通じて、すべてのことが整えられていた。また、ギー・モレを始めとして多くの最高指導者が、議会活動の困難やさらに国民生活のあらゆる分野においてアルジェリアにおける戦争努力の強化と結びついた深い混乱に翻弄されていた。この頃、アルジェの戦いがマシュー将軍のパラシュート部隊に、30万人以上の住民が居住する都市で国民解放戦線のテロリズムに勝つことを可能にしたときであり、アルジェリアは、最も重大なエピ

ソードの一つを経験していた。したがって指導者たちは、12年の過渡期の後にしか国民経済に完全な影響を及ぼす可能性がない条約の調印に対してあまり重要性を認めていなかったのである。動きの激しい政治生活の変転極まりない急展開に直面している政治家にとって、12年間はあまりにも遠い先のことであった。

とはいえローマ条約の調印は、あまりにも長い間それてきた新しい地平線にフランス経済を引き入れたにすぎないとしても、それはフランス経済にとって、決定的な断絶を示したことを指摘せざるをえない。まずこの新しい地平線について述べようと思うが、その場合、その再発見が経済全体に及ぼした近代化効果の概容を描くこと留意したい。それでもやはり転換の重要性が誇張されてはならない。別の展望に立つならば、断絶はそれほど目立たないものとなる。断絶は、経済のアクターにとって、少なくとも利益と同程度に拘束であり、困難の原因であった。経済史家たちの研究を総合することを目指す本章の後半ではこの課題を扱うが、このような大きなテーマについてオリジナルな研究をしようというわけではない。

1 開放への転換

ローマ条約の調印は、19世紀末以前からあらゆる種類の障壁と保護措置によって外国の競争から守られ、閉鎖的な通商枠組みのなかで活動することに慣れてきたフランス経済のような経済にとって、明らかに一つの断絶である。たしかに、1860年にナポレオン3世によって短期間自由貿易が行われた。このとき、彼は、輸出奨励、安価な食糧と消費財輸入の促進による民衆の境遇の改善に関心を抱き、さらに権力につく前から仔細に観察していたイギリスの前例に影響を受け、躊躇する産業家に対してイギリスとの通商条約を押しつけた。それに続いて他の貿易相手国との協定が締結されたが、それは最恵国条項のおかげで関税引き下げを普及させることを可能にした。しかし結果はあまり期待どおりのものではなかった。運悪く、1860年代半ばからフランスを襲い、持続する運

命にある貿易収支の赤字を引き起こした景気後退と重なってしまい、企業主のほぼ全体から国民経済を破滅させたと非難された自由貿易条約は、1872年以後、普仏戦争の敗戦のなかに沈んでいた体制の活動を取り消すことに熱心なアドルフ・ティエールの政府によって破棄された。歴史研究は、これらの条約の正しさを認め、条約はフランスの貿易の困難に責任があると思われず、19世紀末にフランスが体験した大不況の根本原因は別のところに求めねばならないことを示している2)。それでも第三共和政によって行われた保護主義への転換は、1892年メリーヌ関税が可決されたときに明確に示された。この結果、禁止的税率ではなかったとはいえ、それでも第一次世界大戦前夜、自由貿易に忠実であり続けるイギリスは言うに及ばずベルギー、オランダ、スイスをはるかに上回り、平均工業製品の従価20％のレベルの税率が設定された3)。

　両大戦間期になると、経済ナショナリズム、大工業の圧力、次いで1930年代の不況がさらに関税を引き上げ、さらにとくに関税は輸入品目の3分の2が対象となった外貨割当制度によって補完された。とくに1935年に開催された「本国・海外領土経済会議」の際、政府に奨励されて貿易の地理的方向は優先的にフランスの支配領土に向かった。これらの領土が、繊維産業のような主要セクターを中心として、国内生産の輸出余剰を容易に吸収でき、また見返りに、世界市場価格を上回る価格ではあるがフランで支払い可能な原料と食糧を本国経済に供給することを期待されたからである。全体的に当時の最も近代的な部門（機械・電機、化学、大規模商業）の雇用主層に対応していた一部の職業団体は、たしかに将来がヨーロッパとの関係の側にあることを次第に明確に理解するようになっており、1920年代以来財界の指導者から参加者の一部を募っていたヨーロッパ統合運動に非常に積極的に関わっていた4)。とはいえ、本国フランかそれに固定平価で結びつけられた通貨の形で、1939年以来同じ通貨が流通する通貨圏に領土を統合したフラン圏の比重は、1950年代末まで貿易のなかで優位であり続けている。1958年、フラン圏諸国・諸領土は、フランスの輸出の37％、輸入の27％を吸収している。アルジェリアは、1932年以来、最大の貿易パートナーであった。

ローマ条約の調印は、フランスを貿易の全面的方向転換の過程に引き入れる。1959年以来、フランスは通商政策における自立性を拒否する。EEC加盟国に対する関税率は、次第に引き下げスピードを速めるローマ条約のスケジュールを適用して徐々に引き下げられ、当初の予定より1年半早く1968年7月から関税同盟が実現される。割当は、1959年からEEC加盟国に対して90％の割合で廃止され、その後ほどなくして全廃された。世界の他の国との関係については、フランスは他の加盟国と相次いで調整を行い、対外共通関税を導入した。それは1959年以前に実施されていた水準を下回る水準に固定され、次いでGATT（関税と貿易に関する一般協定）とWTO（世界貿易機構）の枠内で行われた多角的通商交渉（ディロン・ラウンド、ケネディ・ラウンド、東京ラウンド、ウルグアイ・ラウンド）によって、さらに引き下げられた。

　19世紀から引き継がれてきた閉鎖的な通商枠組みとの断絶に、資本移動の自由化が重なった。自由化の速度は、景気の動向が為替市場におけるフランの安定に有利であるか否かによって、さらにとりわけドゴール大統領やポンピドゥー大統領の時代のように、長い間アメリカ合衆国など海外からの投資に対して警戒的であり続けた政府の政策の大綱に応じて変化した。為替管理の撤廃と資本移動の自由化は、1959年1月から1968年秋までの約10年間実際に効果を発揮したが、1968年危機の影響によって中断を余儀なくされた。次いで1970〜80年代の通貨混乱によって、資本の自由な移動は不可能となり、単一議定書の調印後に開かれた力学のおかげで、それは1990年にやっと再び全面的となった。

　フランもまた1959年以来地位を変える。フランスは、1955年の欧州通貨協定調印の際の約束を尊重することができなかった。1958年のピネ蔵相による切り下げのとき、フランは非居住者にとって自由に交換可能となり、その価値はもはやドルに対してではなく、金の重量に対して決められるようになった。この決定は、とりわけ象徴的な性格を持っている。それはドルの支配に対抗してドゴールが繰り広げる将来の闘いを予告している。結局、このめぐり合わせは偶然ではない。なぜならば、ブレトンウッズで確立された金為替本位制を批判し、諸国間の唯一の準備通貨としての金に戻ることに賛成する立場と同様、1958年

12月にドゴールに通貨再建措置の着想を与えたのも同じ人物ジャック・リュエフだったからである5)。

したがって1950年代の断絶は根本的であった。19世紀末以来通商関係に関して、さらに1930年代以来通貨金融面において、経済を保護してきた枠組みが放棄され、フランス経済は新たな境界に向かっていく。貿易面では、フラン圏とEECの間で真の地位の交替が見られる。1958〜73年の15年間で、輸入と輸出に占めるフラン圏の割合は、それぞれ27％から3％、37％から5％へと減少したのに対して、EECの割合はそれぞれ22％から49％、22％から48％へと増加した。今日、EECは拡大して6カ国から27カ国のEUとなったが、それは輸入の63％、輸出の64％、さらにフランスが受け入れる海外直接投資の72％を占めている6)。

これらヨーロッパのパートナーのなかで、明らかにドイツはフランスにとって最も重要なパートナーである。付け加えておけば、フランス経済がドイツ経済に依存している以上に、ドイツ経済は他の第三国、とくにアメリカ合衆国に依存しており、仏独相互依存というのは誤りである。ドイツとの関係は相当に強められた。貿易面では、ドイツは1950年代末からフランスの第1位のパートナーとして定着した。技術面では、ドイツ企業は、伝統部門（製鉄、化学、電機）であれ、先端部門（原子力発電所、電子、バイオテクノロジー、兵器）であれ、多様な部門において、フランス企業と特許の譲渡あるいは共同開発の協定を結んでいる。金融面では、アメリカ合衆国、イギリス、さらにしばしば多国籍企業の特別の受入国であるベルギーに次いで、ドイツは直接投資の受け入れ国・投資先の3位か4位の位置を占めている。いくつかの企業集団は、国境の両側において販売と生産組織のネットワークを確立している7)。それぞれの分野で世界第1位を占める巨大企業を生むような完全な合併もいくつか見られる。エアバス・インダストリーやアヴェンティスはその典型例である。前者は、1970年に経済的利益集団の形態で創設され、次いで30年後にEADS（欧州航空防衛宇宙社）という名前で真の企業となった。後者は、ローヌプーランの薬品部門と1968年にフランス最大の製薬研究所の一つであったルーセル・ユク

ラフを支配していたヘキストとの合併によって1999年に誕生した[8]。

　仏独の二国間関係の重みが重要であった別の分野についても忘れるつもりはない。農産物加工業においては、最近の Sudzucker 社によるサン・ルイ社の買収は、ドイツの利害がフランスの精糖業を支配することを可能にし、逆に、ワイン、シャンパン、リキュールのフランス商人はドイツ市場において常に選ばれた地位を占めていた。大規模流通においては、カルフールとプロモデのグループが、1975年以来ドイツに進出した。逆に、Aldi や Lidl のようなドイツの激安店が今日フランスで目覚しい躍進を遂げている。Sogenal（Société générale alsacienne de banque）や Société alsacienne de crédit industriel et commercial のようなグループがすでに1914年以前からドイツのユニバーサル銀行のモデルを利用し、ザールやラインに店舗を展開していた銀行部門では、1960年代の間に、しばしば両国の銀行が共同して「銀行クラブ」や「連合銀行」といった形態が確立した。クレディ・リヨネ、コメルツバンク、バンコ・ディ・ローマの3銀行によって、1971年に設立された Europartenaire はその一例である。BNP-Paribas とドレスデン銀行のように、いくつかの大銀行は互いに資本参加を行っている[9]。最後に、保険ではドイツ最大の企業の一つであるコロニアが1989年にフランスのスエズ・グループに買収され、さらに1996年に結成された AXA-UAP グループの傘下に入ったのに対して、1997年、今度はフランスの AGF がドイツ企業のアリアンツによって買収された。

　したがって、ドイツはフランスの対外経済関係のヨーロッパ化のなかで選ばれた地位を占めている。とはいえ他のヨーロッパ諸国を無視してはならない。たとえば、イギリスやベルギーは、工業化の先進国であるが故に、通商関係、技術関係、人的関係において長い間決定的な重要性を持っていた。これらの国々は今でも多くの分野で選ばれた地位を保持している。さらにこれらの国々でフランスの利害も同じくらいの役割を演じていると言えよう。たとえば、イギリスの都市サービス、健康、エネルギーの場合、フランスの資産が数多く見られるのに対して、逆に、バークレー銀行による元ロートシルド銀行の l'Européenne de banque の買収や香港・上海銀行株式会社 HSBC による Crédit commercial de France の買収のように、イギリスの資産はフランスの銀行部門に広く進出した。さらに1950年代からフランスの自動車メーカーが工場を建設したイベリア諸国のケース、さらにもっと新しいところではルノーが子会社のDaciaを設立したルーマニアやPSAがブラティスバラ近郊のTranvaに工場を所有しているスロバキアのような旧社会主義国のケースに注目しよう。こうした国々の場合、安価な労働コストと国内市場発展の展望がフランス資本を引きつけている。要するに、工業、銀行、商業のいずれであれ、EUの他のパートナー諸国との関係がますます大きい割合を占めるようになっていることを無視しては、フランス経済の現状を理解することはできない。

　このようにヨーロッパ諸国との関係が強まったにもかかわらず、他の海外地域との関係が以前よりも遠のいたというわけではない。先に見たように、元フラン圏諸国の場合がこれに当たり、それらはあまり重要ではない通商パートナーとなった。アルジェリアのような国も同様であり、それは1958年の独立から40年後には、もはやフランスの輸入先の17位、輸出先の13位しか占めていない。石油産出国との関係では、原油価格上昇の際の輸入額の増加は、重要で安定した貿易の流れにはいたらなかった。多くの新興国は、その躍進にもかかわらず、フランス企業の側の努力をあまり生じさせてはいない。インド・中国のような大国の場合も同様である。中国との関係では、フランス企業が取りかかっている工場移転によることが多い目覚しい増加にもかかわらず、2004年の貿易は、ベルギーとの貿易の半分にも達していない。逆に、フランスの貿易のヨーロッパ化は、主要先進国との関係の縮小をもたらさなかった。EU加盟国との貿易に比べ、伸び率は小さいにしてもである。とりわけアメリカ合衆国の場合がこれにあてはまる。たとえば、1958年から1979年の間、EEC加盟国との貿易は年率平均12％の伸びを示したのに対して、アメリカ合衆国との貿易の伸び率は7％であった。EEC加盟国と比べれば見劣りがするとはいえ、それでもこの数字はGDP成長率をはるかに上回っており、注目に値するものである。この事実は輸出が成長のモーターの役割を演じたことを示している[10]。さらに、日本との関係では、通商関係は依然として小さく、総額はスイスのよう

な隣接国を下回るとはいえ、電子、自動車、タイヤのような部門では相互の投資は非常に発展した。たとえば、トヨタはヴァレンシエンヌ近郊のオナンに進出し、ブリジストンはベチューヌに進出した。他方、ルノーは日産の大株主となった。

　この対外開放がすべての分野においてフランス経済の近代化に与えた大きな刺激を数行で述べることは不可能である。経済史家たちの研究のおかげでよく知られている若干の特徴を指摘するにとどめよう。フランス企業の構造、少なくとも大企業の構造は、自立的で分権的な事業部に立脚した新しい組織形態を採用して変化した。売上高に従って分類された最大企業100社のなかで、1950年に事業部制を採用していたのは6社にすぎない。20年後の1970年には、その数は54社に増加した[11]。経営管理の教育はアメリカのビジネス・スクールになじむようになる。その結果、パリ商工会議所と国家の共同の努力のおかげで、企業管理の教育のための国立財団によって払い込まれた補助金は、高等商業学校HECの若い卒業生を派遣し、後にこの学校の教育にも反映される方法で教育を受けることを可能にした[12]。製造技術や生産も進化する。フランス企業は、その海外事業所を介して、あるいは逆に、海外の企業グループがフランスに持っている事業所を介して、技術革新と直接接触することになった。多国籍化が技術移転を奨励したかのように、万事が進んだ。これはマーシャル・プランの時代、しばしば分析された役割を持ってアメリカに派遣された生産性使節団が行ったのと同様のことである[13]。

　観察される変化は決定的である。それは空間のなかに読み取れる。輸送手段は急速な進歩を見せる。道路輸送に関しては、遅れていた高速道路の建設が加速し、1960年の174kmから1975年には3,400kmに増加した。TGVが登場し、1981年、最初にパリ〜リヨン間で運行を開始した。港の周りには臨海工業地帯が出現し、以後、とくにダンケルク、フォス、ル・アーブル、サン・ナゼールに、あらゆる種類の重工業活動（鉄鋼業等の金属業、化学・石油化学産業、造船業）が誘致された。1962年から導入された共通農業政策のおかげで他のヨーロッパ諸国に販売がしやすくなったために、農業地域は主要農産物の生産に特

化していった。パリ盆地北東部の白亜質の大平原のように、一部の地域はそこに繁栄を見いだす。この地域はかつて「貧乏なシャンパーニュ」と呼ばれていた。利益の少ない羊の飼育だけしか行っていなかったからである。大量の肥料と灌漑のおかげで、この地域は穀物、砂糖大根、牧草の栽培に向けられ、ヨーロッパの最も豊かな地域の一つに生まれ変わった。要するに、「栄光の30年間」の只中において、経済はすべての分野において変化を経験していたのである。それはその後何十年間、景気の変動や「危機」と呼ぶにふさわしい時期の失業の増加やインフレの進行にもかかわらず、消滅することなく続いている。

2 開放の伝統と開放への躊躇

　1950年代末に生じた転換の重要性は否定できないが、誇張されるべきではない。そうしないと展望が歪められ、間違った評価に導かれることになる。多くの点で、共同市場へのフランスの参加は、長い間経済政策の方向転換や景気変動によって特徴づけられ続けてきた、以前からの国際化の動きを加速したにすぎない。それは他の世界(ミリュー)における外部の境界に対する閉鎖の存続を示すいくつかの特徴を消滅させるにはいたらなかった。最後に、それは利点だけをもたらしたわけではなく、経済に絶えず再検討を余儀なくする真の挑戦をもたらすような危険性を内包している。

　共同市場への加盟は、フランスにおいて外部世界への閉鎖と共存し続けてきた一つの傾向を強める。外国の競争に対して不信感を抱き、それから逃れようとする臆病なフランスというイメージは間違っている。多くの企業は一貫して国際競争に参加し、そこで注目すべき成功を収めてきた。一部の企業はリーダーの役割を演じ、競争相手に対して貿易を管理し、新製品の利用を発展させる国際協定を押しつけてきた。アルミニウムのペシネー社、板ガラスのサン・ゴバン社、鋼管のポン・タ・ムッソン社のケースがこれに当たり、それらは第一次世界大戦前の国際協定の起源となっている[14]。他の企業は、外国における大規模建設工事や金属インフラ設備の建造を行う企業のように、その活動の性

質から国際化に向かう。

　バティニョル建設会社、フランス金属企業会社、シュネーデル・グループの子会社であるロザリオ金融会社がこのケースに当たる[15]。外国における工場進出についても同様である。19世紀半ばから戦略的にいくつかの関税障壁を回避しようとしたグループの場合には、工場進出は早くから見られる。サン・ゴバンは、1857年にライン地方に最初のガラス工場を建設している。このケースは、しばしば経済史家が最初の多国籍企業の例と見なしている、シンガーのスコットランドにおけるミシン組立工場建設よりも10年早い。非常に多様な企業が海外進出に関心を持っている。羊毛工業や綿工業のような伝統部門では、Motte、Meillassoux、Caulliez のように、ノール地方の大繊維グループが、1880年代にロシア領ポーランドに紡績工場を設立した[16]。先端産業の場合、Air Liquide が創業から5年しか経っていない1907年、日本に進出し、さらに1950年代にはブラジル、アルゼンチン、オーストラリア、南アフリカに子会社を増やしている[17]。自動車の場合、ルノー、プジョー、シトロエンが、1920年代に最初の工場をドイツに建設している[18]。ジェルヴェ・ダノンもしくはロレアルのような大量消費材を生産する企業の場合、1930年代の経済危機の最中に近隣や遠隔地の市場の獲得のために海外に進出し、工場を建設している。

　我われは、ここまで大産業グループの事例しか引用してこなかった。しかし製品の独創性、品質、あるいは名声のおかげで「ニッチ」の状況を活用すすることができた小企業の側でも、同じ現象が見られる。Bic、Dior、Lacoste などの精巧さはそれを示している。これらの企業はすべて1940年代に創設され、その直後、閉鎖経済の只中で、多国籍的な広がりを持つようになる。サービス活動に位置するグループも忘れることができない。海運業では、フランスは早くも19世紀半ばに創設された、いくつかの花形企業を有する。Messageries maritimes、Compagnie générale transatlantique あるいは Chargeurs réunis がその例である。さらに起源は1847年に遡り、天然ゴムと椰子油の取引を専門とした Safic-Alcan、あるいはマルセイユに創設された大穀物商社の一つ Louis-Dreyfus のような卸商業企業もある。ここでは対外指向の伝統は古い。この伝

統は、1950年代の植民地領有の解体まで持続する。こうして1952年には、パリに Sucres et Denrées グループが出現する。それはもともとフランスとモロッコの間の砂糖貿易を行っていたが、昔の植民地帝国の境界をはるかに越えて、農産物加工品全体に活動を広げていった[19]。

金融分野は、その本性からして早くから国際化に乗り出している。それは事業銀行（パリバ、スエズ金融会社、パリ連合銀行）の側でも、預金銀行の側でも見られた。後者は、19世紀末にクレディ・リヨネの創業者アンリ・ジェルマンが慎重さを規則として命じたにもかかわらず、国際金融活動の分野に進出することを忘れない。国債あるいは民間部門で発行される社債の販売シンジケートへの出資、大規模事業の売り出しのみならず、ミラボー銀行によって第二次世界大戦まで保有されたユーゴスラヴィア最大のボル銅鉱山のように、鉱山企業の直接経営さえときには見られた[20]。

したがって、共同市場結成の時期に、フランス企業にとって例のない転換を見ようとするのは全く馬鹿げている。フランス企業は常に活動の国際化に参加してきた。その結果、第一次世界大戦前夜にはフランス企業は例外的に世界市場に統合されていた。当時、輸出は GDP の15％を表している。この数字は、ベルギー、オランダなど北西ヨーロッパの小貿易国家に比較すれば、たしかに低いとはいえ、イギリス（18％）にほとんど匹敵する数字である。しかもこの数字は、第一次石油ショックの頃にやっと取り戻されるにすぎない。この事実は、20世紀前半に国際化が被った相対的後退の深さを強調している[21]。

逆に、1950年代末に行われた開放への転換は、特定の社会には多くの閉鎖的特徴を存続させたのではないだろうか。それは公権力の場合に見られる。そこでは動機は別にして、経済が浸った開放の帰結を拒否するにいたる反応が長期間続いた。こうした留保はさまざまな理由によって説明される。雇用の擁護、地域間均衡の保持、国民的独立の保障に対する関心などである。とにかく結果は同じである。このような場合、フランス企業と外国のグループの間の集中の行動は、当事者が望んでも、抑えられたのである。経済政策は、当時、介入に訴えるが、満場一致を得られない。それは「びっこの鴨を救う」もの、あるい

は「工業おもちゃ遊びをする」ものと非難された[22]。コンピューター会社の「ブル事件」が、まさにそうである。このフランス企業がアメリカのゼネラル・エレクトリック GE 社、次いでハネーウェル社の支配に服したことを悔しがり、政府は1996年 CII（Compagnie internationale pour l'informatique：情報のための国際会社）を設立する[23]。しかし政府はこの会社に、ヨーロッパ企業を含めて、他のグループとの合併を禁止した。その結果、約10年後には、結局、この会社は資金不足から排除することを望んでいたアメリカのグループに統合されることになった。税関行政は、国境を閉鎖するために、ときに時代遅れの闘いを展開する。1982年、日本産ビデオテープ・レコーダーの輸入阻止のために、732年にシャルル・マルテルがアラブの侵入を防いだ場所であるポワティエに設置された通関センターを通過することを強制した。ヨーロッパ通貨統合は長い躊躇を引き起こし、1982～83年にモロワ内閣で産業大臣を務めたジャン・ピエール・シュヴェヌマンのように、一部の政治家は、切り下げによって経済政策に残される操縦の余地を保持しようと望み、フランの計画的な消滅のなかに国家主権の放棄を見る。このような反応は、あらゆる困難に責任があると見なされているヨーロッパ統合に対する不信の増大が、世論の多くの部分で存続していることに基づいている。

　この拒絶反応は、有権者のなかで多数派となり、さらに一部の雇用主代表によっても共有されている。マーストリヒト条約調印の2年後、プジョー・グループの社長ジャック・カルヴェが、フランス市場への日本車の進出を防ぐことができず、雇用の維持と生活水準の防衛にとって破壊的な影響を及ぼす競争に身を任せるように見えるヨーロッパ統合に対して非難を表明したことは、その一例である[24]。

　これは、ヨーロッパへの開放が、利益だけをもたらすものではなく、強制や困難、さらには危険の原因となっているからである。この開放が、指導者層の一部と国民全体のなかで直面する反対は、このことによって説明される。それは加盟国政府に引き締め政策を採ることを強制する。「マーストリヒト基準」の遵守は、今日、引き締め政策の最も明白な側面を形成している。左翼政権に

よって、1年半足らずで三度の切り下げが行われた直後に、当時の経済・財政大臣であったジャック・ドロールの指導の下で政府の活動に影響を与えた大転換が行われた1983年以後、この基準の遵守は、政府の経済政策の基礎として役立った。ピエール・ベレゴヴォワによって「競争的ディスインフレーション」と名づけられて教義に昇格されたこの政策は、なるほど自由に受け入れられた強制を表している。それでもそれが加盟国政府にとって重い義務を意味することに変わりはない。しかも、開放が貿易赤字の悪化をともなう場合、たとえサービス貿易が部分的に埋め合わせるとしても、それは経済にとって弱体化の一要因となることを忘れることはできない。ところで1959年からの半世紀間で貿易収支は16回しか黒字ではなかったが、黒字は、1983年以来過去のものとなった経済政策の武器として行われる切り下げの翌日か、1975年や1993年のように景気後退の時期に対応している[25]。

開放と結びついた困難は、企業についても確認できる。企業は、消滅するか、少なくとも外国の競争相手による買収の場合には自立性を失う脅威にさらされる競争に絶えず直面している。近年、あまりにも多くの実例がそれを示しており、このことを強調する必要はないであろう。給与生活者は、開放のおかげで、なるほど大量消費財やあらゆる種類の設備財とサービスの供給増加を享受している。しかし彼らの報酬の引き上げは原価を維持し、製品の競争力を保持する必要によって制限され続けているので、常にそれらを購入できるというわけでない。さらにより重大なことがある。すなわち、ヨーロッパへの開放は、しばしば工場の閉鎖、地域の産業転換、失業の増加をもたらす。事実、それはグローバリゼーションの運動に依存しており、さまざまなポジティヴな側面があるにもかかわらず、あまりにもしばしば最も恵まれない人びとの利害に対して有害な新自由主義の形をとっている。

ヨーロッパの共通政策あるいはむしろ急激な方向転換は、あれこれの活動に対して、同程度にしばしば否定的な影響をもたらすということができよう。その特徴的な例は農業によって提供される。農業は、たしかに今日のフランスにおいて、就業人口の4％以下しか占めていないので、雇用から見てマージナル

になったが、住民の相当部分が農村コミュニティーに住んでいるフランスのような国においては、対外取引、関連する工業活動、環境における役割、重要な社会的バランスや人口バランスの維持に関して、依然として基本的である。農民世界は、まず、1964年から、多くの農家経営にとって基本的な所得源の生産を制限するための牛乳割当の対象となり、次いで、共通農業政策によってカバーされるすべての基本農作物について最大限の保障を受け、最後に、アメリカ合衆国やヨーロッパ外の農産物輸出国から攻撃され、WTO内部における多角的通商交渉の成功の犠牲にされて、共通農業政策の原則さえ漸進的解体を被っている。今日、世界的な食料不足に直面して、共同体当局は、20年来生産を削減するためにあらゆることを試みた後、生産を奨励することを決定したばかりである。このような新たな方向転換が当事者に一定の懐疑心をかきたて、またしてもヨーロッパが所得の回復と生活水準の改善の約束を守ることができないように見えることは驚きではない。

おわりに

ローマ条約調印以来、フランス経済が向かった国際的展望は不確実である。少なくとも解放後に政府が行ったのと同程度に、それは近代化に貢献した。またそれは経済成長を刺激したが、民間部門のダイナミズムにのみ依拠した場合には同じ強さには到達できなかったであろう。開放のおかげで、フランスは部分的に第一次世界大戦以前の状況を引き継ぐことを期待できた。この頃、商品貿易と外国投資は繁栄の最も確実な保障の一つであった。しかしフランスは往時の地位と富をとうてい取り戻してはいない。しかも、とりわけフランスは、政府の行動の自立性を制限する効果を持つような地域の全体のなかに統合されることによってのみ、その成功を手に入れることができた。主権の放棄、漸進的なディリジスムの拒否は、開放によって促進された成長と近代化のいわば代償である。ともかく繁栄が持続しなければならないだろう。ところで景気の逆転、不景気の再発、失業の存続は、開放の別の帰結を示している。それも経済

政策の責任者にとっても社会の全体にとっても、非常に否定的で当惑させられる帰結である。社会は、今日、互いに異なりながら、ともに外国に起源がある根本的に両義的(アンビバレント)な国際的傾向によって影響を受けている。すなわちヨーロッパ化、グローバリゼーション、アメリカナイゼーションである。こうした不確実性はフランスに固有のものではない。しかしフランスでは他の工業国よりも、おそらくそれは目立っている。フランスは、不利な傾向にもかかわらず、その「モデル」——あるいはその「例外」と言っても良い——を保持できると長い間信じてきたからである。不安はいつか消え、逆方向の動きが取って代わるのだろうか。それには20世紀の一期間を通じて指導者たちが取り組んだ貿易の合理的管理が、先進世界の全体において、再び共通に認識される緊急事態となるのを待たなければならないだろう。いつそのときが到来するか、またはたしてその出現を期待すべきだろうか。このような疑問に答えることは、歴史家の能力を超えている。

注
1) ここではローマ条約によって創設された別の大組織、すなわち原子力共同体（ユーラトム）については、意図的に論じないことにする。
2) このテーマについては、次の論文集を参照：Albert Broder, Yves Breton, Michel Lutfalla, *La longue stagnation en France. L'autre grande dépression 1873-1896*, Economica, 1997, 492 p.
3) ここに引用するのは Paul Bairoch, *Victoires et déboires, Histoire économique et sociale du monde du XVIe siècle à nos jours*, Paris, 1997, tome II, p. 294. に引用された数字である。
4) 植民地領土との関係の限定された未来の意識については、Jacques Marseille, *Empire colonial et capitalisme français, Histoire d'un divorce*, Paris, 1984. 参照。財界のヨーロッパ運動へのコミットについては、Laurence Badel, *Un milieu libéral et européen, Le grand commerce français 1925-1948*, Paris, 1999; Marine Moguen-Tourcel, *L'ouverture des frontières européennes dans les années 1950, fruit d'une concertation avec les industriels*, Peter Lang, 2002. を参照。
5) 1958年12月の措置については、1958, *La faillite ou le miracle, Le plan de Gaulle-Rueff*, actes du colloque tenu par l'Institut Charles de Gaulle, Paris, 1986.

参照。金為替本位制に関するドゴール派の批判と国際通貨問題に関するフランスの立場については、*La France et les institutions de Bretton Woods 1944-1994*, colloque tenu à Bercy les 30 juin et 1er juillet 1994, Paris, 1994. 参照。

6) この数字は、*Images économiques du monde*, édition 2007, Paris, p. 124; *Tableaux de l'économie française, édition 2005-2006*, Paris, p. 141. の2003年の数字である。

7) ガラス工業、鉄鋼、化学、非鉄金属には多くの例が見られる。我われは、*Les entreprises françaises face à l'Allemagne de 1945 à la fin des années 1960*, Paris, 2003. において、それについて総括を試みたので参照されたい。

8) このテーマについては、Sophie Chaveau, *L'invention pharmaceutique. La pharmacie française entre l'Etat et la société au XXe siècle*, Paris. 参照。

9) これらの銀行間結合体については、Eric Bussière, "European aspirations and market reality: Paribas, the Crédit lyonnais, and their european strategies in the 1960s and 1970s", in Stefano Battilossi et Youssef Cassis (dir.), *European banks and the American challenge. Competition and cooperation in international banking under Bretton Woods*, Oxford University Press, 2002. 参照。また、長期的展望のなかにおける位置づけについては、Hubert Bonin, "L'intégration européenne des banques françaises (1796-1996)", in *Bankhistorisches Archiv. Zeitschrift zur Bankgeschichte*, 2/1996, Frankfurt. 参照。

10) *Le mouvement économique en France 1948-1979*, Paris, 1981.

11) 数字は、Christophe Bonneau, Eric Bussière, Pascal Griset et Jean-Pierre Williot, *Industrie et sociétés en Europe occidentale (1880-1970)*, Paris, 1998, p. 153. からの引用。

12) HECについては、この学校の創立100周年記念に刊行された Marc Meuleau, *HEC 100 1881-1981: histoire d'une grande école*, Jouy-en-Josas, HEC, 1981. の要約を、さらにより一般的に経営学教育については、Emmanuelle Chessel et Fabienne Pavis, *Le patron, le technocrate et le professeur. Une histoire de l'enseignement supérieur de la gestion*, Paris, 2001. を参照。

13) Terence Richard Gourvisch and Nick Tiratsoo (ed.), *Missionaries and managers. American influences on European management education 1945-1960*, Manchester University Press, 1998. は、最新の総括的研究の一つである。

14) これらの企業集団については、Florence Hachez-Leroy, *L'Aluminium français. L'invention d'un marché 1911-1983*, Paris, 1999.; Jean-Pierre Daviet, *Une multinationale à la française. Histoire de Saint-Gobain 1665-1989*, Paris, 1989.; Alain Baudant, *Pont-à-Mousson (1918-1939). Stratégies industrielles d'une dynastie*

第6章　ドイツ、ヨーロッパ、世界の間　123

lorraine, Paris, 1980. 参照。

15) この点については、Agnès d'Angio, *Schneider et Cie et la naissance de l'ingénierie. Des pratiques internes à l'aventure internationale 1836-1949*, Paris, 2000. 参照。

16) ここでは René Girault, *Emprunts russes et capitalisme français en Russie 1887-1914*, Paris, 1973. を挙げておこう．

17) Alain Jemain, *Les conquérants de l'invisible. Air Liquide, 100 ans d'histoire*, Paris, 2002. 参照。

18) Patrick Fridenson, "Les relations entre les industries automobiles française et allemande, des années 1880 aux années 1960", in Yves Cohen et Klaus Manfrass (dir.), *Frankreich und Deutschland. Forschung, Technologie und industrielle Entwicklung im 19. und 20. Jahrhundert*, Munich, 1990, pp. 334-342. の指摘を参照。

19) この側面に関する歴史研究は少ないが、エコノミストの研究は多い。とくに、Philippe Chalmin, *Négociants et chargeurs. La saga du négoce international des matières premières*, Paris, 1983. 参照。また Dan Morgan, *Les géants du grain*, Paris, 1980. のように、ジャーナリスティックな着想の本もいくつかある。

20) 非常に豊富な文献があるが、Eric Bussière, *Paribas, l'Europe et le monde 1872-1992*, Anvers, 1992; Bernard Desjardins, Michel Lescure, Roger Nougaret, Alain Plessis et André Straus (dir.), *Le Crédit Lyonnais 1863-1986. Etudes historiques*, Genève, 2003. を挙げるにとどめる。後者の第3部は銀行の国際活動にあてられている。

21) 数字は、Paul Bairoch, *Victoires et déboires ...*, *op. cit.*, p. 308. による。

22) たとえば的をえたタイトルの Elie Cohen, *L'Etat brancardier. Politiques du déclin industriel (1974-1984)*, Paris, 1989. を参照。

23) Pierre Mounier-Kuhn の業績、とくに "L'informatique française: une résistible «américanisation» (1946-1970)", in Dominique Barjot et Christophe Reveillard, *L'américanisation de l'Europe occidentale au XXe siècle. Mythe et réalité*, Paris, 2002. を参照。

24) «Non à cette Europe-là», *Le Monde*, 28 mars 1994, cité par Philippe Mioche, *De l'idée européenne à l'Europe XIXe-XXe siècles*, Paris, Hachette-Supérieur, coll. L'histoire par les sources, 1997, p. 136-138.

25) *Annuaire rétrospectif de la France 1948-1988*, Paris, 1990, p. 600 et *Tableaux de l'économie française*, Paris. の各年版による。

第7章　ドイツ産業界の最高団体と1945年以降のヨーロッパ統合
——動機・構想・政策——

ヴェルナー・ビューラー

田中 延幸訳

はじめに

　本章は、西ヨーロッパの統合に対して、最終的には全ヨーロッパの統合に対してドイツ連邦共和国の産業界の最高団体がどのような態度を取ったのかについて扱っている[1]。もっとも、ドイツ産業連邦連盟（Bundesverband der Deutschen Industrie：BDI、連邦連盟ないし連盟と略記）が中心となるであろう。というのも、外交政策およびヨーロッパ政策の領域がまさにBDI自身の得意とする専門領域であったからであり、また、依然としてそうであるからである。さらに、BDIは、一般的な評価では、政策に対して最大の影響力を行使できるからである。他の二つの上位団体、すなわち、社会政策上の利益代表組織としてのドイツ経営者団体連邦連合会（Bundesvereinigung der Deutschen Arbeitgeberverbände：BDA）と、地域的に組織された多数の商工会議所の最高代表組織であるドイツ商工会議（Deutscher Industrie-und Handelstag：DIHT。ドイツ商工会議所会議 Deutscher Industrie-und Handelskammertag：DIHKと改称）は、とりわけ両団体がヨーロッパ政策上の言説および統合過程に対して重要な寄与をなした場合に、個々の部門団体と同様に顧慮される[2]。

　経営者団体にとって、統合の経済的および経済政策的な観点および効果が当

初から明らかに重要な位置を占めたにもかかわらず、経営者団体は繰り返し、政治的・制度的な問題に対しても立場を明らかにした。ヨーロッパ経済共同体によって、適度に超国家的で小ヨーロッパ的な統合モデルが、競合するコンセプトを退け、さしあたり定着した1950年代末以降、少なくともBDIの態度は際立って一定であった。しかし、全体として見れば、このことはその他の最高団体にもあてはまる。したがって、統合努力を支持した「かどうか」についてではなく、統合努力を支持したのは「なぜか」についてのみ問いが生まれる——「一般の」団体メンバー側つまり個々の経営者側、したがっていわば、「底辺」における「ヨーロッパ」に対する同意が、団体幹部の場合と同様には決して明確ではなく、不撓不屈ではなかったし、依然としてそうではないのでなおさらである。それによって、ヨーロッパ統合は「エリートのプロジェクト」[3] ないしは「専門家の政策」[4] の成果であるという、最近しばしば表明されているテーゼが経営者の事例からも説明されうる。

1　超国家主義と政府間主義の間
　　——マーシャル・プランから「ルクセンブルクの妥協」へ

　ヨーロッパにおける協力に対するドイツの経営者団体および個々の産業経営者の最初の考察および提案、ならびに、それらに対応する実際の経験は、19世紀後半に始まっている。当時検討され試された多様な形態は、石炭地区の開発および企業設立における国境を越えた協力から、国境を越えた石炭鉄鋼業企業の設立、鉄鋼生産における石炭鉱石の交換にまで及んでいる。1920年代には、国際カルテルの形での地域保護協定および市場規制、ならびに、国際連盟あるいは国際商業会議所の枠組みのなかでの制度化された国際的ないしは国境を越えた協力の最初の形態が現れた。経済的なプロジェクトには後の西ヨーロッパ統合の地域も含まれていたのに対して、より強く政治的に動機づけられたコンセプトの地理的な中心は「ミッテルオイローパ」であった。後者の場合、前者とは異なって、とくにドイツの考察は、起源が政治的なことであろうと経済的

なことであろうと、多かれ少なかれはっきり表明されたヘゲモニーへの期待および指導権によって特徴づけられていた。このような傾向は、第二次世界大戦中の「ヨーロッパ新秩序」のための計画をよりいっそう強く特徴づけ、それらの計画には個々の企業も関与した[5]。したがって、ヨーロッパの経済的および政治的な統合に対する産業界の考察およびプロジェクトは第二次世界大戦後、決してゼロからスタートしなければならないわけではなかった。

経営者集団においては、「ヨーロッパ経済協力機構」OEECが「ヨーロッパ創成期」におけるあらゆる統合プロジェクトのなかで最も高く評価された。厳密に言うと、OEECは当初こそ疑念が抱かれたが、それが存在したほとんど全期間、したがって、1950年代末まで最も高く評価された[6]。疑念はとりわけマーシャル・プラン、すなわち、「ヨーロッパ復興計画」（European Recovery Program：ERP）に対して向けられた。その計画の政治的・組織的な実現のために、OEECがわざわざ設立されたのであった。とくに、ドイツ産業界の見解では計画経済的・ディリジスム的なERPの性格、ドイツ側を犠牲にしての「二重投資」につながる資金の誤った分配、ならびに、あまりにも速すぎるテンポおよび不均衡な貿易自由化政策が批判された。最後のことについては、たとえば繊維産業界の団体連合会が激しく不満を述べた。しかしながら、1951年初夏の西ドイツの国際収支危機の克服後、批判は目に見えて弱まった[7]。最高団体は、空間的に大きな地域を包摂していることに加えて、とりわけ政府間レベルでの、全会一致原則に基づく決定の仕組みによって参加国に残されていた相当な行動の自由裁量の余地のために、OEECを評価した。1914年以前の状況を模範とする自由主義的な、少なくとも国家の影響力が広範囲にわたって及ばない世界経済の再建への過程の中間段階としてのむしろ緩やかな西ヨーロッパ工業諸国の結びつきは、西ドイツのような輸出志向経済にとって、最も有利な条件であるように思われた。「ヨーロッパの経済的および政治的な統合の必要性は今日……ほとんど疑問の余地がない」、「我われ自身の国民経済の生産性の上昇はヨーロッパ共同経済のさらに期待に満ちた枠組みのなかでのみ成功裏に、長期間実現されるであろう」とDIHTは1953・54年の活動報告書におい

て確認した[8]。それゆえ、割当の撤廃を通じてのヨーロッパ域内貿易の自由化と、支払の多角化を通じてのヨーロッパ域内貿易の拡大、したがって、二つの最も重要な計画は原則的に同意された。それらの計画によってOEECとその傘下で活動するヨーロッパ決済同盟が西ヨーロッパの国民経済の統合を促進しようとした。したがって、たとえば1954・55年のBDI年次報告書は、パリに本部を置く組織を、「超国家的な権限をともなわずに、そのメンバーの同意によってのみ」活動することを理解している「これまでのところ最も成功したヨーロッパの経済政策上の統合の機関」として称賛した[9]。

　そのような統合政策上の理念を前にして、成功した第二の、戦後のイニシアティヴ、すなわち、シューマン・プランとそれを起点とする「ヨーロッパ石炭鉄鋼共同体」(Europäische Gemeinschaft für Kohle und Stahl：EGKS) は、BDIに当然のことながら矛盾を孕んだ反応を引き起こした。1950年6月7日付の最初のかなり詳細な見解がすでに、原則的な同意と個別的な懸念の間で揺れ動いていた。その懸念は、BDI会長フリッツ・ベルク (Fritz Berg) が疑ったように、「著しく計画経済的な傾向を持つ超国家的に基礎づけられた新たな官僚機構」が生まれうるというものであった[10]。その上さらに、もともと予定されていた加盟国の産業界の制度化された利益代表組織がアジェンダから姿を消したとき、交渉過程において、過度のディリジスムおよび最高機関の広範囲に及ぶ「統制全権」に対する警告が強まった。連邦共和国において産業界の反対戦線の統一が実現しなかったのは、とりわけ、直接関係する団体、すなわち、鉄鋼業経済連合が、重大な疑義にもかかわらず、フランスのプランに最終的に同意したことと関連していた。そのことに関しては「政治的な」考慮が決定的要因になった。西ドイツ鉄鋼業界には、石炭鉄鋼共同体に直接参加すること以外に、一方的な管理および制約を素早く払い除けることができる術がなかった。しかも、西ドイツ鉄鋼業界によって支持された経済協力の形態、すなわち、緊急の生産、価格、販売問題を部門内で国境を越えて調整するための国際カルテルの再編は、アメリカの反対のためにほとんど——あるいはいずれにせよ近いうちには——実現されえなかった。それゆえ、経済連合は、狙いを定めた巧み

な人事政策を通じて「内側から」EGKS の最高機関の活動に影響を及ぼすことができることに期待した。これに対して、BDI は EGKS の始動後、「外側から」その活動を批判することに方針を切り替えた。この最高団体の不満を呼び起こしたのは、規約によって最高機関に委譲された全権を実際にも利用しようとする最高機関の決意の固さ[11]ばかりではなく、さらにまた、超国家的な統合コンセプト全体であった。その他の点では、BDI は超国家主義の拒否と同様に、EGKS への社会政策上の重要な権限の委譲を絶対的に阻止する——最終的に成功を収めた——努力に関して BDA と見解が一致していた[12]。しかし、強硬に反対することは、少なくとも BDI が一般的にはコンラート・アデナウアー (Konrad Adenauer) の外交政策を、個別的にはヨーロッパ政策における彼のフランスとの和解を目指す路線を無条件に支持しようと決意していたことからも放棄された。

　西ドイツ産業界の最高団体が1950年代の統合イニシアティヴに直面して陥ったジレンマは、石炭鉄鋼共同体の事例からとくに明らかになる。それらの団体は、西ドイツ産業の見通しに対する肯定的な評価と市場経済上の信条のために、本来ならば、連邦共和国の参加に反対の意思を表示しなければならなかったが、多かれ少なかれ渋々、とりわけ、政治的な必要性に対する認識から EGKS の形での超国家的な統合を受け入れた。もっとも、産業界の有力なサークルにおいては、たとえヨーロッパの経済統合がどのような形態であれ、それをめぐる努力に積極的に関与せずにスムーズにカムバックすることはほとんど不可能であろうとはっきり認識されていた。

　したがって、ドイツの産業経営者は当初から、それぞれがどの部門に属しているかに関係なく、超国家的な統合のコンセプトに懐疑的であり、疑念は多かれ少なかれはっきり表明された。それゆえ、共同市場の方向へと路線が予め定められていたメッシーナ会議の後でさえ、BDI 幹部会は「OEEC スタイル」を支持した。なぜならば BDI 幹部会においては、「主権放棄をともなう超国家的な制度に基づく統合の継続」がもはや考慮の対象とはならないからであった[13]。それゆえ、政府間交渉の成果——ローマ条約——は、超国家性がたしか

に弱められたが、完全に除去されたわけではなかったために、必ずしも産業界の好みに合っていたわけではなかった。しかしながら、諸団体は、「ネオ・リベラルな」ドイツ・モデルによって特徴づけられていた、共同市場の秩序政策上の形態に十分に満足することができた[14]。「市場経済原則」が顧慮され、条約規定では「行きすぎた完璧主義」が回避されたと述べられた[15]ところを見ると、DIHT は安堵しているようであった。DIHT によれば、条約の欠陥は甘受されなければならず、結局、「ドイツとフランスの間の政治的な関係のために犠牲を払うこと」には価値があった[16]。ローマ条約によって創出された制度的な枠組みはどのみち決定的な役割を演じなかったが、BDI 事務局長ヴィルヘルム・ボイトラー（Wilhelm Beutler）の見解では、共同市場が「適切に機能する」かどうかは結局「条約規定を執行する人物に」大いにかかっていた[17]。さらに加えて、BDI は狙いを定めた集中的なロビーイングに賭けた[18]。

　BDI は、当然の帰結として決して「ヨーロッパ経済共同体」（Europäische Wirtschaftsgemeinschaft：EWG）を「最終目標」とは見なさず、むしろ、OEEC を含めた「ヨーロッパ大西洋」経済共同体を目指した。連邦連盟は、連邦経済相ルートヴィヒ・エアハルト（Ludwig Erhard）によって強く支持されてイギリス側から宣伝された OEEC 規模の自由貿易圏を、この方向への重要な歩みとしてばかりではなく、西ヨーロッパの差し迫った通商政策上の分裂の克服に寄与するものとしても支持した。いずれにせよ、1950年代後半における西ドイツの外国貿易に占める後のヨーロッパ自由貿易連合（EFTA）諸国の割合は、EWG のそれとほぼ同程度で推移した。これらのプランが最終的に挫折したとき、失望は相応に大きかった[19]。

　1950年代末および1960年代初頭における統合政策上の対立のなかで、BDI と DIHT は、可能な限り多くの選択肢を残しておくために、中間の路線を採用した。これらの団体は、政治同盟をめぐる努力を称賛し、経済同盟の方向への6カ国の関税同盟のスムーズな拡充を強く求めたが、同時に、そして、熱心に、1960年に設立された EFTA への「架橋」、ならびに、イギリスの EWG 加盟に尽力した。団体の戦略家は、これらの目標がそもそも相互に両立しうるか

第 7 章　ドイツ産業界の最高団体と1945年以降のヨーロッパ統合　131

どうかという問題を検討することを回避した。しかしながら、根本において、共同体の拡大はその政治問題化、つまり深化よりも重要であるように思われた。そうしたなかで、当時、産業界においては、加盟国間の協力の強化はむしろ共同体の超国家的な要素および処置の強化と理解された。それはさておき、最高団体はそれらの「二重の」統合政策を継続した。たとえばBDI会長は倦むことなく、ローマ条約に対する産業界の肯定的な態度を確認し続け、同時に、「全ヨーロッパ」の経済的な結合の必要性を思い起こさせ続けた[20]。6カ国統合それ自体ではなく、フランスとの良好な関係が切実な問題であったアデナウアーはおそらく産業界の反対があっても彼の路線を翻そうとはしなかったであろう。しかし、彼がエアハルトおよび彼の協力者に対して自分の意志を押し通すことができ、EWGによって選ばれた方法が継続されえたのは明らかに、とりわけBDI側からのサポートとも関連していた。首相の外交政策を支持しようと決意していたベルクと事務局は、たとえばEWGに対して懐疑的あるいは消極的であった繊維産業界および航空機製造業界[21]の批判者に、その団体の「公式の」立場の遵守を義務づけることに成功した。

　上首尾の共同体設立期に続いた統合過程における危機的な局面が、1963年1月にイギリスとの加盟交渉が挫折したことによってすでに始まった。ドイツ輸出経済と西ヨーロッパ全体の統一にとっての「厄日」という劇的に響く表現にもかかわらず、連邦連盟はこの失敗に著しく冷静に対応し、その失敗から少なくとも一つのプラスの観点を見いだすことができた。BDIによれば、もともと「主として政治的ないしは感情的に」動機づけられたヨーロッパ統合に対する態度は、その間に現実的なものの見方に地位を譲った。しかしながらBDIによって、このことはヨーロッパ統合にとっての損失ではないとされた。なぜならばBDIによれば、ヨーロッパはどのみち、「熱狂」だけでは建設されえないからであった[22]。いずれにせよ、連邦連盟はその二つの目標——EWGにイギリスを迎え入れることと共同体を継続的に発展させること——をしっかりと固守した[23]。

　連盟は、同様に現実主義的に、1965年6月に突発したはるかに困難な危機に

対応した。1965年6月に、EWG閣僚理事会が共同農業市場の将来の財源確保について合意に達することができなかったことを受けて、フランス政府は周知のように「空席政策」を実行した——とくにフランス大統領ドゴール（de Gaulle）にとって、委員会の政治的な野心が明らかに度を越していたことから、委員会に抗議するためにもこれが実行された[24]。BDIはこの態度に十分に理解を示した。産業界にとっては、計画を立てることができるように、信頼できる市場データが必要であった。「もしこの信頼性が欠けており、それどころか、……経済統合が恒常的な政治的介入の危険にさらされているのではないかとさえ危惧せざるをえないのであれば」——そして、それはたしかに各国政府ばかりではなく野心的な委員会のことも指していた——、「EWGはあるいは、より長期的な展望に立てば企業にむしろ不利益をもたらすかもしれない」[25]。それゆえ、BDIは、あらゆる競争歪曲の排除および企業協力の促進のために、「経済同盟」への共同体の速やかな拡充を支持した。それに対して、連盟は閣僚理事会における採決方式の変更と議会の監督権限の拡大を、急を要することとは見なさなかった。しかも多数決原則に対するフランスの拒否はBDIにおいて「完全に同意」された。BDI会長によれば、多数決議決権は、可能な限りわずかにとどめられるべきであり、ある国にとって「国益に関わる重要なこと」が危険にさらされている場合には、決して適用されるべきではなかった。BDIにとって、最も重要なのは、どうすればフランスをEWGに連れ戻すことができるかであった。もっとも、幹部会のメンバーは、「フランスがEWG条約に二度も調印しない」であろうし、「いずれにせよ、ドゴールが政権の座に就いている限りはないと」懸念して条約の改定を認めなかった。フランスが、自国の利益を顧慮してであろうと、パートナー諸国から圧力を受けてであろうと、遅かれ早かれブリュッセルに戻ってくることについても大方の見解が一致していた。「すべては神経の問題である」[26]。ルクセンブルクにおいて最終的に交渉して取り決められた多数決の問題に関する妥協が、同時に決定された委員会の行動の自由裁量の余地の制限とともに、EWGの超国家的な権限の低下とヨーロッパ政策の「再国民化」につながった[27]ことに、BDIは不快感を覚えなか

った。それによって、1950年代の統合政策上の決定的なコンセプトはさしあたり役目を終えた——連邦政府の積極的な助力と連邦連盟側からの同意によって。

ヨーロッパ政策上の習熟のこの局面において、BDIはEWGの将来に関するメモランダムを公表した。そのなかで、統合政策の二つの課題が優先的なものとして挙げられた。一方では、「経済同盟への関税同盟のさらなる発展を加速させることを通じて国内市場のような状態」を間もなく実現すること、他方では、「共同体の地域的拡大をめぐる努力」を継続すること。BDIにとって、「世界におけるヨーロッパの政治的および経済的な地位の強化の必要性」は疑問の余地がなかった。それだけによりいっそう、たとえ「EWGの結束」を危険にさらしうることが何も起こらなくとも、6カ国の共同体に立ち止まっていることはできないとされた。連盟はとりわけ、各国の税制の調和、共通エネルギー政策、各国の競争政策の調整、共通産業政策の間もない定式化、そして、共通通商政策への移行によって、共同体が対内的に強化されることを期待した。なぜならばBDIによれば、さもなければ、関税同盟は未完成のままであり、産業構造における「不均衡の危険」が引き起こされるからであった[28]。したがって、BDIはその旧来の方針に留まっており、統合努力の当時の膠着状態にさほど揺り動かされることなく、共同体の対内的な拡充と同時に拡大を要求した。それゆえ、最高団体は、積極的な役割どころではなく、統合過程における連邦共和国の一種の「リーダーシップ」さえ目指して努力した。このため、1960年代にまず間違いなく、フランス政府との衝突が誘発されたであろう[29]。それゆえ、そのような直接的な対立を回避しようとする連邦政府の努力は、ドイツ産業界のためになることであった。とくにBDIは、前述のように、隣国フランスに配慮しようと固く決意していた。

2　新しいプロジェクト——古い問題

1969年12月のデン・ハーグにおけるEG（ヨーロッパ共同体）諸国の首脳会談によってようやく、統合過程に新たな効果的な刺激が与えられた。BDIは

その会議を統合政策上の重要な出来事と評価した。なぜならばBDIによれば、その会議は「数年間の停滞の局面を終わらせ」、「共同体の深化および拡大の路線」に転換したからであった。ハーグ決議は「ヨーロッパにおける単一大経済圏の形成」に対するBDIの要求に合致していた。「真の域内市場への共同体の拡充」に対する希望は、「同一の競争基盤をともなう市場の枠組みとしての単なる関税同盟」では十分ではないという連盟幹部の信念に基づいていた。経済は周知のように、投資決定および長期的な計画のために「たしかなデータ」を必要としている。したがってBDIによれば、「経済政策上の目標観念に関する６カ国のよりいっそう望ましい調和、ならびに、統一にいたるまでの景気政策および通貨政策の調整ないし一致」が「さらなる統合プログラムの本質的な構成要素」でなければならなかった。BDIによれば、経済・通貨同盟の実現には「各国政府による主権放棄がますます」必要であり、それは「全く容易ではないであろう」が、それにもかかわらず避けることはできなかった。まずは経済政策が統一され、その後に通貨同盟が樹立されるべきか、あるいは、その順序が入れ替えられるべきかについてはまだ結論が出ていなかった。連盟は、それだけにいっそう強く共同体の地域的な拡大を支持し、その拡大によって、貿易が拡大し、さらに加えて成長が刺激されることを期待した[30]。DIHTは、連邦共和国とフランスにおける為替相場の再評価の結果としてEWGが経験した「深刻な衝撃」をより強調した。この団体は、いたるところでこれらの混乱から導き出された、「少なくとも調和された経済・通貨政策」に対する要求が実現されるチャンスを懐疑的に評価した。DIHTによれば、「ブリュッセルにおける条約違反の全会一致原則」によって、「各国政府の最終決定権者としての政治的な責任」が維持されることになる。しかしながら、それにもかかわらず、DIHTは、「ドイツ経済のためにも依然として、短期的な経済政策ばかりではなく中長期的な経済政策も漸進的に調整することを要求する」考えを変えなかった。DIHTは、とりわけ、EWGレベルへの経済政策上の決定権の緩やかな委譲による統合政策上の前進を期待した。DIHTの見解では、「広範囲にわたって」、しかるべき「調整圧力を発生させ」、しかるべき「決定メカニズムを発

展させること」に成功した場合のみ、危機の打開策が生まれえた[31]。

しかしながら、内部では、デン・ハーグの決議とその実現に向けた最初の歩みについての見解は、少なくともBDIにおいては、著しく控え目なものであった。すでにDIHTが批判したように、BDIは、超国家主義に対する気概の欠如を批判した。経済・通貨同盟のための段階的プランは、「短中期的に超国家機関へのさらなる主権の委譲」を避け、その代わりに、加盟国政府の「理性」を信頼するものとなっている――しかし、BDIによれば、このような期待は「幻想」であった。そして、将来の加盟との関連でイギリスに対して連邦政府が取った妥協の用意のある態度を見て、それどころか次のように主張した。「我われはあらゆるEWG危機において、最も強固な核として、とくに制度の超国家的な性格を擁護した」。もし、今や、連邦首相の言葉のとおり、「超国家性未満で古典的な外交以上のヨーロッパ」が目指されるのであれば、「かつてのEWGは今後拡大されないだろう。過去の危機においては、EWGのために奮闘がなされた」[32]。たとえ、そのような立場がとくにBDI側においてさしあたり団体内でしか表明されなかったとしても、ここで、あるいは統合政策上の方針転換の兆しが現れたのであろうか？　たとえ、超国家的なモデルが諸最高団体にとって、経済・通貨同盟の場合のように、客観的に必要であるように思われたとしても、それらの団体はそのモデルを根本において支持したのであろうか？

いずれにせよ、DIHTは当時のルクセンブルクの首相の名をとって命名された1970年10月のウェルナー・プランに「大成功」という評価を与え[33]、BDIも称賛を惜しまなかった。というのも両団体によれば、そのプランによって「経済・通貨同盟の漸進的な樹立にいたる、したがって、最終的にはヨーロッパの政治統合にもいたる有望な道」が開かれるからであった。もっとも、通貨政策上の措置の時期尚早な実現のリスクを軽減するために、BDIは「経済・通貨政策上の統合の適切な並行性」に対する連邦政府の要求を支持した。同時に、BDIは、1971年2月9日の閣僚理事会の決議に対する批判を表明した。「最終目標の漠然としたスケッチ」も、経済・通貨同盟への移行の第二および第三

段階に関する決定の延期も、BDI の見解では、「ウェルナー・グループの当初の観念よりも著しく劣って」いた[34]。1970年代初頭に BDI が、「良きヨーロッパ人」として社会に認知されようと徹底的に努力したことに疑問の余地はない。1971年1月の内部文書においては、産業界が「(とにかく最大限に) 常にヨーロッパに賛成」し、今日では「無条件に」経済・通貨同盟計画を支持しているのと全く同様に「過去のヨーロッパの危機の間、常に最もしっかりした支え」であったとされた[35]。

たしかに、BDI は共同体の間近に迫った拡大を統合政策上の重要な前進として歓迎したが、それに関する喜びは共同体の「困難な内的危機」によって中和された。その危機は、連邦連盟の見解では、「連邦共和国の通貨政策上の独断専行」によって「EWG が経済・通貨同盟の入り口にいる、したがって、政治共同体への道で最初の歩みを踏み出したまさにその時点で引き起こされた」。BDI によれば、ウェルナー・プランにおいて予定されていたように「為替平価の安定」に着手する代わりに、連邦政府は「統合政策上、正反対の方向で決定を行って」、ドイツ・マルクの為替相場を変動するに任せ、したがって、EG パートナーの間で「深刻なショック」を引き起こした。BDI は、経済・通貨同盟という目標を固守しようとするという連邦政府の誓言を懐疑的に評価した。「もし、ヨーロッパ経済・通貨同盟に関して本腰を入れることになれば、まず第一に委員会が十分に重視されなければならず、各国政府は進んで、決定的な権限を実際に共同体機関に委譲しなければならない」。BDI によれば、そのような放棄によって初めて、「共同体加盟国政府がどれほど本腰を入れて経済・通貨同盟を望んでいるか、また、その実現のチャンスが実際にどれほど大きいかが文字どおり検証される」ことになる[36]。連邦連盟は内部で同様の立場を主張した。BDI によって、ドイツの政策にとって、「ヨーロッパ統合に代わる選択肢はない」とされた。なぜならば、「厳しいグローバルな経済競争を単独で首尾よく切り抜けることができるような古典的な国民国家」は存続しえないからであった[37]。

1973年1月1日にヨーロッパ共同体にデンマーク、イギリスそしてアイルラ

第 7 章　ドイツ産業界の最高団体と1945年以降のヨーロッパ統合　137

ンドが加盟したことでは、統合の危機的な局面は決して終わらなかった。むしろ、ある傾向が継続しており、その傾向は1960年代の間にますますいっそうはっきりと露呈していた。つまり、超国家的な統合コンセプトはみるみるうちに魅力を失い、共同体諸国は、「ブリュッセル」によって自分たちの決定権が制限されることにはますます気が進まなくなった。EWG の制度的な枠組みの外側で行われた首脳会談のために、DIHT の見解では、「共同体がその現行の枠組みのなかで、政治的な展開ともうほとんど歩調を合わせることができない」と認識された。それゆえ DIHT によれば、「技術的・行政的な統合の従来の方法」は、ダイナミズムを取り戻すことができるように、「改めて政治的に保証」されなければならなかった[38]。BDI においても、あたかも「国益が再び進撃中」であるかのような印象が抱かれた。連盟はとくに、共同体が安定プログラムを決めることもできず、経済・通貨同盟の実現に関して前進を達成することもできなかったことを嘆いた。それゆえ、BDI は、「閣僚理事会から独立した中央銀行制度」の構築と加盟国の経済政策の調整のためにこれまで以上の努力を要求した。連盟は、10年以内に政治同盟および経済・通貨同盟を樹立しようとする1972年10月の首脳会談の決議をさしあたり正しい方向への歩みとして歓迎したが[39]、およそ一年後にはすでに、このように控え目な楽観論ももはや感じられなかった。内部文書においては、ローマ条約の政治目標は希釈化され、やむをえない経済事情に取って代わられたと冷静に述べられた。しかしながら BDI によって、そのような政策はヨーロッパを「これ以上支える」ことができないとされた。それゆえ BDI によれば、9カ国政府は「今や、各国における緊急の大問題に……一国で取り組む」つもり「か、あるいは、共同で取り組む」つもり「か決断し」なければならなかった。しかしながら、BDI にとっては、次のようなことが確実であった。「国内の問題、ヨーロッパの問題、世界の問題の綿密な分析に従っても、ヨーロッパにおける現存の国力の合同より他に解決の可能性はない」——とりわけ経済・通貨同盟の形で[40]。

しかし、共同体における分裂的な傾向は1970年代半ばにそれどころかさらに深刻化した。1974年に西ヨーロッパも凄まじい勢いで襲った世界経済危機によ

って、経済政策上、金融財政政策上そして通貨政策上の多岐にわたる問題を克服するための各国の独断専行が突然再び魅力的であるように思われた。DIHTは、「ナショナリズム的な解決」を目指すことに対し、また「分業による世界経済の達成された水準をアウタルキー努力によって」危険にさらすことに対し、警告を発した[41]。BDI も同様に、加盟国の「統合に対する意志の欠如」を確認した。BDI は、「スネーク」からのフランスの離脱を最も深刻な後退と見なした。ヨーロッパ理事会が統合の新たな「モーター」の役割を引き継ぎうるという期待も満たされなかった。BDI はベルギー首相レオ・チンデマンス（Leo Tindemans）の報告からしか、統合政策上の前進に対する希望を得られなかった。それゆえ、BDI は、その行動プログラム、「とりわけ、1978年におけるヨーロッパ議会の直接選挙、対外政策および防衛政策の漸進的な統一、経済・通貨同盟を樹立するための努力の継続、ならびに、ヨーロッパ機関の強化」を「無条件に」支持した。もっとも BDI によれば、再三にわたる統合に対する誓言には「最終的に行動がともなわなければ」ならなかった。BDI によって、共同体は「緩やかな崩壊の道をさらに歩むか、あるいは、新たな懸命の努力によって共同体内部における真の統合の前進にいたるか」決断を迫られているとされた[42]。1974年にすでに世界経済危機への対応として展開された社会政策上のEG 委員会の行動プログラムは、諸団体側では予想どおり控え目にしか同意されなかった。その行動プログラムは、なかでも、EG レベルでの「ソーシャル・パートナー」および企業レベルでの労働者のより多くの雇用およびより良い参加機会に対する要求を含んでいた。いずれにせよ、BDA は、目標とする経済・通貨同盟が「社会的な構成要素」によって補完される場合のみ統合過程における前進が可能であることを容認した[43]。

　1977年12月には BDI 幹部によって「ヨーロッパの中間総括」と表題がつけられた23頁の内部文書が作成された。その文書においては、共同体の緩慢に進行する意義喪失に対する警告が陳腐なレトリックではなく、最も深刻な懸念の表明であることが明確にされている。エバーハルト・メッツガー（Eberhard Metzger）はそのなかで、大多数の政府が「今のところ本質的な統合の前進に

関心を抱いていない」と苦情を述べた。というのも彼によれば、それらの政府は国内政策上の理由から、「共同体のために国家主権を」これ以上は「放棄」するつもりがないからであった。彼によれば、産業界においても、「EGに関しては現状で十分に満足であるという」見解が支配的であった。しかしながら彼によって、これまでに達成された状態が、共同体の「緩やかな崩壊」と「単なる関税同盟つまり自由貿易圏」への「退化」の歯止めとなることはないとされた。さらなる統合の前進に対する無関心の増幅は、BDI幹部にとって、統合の当初の動機——「広域経済」を求める傾向、貿易促進効果、「集産主義および独裁」からの防衛——がこれまで、「アクチュアリティーを何も」失わ「なかった」だけにいっそう理解できないように思われた。彼によれば、イギリス、デンマークそしてアイルランドが加盟したことでは同様に、期待された刺激が引き起こされず、むしろ、その間に、かつてイギリスを推薦した多くの者が、「あまりに性急すぎるイギリスの加盟に対するドゴールの警告はあるいは、やはりそれほど不当ではなかったかもしれない」と認めていた。ヨーロッパの疲労のさらに別の理由として、報告は、住民の間での統合思想への共鳴の衰退、「ドイツの会計マイスターの役割」なるものに関する、誤解を招くような不満、そして、「共同決定過程の回りくどさ」を挙げた。

　問題を克服するために、メッツガーは、競争原理の影響を受けた経済政策および産業政策、経済・通貨同盟の樹立をめぐる委員会の努力に対する支持、共通の研究政策および産業政策、農業政策の支出削減改革、そして、より効率的な決定方式を要求した。この最後の目標は、とりわけ漸進的に「全会一致規則の適用を緩和すること」によって達成されるべきであった。ただし、このBDIのヨーロッパ専門家は、ヨーロッパ理事会を「通常のEG機関に代わる機関」に変えないように警告した。なぜならば彼によれば、それは各国首脳には「あまりにも負担が大きすぎる」からであった。彼は、チンデマンス報告において感じられたような中核ヨーロッパの思想を十分に議論に値すると見なした。「意志と能力のある諸国のより緊密な政治連合の樹立はたしかに理想的な解決ではないであろう」が、「徐々に死に近づいている共同体よりも依然として望

ましいであろう」[44]。

しかしながら、この催促された「懸命の努力」は、数年間はまだ現れなかった。その間に、BDI は、とうの昔になされたヨーロッパ政策上の決議の施行を促し、緊急の国内政策上および経済政策上の問題のために、「いわば副業でしかヨーロッパ政策」を行わなかったことで各国政府を非難することに集中した[45]。たしかに DIHT は統合過程が「1970年代の苦悩」を克服したと見て安堵しているようであったが、同時に、農業市場の財源確保という「決定的な領域」における停滞を嘆いた[46]。ローマ条約調印25周年に、BDI はたしかに、共同市場の開設、ならびに、労働者の移動の自由および共通通商政策の実現に関する成果を認めたが、同時に、「統合過程の最終目標に関するコンセンサス」すなわち「ヨーロッパ連邦の樹立」が破綻したと嘆いた。BDI は、経済統合と政治統合を互いによりよく噛み合わせることを目指したいわゆるゲンシャー・コロンボ・イニシアティヴを、「共同体の停滞」を終わらせ、さらにその「漸次的腐食」をまだ防ぐことができる唯一の有望な試みであると見なした[47]。そして、実際に、この独伊の試みから生まれた「単一ヨーロッパ議定書」と、委員会新委員長ジャック・ドロール（Jacques Delors）の肝いりで採択された域内市場計画によってようやく周知のように、「ヨーロッパ動脈硬化症」の局面が終わった[48]。これら二つのイニシアティヴの意義は研究において対立的に議論されている。アメリカの歴史家ジョン・ギリンガム（John Gillingham）は「単一ヨーロッパ議定書」を「ヨーロッパ統合史における最も重要な断固とした発展」として称賛している。というのも彼によれば、「ヨーロッパ単一議定書」がヨーロッパに市場原理を流布させたからである[49]。それと対照的に、ドイツの経済学者イェルク・フーフシュミット（Jörg Huffschmid）はこれらのプロジェクトを「ヨーロッパのネオリベラルな変形」の方向への決定的な歩みとして解釈した[50]。案の定、BDI は二つのイニシアティヴを歓迎した。なぜならば BDI によれば、それらのイニシアティヴによってヨーロッパ統合に「新たな弾み」がつけられたからであった。BDI は、まさに域内市場が「市場力および競争力の強化ならびにヨーロッパ経済の再活性化に決定的に寄与するこ

第 7 章　ドイツ産業界の最高団体と 1945 年以降のヨーロッパ統合　141

と」を期待した。このプロジェクトは連邦連盟にとって——まさに引用された回顧的な見解を先取りすれば——「市場経済に基づいて EWG 条約の趣旨で構想された共同体の経済秩序に堅牢で、法的に保証された基盤が与えられる」ことになる、「歴史的な次元」の歩みであるようにさえ思われた。もっとも BDI によれば、域内市場の開設に必要な EG の調和政策は補完性原則に従ったままでなければならなかった。「共同体規定は、……対応する国内規定に対する真の改善がそのなかに含まれている場合のみ必要とされるであろう」[51]。

　独自の、ないしは、国家の行動の自由裁量の余地がこのように擁護されたことは、かつて宣伝された超国家主義から改めて離反することの前兆であったのであろうか？　いずれにせよ、BDI は、「単一ヨーロッパ議定書」の調印後ほんの数カ月しか経たないうちに、「特定多数決に変更することで、期待どおりの成果がもたらされ」えないことを明確にし、それゆえ、「通貨政策上および金融財政政策上の、ならびに、秩序政策上の基本問題に関して」多数決に反対の意思を表示した。その上さらに、BDI は、「共同体のさらなる発展がすべての加盟国のコンセンサスに基づいて促進され」、「西ヨーロッパの新たな分裂を目がけてあまりにも向こう見ずに統合政策上、突進すること」によって「危険にさらされ」ないことに尽力した[52]。BDI は、統合努力に待ちに待った「新たな弾み」がつけられるやいなや、超国家性の問題に関して怖気づいたのであろうか？　少なくとも、1980 年代後半における BDI の統合のレトリックには、その前の 10 年間の明瞭さが欠けていた。それとは異なって、DIHT は、ヨーロッパ域内市場の完成には「とりわけヨーロッパ共通規定のための国家主権の放棄」が必要であると強調した[53]。そして、BDA は予想どおりに、EG 域内市場の実現との関連で EG の「社会的な次元」を強化するあらゆる試みに対して激しく抵抗した。BDA によれば、「単一ヨーロッパ議定書」が予定していたような経営者団体と労働組合の間の「社会的な対話」は拘束力のないものでしかありえなかった[54]。したがって、1980 年代に関しては、最高団体がそれらの団体の傾向的に超国家性を志向する統合政策から全体として離反したと主張することはできない。むしろ、とくに BDI 側に、EG の市場経済的な基盤および規

定がやはり十分に耐えうるものではありえないという、ある種の懸念があったと主張することはできる。

3 深化と拡大──1990年代の挑戦

　1990年代初頭は、15加盟国への共同体の拡大、域内市場への取り組み、そして、マーストリヒト条約に基づく経済・通貨同盟の実現によって特徴づけられていた。経済政策上および通貨政策上の統一の方向への歩みがBDIにおいて歓迎されたことは、取り立てて言うほどのことではない。もっとも、BDIとその他のドイツの最高団体は、通貨価値安定を義務づけられた独立のヨーロッパ中央銀行を大いに重視した。しかしながらそれらの団体によれば、この領域における前進は、政治同盟への道における前進をともなわなければならなかった。それらの団体によって、さらなる制度的な発展もその前提条件であるとされた。したがって、諸団体はたとえば「議会の権限の著しい強化」を支持した。その上さらに、諸団体は、「個々の場合において条約に必要不可欠な効力を付与するために」、「制裁メカニズム」を支持した。場合によっては起こりうる制裁を科す権限はヨーロッパ司法裁判所に帰属すべきであった[55]。

　ただし、マーストリヒトの成果はBDIを十分に満足させるものではなかった。というのも、「ヨーロッパ中央銀行のような超国家機関へのすべての金融政策上および通貨政策上の権限の委譲」は、BDIの見解では、「一致した経済政策上の構想および優先順位、その上さらに」、政治同盟によって初めて担保される「堅牢な政治的な基本的コンセンサス」を必要としたからであった。しかしながら、経済同盟と政治同盟のこの「並行性」は、この団体の確信によれば、達成されていなかった。それにもかかわらず、条約が「より重要な政治的な理由から発効」するかもしれないことは望ましいと見なされた[56]。BDIはユーロの決定的な支持者のなかにも含まれた──とりわけ学界からの激しい批判にもかかわらず[57]。同様に、DIHTには「ヨーロッパ通貨を恐れる」原因が見当たらなかった。DIHTによれば、「ドイツ・マルクの長年の安定性」の基盤が

「その他の EG 諸通貨に」拡張され、「多くの EG 諸国が近年、通貨価値安定に向けて大きく前進」したのでなおさらであった。「ドイツ・マルクはそれによって、犠牲にされもせず、投げ売りされもしない」。DIHT によれば、貨幣制度の機能を果たす能力および信頼性をめぐる「多くの住民の懸念」を取り除くために、「残りの EG 諸国は合意された独立性を直ちに自国の発券銀行に与え」なければならなかった[58]。

　1996年に計画された、条約改定のための政府間会議を展望して、共同体機関の効率性の向上に対する BDI の関心は増大した。その効率性は、BDI の見解では、当時すでに低く、拡大の場合には完全に失われそうであった。BDA と共同で発表された1995年5月のメモランダムにおいて、BDI は相変わらず、「達成された統合水準を担保」すると同時に「ヨーロッパのよりいっそう緊密な連合」へと共同体を「継続的に発展させること」を公然と支持した。もっとも、二つの最高団体は「『全面的に』共同体を改革すること」を必要不可欠であるとは見なさなかった。それゆえ、政府間会議は、「あまりに野心的すぎる目標」を目指すのではなく、特定の不可欠で、かつ、すべての加盟国によって受け入れられる目標に集中すべきであった。したがって、単一ヨーロッパ議定書あるいはマーストリヒト条約を模範とする質的な飛躍は期待されなかった。両団体によれば、結局、この条約に対する同意手続きが共同体を陥れた「危機の再版」に「関心を抱く者は存在し」え「なかった」。いずれにせよ、BDI は、「ヨーロッパ・ア・ラ・カルト」つまり「速度にばらつきのある」ヨーロッパに反対の意思を表示した。なぜならば、BDI は、「競争条件の平準化」を望み、「新たな分化」を望まなかったからである。新たな拡大は、加盟する意志および能力のある諸国と共同体の間の漸進的な接近を通じて、厳密に言うと、「アキ・コミュノテール」を厳格に顧慮しながら準備されるべきであった。新たな加盟国を受け入れる前提条件として、メモランダムは「諸制度の適合」、農業政策の改革、そして、「構造基金の改組」を挙げた。その上さらに、この団体は、EU 政策をよりいっそう補完性原則に合わせることを要求した。改革努力の「より重要な目標」は、BDI の見解では、EU の競争力の強化であるべきであ

った。そこにいたる過程における最も重要な手段として、BDI は「規制緩和」を推奨した。BDI は社会政策上の共同体権限の拡大を、予想どおりに、きっぱりと拒否した。

　実現可能な制度改革の問題に関して、BDI は、「機関の行為能力を維持し、決定過程の効率性を改善すること」を支持した。共同体はこのようにして、「アメリカと日本のような競争相手となる国民国家が今日すでに」できている「ように迅速に立法上、新たな展開に対応できる」状態に変えられるべきであった。そのために、BDI の見解では、委員の人数を制限することが必要であった。しかし、共同体の「モーター」としての委員会の役割を維持することも必要であった。その上さらに、ヨーロッパ議会の地位は、「議員の地域的なつながりによる単一ヨーロッパ選挙制度」という目標をともなう選挙権の変更を通じて、ならびに、手続きの簡略化および迅速化を通じて高められるべきであった。閣僚理事会の決議に関しては、特別多数決が将来これまで以上に認められるべきであった。ただし、BDI と BDA は、金融財政、租税調和あるいは産業政策のような「政治的にとくにセンシティヴな領域に関しては」全会一致原則が固守されることを要求した[59]。

　両最高団体は制度改革に対するこの立場をその後も維持した。両団体は外務省宛の共同の書簡において、「行為能力のある機関に対する突出した関心」を確認した。前提条件として BDI と BDA は改めて、「ヨーロッパ議会における決定手続きの簡略化」、「住民の過半数を顧慮」する、（拡大された）理事会における加重票数の改定──とくに重要な決定の際の「超特別多数」の可能性を含めて、ならびに、20人への委員の人数の制限を挙げた[60]。

　これらの団体は結局、拡大の問題に関しても連続性をはっきりと示した。1999年前半のドイツの EU 理事会議長職に対するポジションペーパーにおいて、BDI と BDA は、計画された拡大を原則的に歓迎した。というのも両団体によれば、拡大によって「4億5,000万を超える消費者からなる大域内市場の見通し」が開かれるからであった。ただし両団体によって、新たな加盟国の受け入れは、「アキ・コミュノテール」を犠牲にして進められてはならないとされた。

第7章　ドイツ産業界の最高団体と1945年以降のヨーロッパ統合　145

両団体によれば、「『アキ』を間もなく受け入れることに対して、そして、適用することに対しても現実的な見込み」がある「場合にのみ」、受け入れは、「重大な競争の歪曲および両方の経済に対する負担をともなわずに可能」であった[61]。目標の対立が起こった場合には深化が優先されるべきか、あるいは、拡大が優先されるべきかという問題には、BDIは依然として、詳細には立ち入らなかった。ただし、「アキ・コミュノテール」が重視されたことから、つまるところ、少なくとも達成された統合水準の担保がBDIにとって優先されたとだけは結論づけることができる。DIHKは25加盟国へのEUの拡大後、BDIよりあからさまになった。「ヨーロッパは今や、拡大の新たな歩みが踏み出される前に、統合の深化に集中すべきであろう」[62]。これに対して、トルコのEU加盟問題に関しては、産業界はばらばらに意思を表示した。ドイツ卸売業・貿易業連邦連盟によって代表された輸出業界が、トルコの加盟を「経済的および政治的な理由から望ましいと」見なしたのに対して、BDIは新会長の就任によって態度を変えた。加盟という目標をともなう交渉を熱心に支持していた前会長ミヒャエル・ロゴウスキ（Michael Rogowski）とは異なって、ユルゲン・トゥーマン（Jürgen Thumann）は単にトルコとの「特恵的なパートナーシップ」に賛成を表明するだけであった。たしかにBDIスポークスマンは方針転換の印象に対して反論しようとしたが、トゥーマンは、職務に就くやいなや、トルコ問題に関してCDUとの見解の一致をはっきり示すことを望んでいるように思われた[63]。

　最高団体の統合政策上の立場に関するこのような概観の終わりに、ごく最近のことを一顧しておこう。BDAとBDIが2007年1月30日にベルリンにおいて共同で開催したヨーロッパ会議が最近、「ヨーロッパ」信念をはっきり示す好都合で一般受けする機会となった。BDA会長ディーター・フント（Dieter Hundt）はこの機会に、「ヨーロッパ連合の理念」に「疑念」はありえ「ない」、また、そうであってはなら「ない」と強調した。「ドイツ経済はヨーロッパ統合の力になる」。彼によれば、まさにドイツ経済こそ、「成長、豊かさ、そして雇用」に寄与するEUから利益を得ることになる[64]。彼の同僚BDIのユルゲ

ン・R. トゥーマンはこの発言に賛意を表明し、五つの焦眉の課題を挙げた。第一に、「法の簡素化」および「官僚機構の解体」。第二に、「ヨーロッパ憲法条約に関する前進」——彼によれば、「憲法条約の内容を維持すること」がドイツの政治および経済の共通目標でなければならなかった——。第三に、「より進んだイノベーション、研究そして教育」——「地域振興および農業からイノベーションおよび競争力へ」。第四に、「戦略的かつグローバルに遂行されるエネルギー政策および環境政策」。そして第五に、ドイツにおける成長および雇用の前提条件としての「十分に機能を果たす能力のあるヨーロッパ域内市場」。「我われはヨーロッパを作るつもりである」とBDI会長は確認した。「それは我われにとって切実な問題である。そして、我われの未来にとって、それ以外に選択肢はない」[65]。

　BDIとBDAは、ドイツの理事会議長の任期中における首脳会談に際しての連邦政府の「ベルリン宣言」に対する見解において、ヨーロッパに対するこの支持表明を繰り返した。両団体によって、ドイツ経済は「ヨーロッパ統合の強力なモーター」であり続けるとされた。両団体によれば、まさに輸出志向の強い国こそが、十分に機能を果たす能力のある域内市場、通貨の安定、経営者の活動にとってのヨーロッパ規模で魅力的な大枠条件、ならびに、開かれた市場に対する高い関心」を抱かなければならなかった。両団体によって、「ドイツにおける成長、豊かさ、そして、雇用」は「ヨーロッパ統合の成功を抜きにしては考えられない」とされた。ただし両団体によれば、「ベルリン宣言」は今や、「政治的に生命を吹き込まれ」なければならなかった。なぜならば、「行為能力および決定能力のあるEU」のみが「ペースの速いグローバルな変化に対応できる」からである[66]。ところで、両最高団体がここで表現したような、ヨーロッパ統合に対する非常に肯定的なこの態度は、ローマ条約の50周年の際にアンケートにおいて明るみに出された、むしろ中立的な、あるいは、それどころか否定的でさえある見解と際立って対照をなしている。そのアンケートによれば、質問された経営者の14％のみが、彼ら自身の企業の活動に対するヨーロッパ政策および立法の影響を「非常にプラス」あるいは「概ねプラス」と評価したに

第 7 章　ドイツ産業界の最高団体と1945年以降のヨーロッパ統合　147

すぎなかった。ところが、合わせて33％は、「非常にマイナス」あるいは「概ねマイナス」と回答した。自分自身の企業がヨーロッパ域内市場から利益を得たかどうかという質問に対する回答も同じような結果であった。34％が「非常に大きい」あるいは「大きい」、40％が「わずか」、いずれにせよ23％が「全くない」を選び、そして、1％がそれどころか「むしろ不利益」とさえした[67]。それに対して、ドイツ株価指数30社を対象としたヨーロッパ政策に関する相場新聞のアンケートに対する回答は明らかに肯定的なものであった。ほとんど異口同音に、EU は「ときには誤解もされたが比類のないサクセスストーリー」と評価された[68]。EU レベルの大企業は、EU が2、3年前からようやく以前より強く配慮するようになった中小企業よりも利益がよく代表されていると確信しているように見えるだけではなかった[69]。むしろ、大企業の肯定的な態度から、大企業が明らかに中小企業よりも大きな利益を統合から得ていると結論づけることができる。いずれにせよ、このアンケートは、ヨーロッパ統合が「エリートのプロジェクト」であるという冒頭に述べたテーゼの正しさを証明し、統合プロジェクトの圧倒的に政治的な性格を強調している。ドイツの経済エリートの自身の姿に関する新しい実証研究の成果も結局、それと一致している。その研究は、なかでも、トップマネージャーの5％という「ごくわずかな少数」のみが政治に関与しているにすぎないという結論に達している。同時に、質問された経営者のほぼ80％にとって、「国際的なネットワークが経営者の日常におけるほとんど自明の要素」となっている。そして、彼らは再び、とりわけ、国際的なネットワークによって「政治的なレベルの下方で、ヨーロッパにおける統合過程、したがって、ナショナリズムに対する共同利益戦線の結成」が可能になったことをそれらのネットワークの意義と見なしている[70]。したがって、経営者集団においては、明らかに、日々の「実務」における経験と必ずしも一致しない、むしろ機能主義的に動機づけられた親ヨーロッパ的な基本的コンセンサスが存在している。

おわりに

　以上のことから、どのようなメルクマールによって、ヨーロッパ統合に対して BDI および他の二つのドイツの最高団体がとった態度が特徴づけられたのであろうか？　まずもって、とくに BDI がヨーロッパ統合を原則的に肯定的に評価したこと、また、そのように評価していることを確認することができる——とりわけ BDI の公的な見解において。疑義はむしろ団体内部で、あるいは、細部についての問題に関して表明された。そのような疑義が常に向けられたのは、競争秩序および競争政策において不足が生じていると推定されること、あるいは、現実に不足が生じていること、効率性が欠如していること、そして、ディリジスムであった。三つの最高団体は、市場統合に関心を抱いていたばかりではなく、より高度の政治統合に繰り返し賛成を表明した。それらの最高団体は、共同体の社会政策上の実質的な権限を拒否することに関しても見解が一致していた。「超国家主義者」と「政府間主義者」の間の衝突に関しては、それらの団体はむしろ事態を静観した。超国家的な枠組みは決して原則的に拒否されたわけではなかった——とりわけ、超国家的な枠組みが、それらの団体の経済政策上および秩序政策上の観念に適合する場合には拒否されなかった。「深化」と「拡大」は、たとえば BDI の見解では、対立するものではなかった。それにもかかわらず、この団体は疑わしい場合には、むしろ「深化」を志向した——もっとも、しばしば、共同体の超国家的な要素および処置の強化というよりはむしろ、加盟国間の協力の強化という趣旨で。委員会の積極的な役割は、それが競争の促進および効率性の向上に寄与する限りでは、十分にその団体のためになるものであった。各国首脳のヨーロッパ理事会の設置は歓迎されたが、経営者団体のロビーイングに比較的よく耳を貸すように思われた閣僚理事会および委員会を犠牲にしてヨーロッパ理事会の権限が拡大されることは望まれていなかった。最高団体は、司法裁判所、そして後には、ヨーロッパ中央銀行を独立した機関と評価した。それらの団体の見解では、とりわけ人的な要素、す

第 7 章　ドイツ産業界の最高団体と1945年以降のヨーロッパ統合　149

なわち、共同体機関における影響力の大きいポストの「適切な」割り振りが決定的に重要であった。全体として見れば、BDI と DIHT は——BDA はヨーロッパ政策上の問題に関して初めのうちはまだ控え目に振る舞っていた——1950年代後半にはすでに、現実主義的なヨーロッパ統合支持者となっていた。いずれにせよ、連邦共和国の当局によるヨーロッパ政策とボンの有力な政治的なアクターにとって、この親統合的な基本的態度は過小評価できないほど重要であった。

注
1）　概念について。「西ドイツの」あるいは「ドイツの」（最高）団体によって、ドイツ連邦共和国に——その西側地域にばかりではなく——拠点を置いて活動する団体が論じられる。「ヨーロッパ統合」は少なくとも2004年以降の EU の東方拡大までは、さしあたり西ヨーロッパに集中したが、今日の EU の核および出発点を形成した段階的なヨーロッパ諸国の統合を意味し、統合は、初めは EGKS に、後に EWG・EG・EU に制度的に結実した。資料においては——当初の地理的な限定にもかかわらず——ほとんどもっぱら「ヨーロッパ」統合が問題になっているので、私には、文章表現上この概念を折に触れて用いることができるように思われる。
2）　簡潔な解説として、Werner Bührer, Wirtschaftsverbände, in: Siegmar Schmidt/Gunther Hellmann/Reinhard Wolf (Hg.), Handbuch zur deutschen Außenpolitik, Wiesbaden 2007, S. 290-295. 詳細は、ヨーロッパ・レベルを含めれば、Hans-Wolfgang Platzer, Unternehmensverbände in der EG-ihre nationale und transnationale Organisation und Politik, Kehl am Rhein/Straßburg 1984. 参照。
3）　たとえばユルゲン・ハーバーマス（Jürgen Habermas）はそのように表現している。"Fern jeder Vision", ZEIT online, 29. 11. 2007 (4. 4. 2008) のとおり引用。Georg Vobruba, Kritik der Europakritik. Die intellektuelle Perspektive auf die europäische Integration, in: Osteuropa 57 (2007), S. 3-12. も参照。
4）　Georg Vobruba, Die Dynamik Europas, Wiesbaden 2005, S. 9.
5）　Reinhard Opitz (Hg.), Europastrategien des deutschen Kapitals 1900-1945, Köln 1977; Werner Bührer, Ruhrstahl und Europa. Die Wirtschaftsvereinigung Eisen-und Stahlindustrie und die Anfänge der europäischen Integration 1945-1952, München 1986; Jürgen Elvert, Mitteleuropa! Deutsche Pläne zur europäischen Neuordnung (1918-1945), Stuttgart 1999. 参照。

6) OEEC については、Werner Bührer, Westdeutschland in der OEEC. Eingliederung, Krise, Bewährung 1947-1961, München 1997; Richard T. Griffiths (Hg.), Explorations in OEEC History, Paris 1997. 参照。
7) Werner Bührer, Die deutsche Industrie und der Marschallplan 1947-1952, in; Comite pour l'historie evconomique et financiere (Hg.), Le Plan Marshall et le relevement economique de l'Europe, Paris 1993, S. 449-465. 参照。
8) DIHT-Tätigkeitsbericht 1953/54, S. 24.
9) BDI-Jahresbericht 1954/55, S. 18.
10) Berg, Protokoll erste ordentliche Sitzung Hauptausschuss u. erste wirtschaftspolitische Tagung in Schwetzingen am 7. 6. 1950, S. 16 (=BDI-Drucksache Nr. 5) のとおり引用。シューマン・プランについては、William Diebold, Jr., The Schuman Plan. A Study in Economic Cooperarion 1950-1959, New York 1959; Bührer, Ruhrstahl; Dirk Spierenburg/Raymond Poidevin, Historie de la Haute Autorite de la Communaute europeenne du charbon et de l'acier. Une experience supranationale, Brüssel 1993, S. 9-52; Matthias Kipping, Zwischen Kartellen und Konkurrenz. Der Schuman-Plan und die Ursprünge der europäischen Einigung 1944-1952, Berlin 1996. 参照。当事者の視点からは、Jean Monnet, Erinnerungen eines Europäers, München/Wien 1978, S. 367-424.
11) Kundgebung und Mitgliederversammlung des BDI in Essen, 16.-18. 5. 1954, S. 29 (=BDI-Drucksache Nr. 25).
12) Werner Bührer, BDA-50 Jahre internationale Arbeit, in: Bundesarbeitsblatt 4/2000, S. 18-22.
13) Protokoll Präsidialsitzung am 8. 6. 1955, BDIA, HGF, Pro 4.
14) Thomas Rhenisch, Europäische Integration und industrielles Interesse. Die deutsche Industrie und die Gründung der Europäischen Wirtschaftsgemeinschaft, Stuttgart 1999; Milene Wegmann, Früher Neoliberalismus und europäische Integration. Interdependenz der nationalen, supranationalen und internationalen Ordnung von Wirtschaft und Gesellschaft (1932-1965), Baden-Baden 2002. 参照。
15) DIHT-Tätigkeitsbericht 1956/57, S. 25.
16) DIHT-Tätigkeitsbericht 1957/58, S. 44.
17) Protokoll Präsidialsitzung am 16. 5. 1957, BDIA, HGF, Pro 5.
18) Die Europäische Kommision 1958-1972. Geschichte und Erinnerungen einer Institution, hg. von der Europäischen Kommision, Luxemburg 2007, S. 329. 参照。「たとえば、ドイツ産業界に関しては、ひっきりなしに我われ全員、とくに私を訪ね

た個人がいた」とブリュッセルのある官僚は嘆いた。それは、BDIにおいて、なかでもヨーロッパ政策上の問題に携わっていたハインリヒ・アイヒナー（Heinrich Eichner）であった。

19) Bührer, Westdeutschland, S. 363-380; Markus Schulte, Challenging the Common Market Project: German Industry, Britain and Europe, 1957-1963, in: Anne Deighton/Alan S. Milward (eds.), Widenig, Deepening and Acceleration: The European Economic Community 1957-1963, Baden-Baden 等々。1999, S. 167-183. 参照。

20) いずれにせよ、ハンブルク・ハルブルクのフェニックス株式会社（Phoenix AG）の取締役会議長であり、BDI幹部会のメンバーであったオットー・A. フリードリヒ（Otto A. Friedrich）が、1959年10月20日のこの委員会の会議から得た印象はそのようなものであった。Archiv für Christlich-Demokratische Politik, I-093-013/2. 参照。

21) 個別部門の立場については、Rhenisch, S. 186-196. 参照。

22) BDI-Jahresbericht 1962/63, S. 14, 63-64. Oliver Bange, Deutschland und die britische Beitrittsfrage, 1960-1963, in: Rudolf Hrbek/Volker Schwarz (Hg.), 40 Jahre Römische Verträge: Der deutsche Beitrag, Baden-Baden 1998, S. 278-290. も参照。

23) Rundschreiben der Hauptgeschäftsführung vom 27. 2. 1963, BDIA, HGF, Büro 27.

24) Hans Herbert Götz, Die Krise 1965/66, in: Wilfried Loth/William Wallace/Wolfgang Wessels (Hg.), Walter Hallstein-Der vergessene Europäer?, Bonn 1995, S. 189-202; N. Piers Ludlow, The European Community and the Crises of the 1960s. Negotiating the Gaullist Challenge, London/New York 2006. 参照。

25) Erklärung des BDI zur EWG-Krise vom 1. 10. 1965, Mannesmann-Archiv, M 80. 601.

26) Protokoll Gemeinsame Präsidial-und Vorstandssitzung am 22. 11. 1965, BDIA, HGF, Pro 12.

27) Herbert Müller-Roschach, Die deutsche Europapolitik 1949-1977. Eine politische Chronik, Bonn 1980, S. 175-176. 参照。逆の見解は、Rolf Lahr, Die Legende vom "Luxemburger Kompromiss", in: Europa-Archiv 38 (1983), S. 223-232.

28) Memorandum vom 22. 8. 1967, BDIA, HGF, Pro 16.

29) Ludlow, European Community, とくに S. 211-212.

30) BDI-Jahresbericht 1969/70, S. 20 u. 64-65.

31) DIHT-Bericht 1969, S. 16-18.

32) "Was ist seit Den Haag geschehen?", 作成者および日付（推定1970年5／6月）の記載のない文書 BDIA, HGF, Büro 20.
33) DIHT-Bericht 1970, S. 18.
34) BDI-Jahresbericht 1970/71, S. 41-42. ウェルナー・プランについては、Andreas Wilkens, Der Werner-Plan. Währung, Poltik und Europa 1968-1971, in: Franz Knipping/Matthias Schönwald (Hg.), Aufbruch zum Europa der zweiten Generation. Die europäische Einigung 1969-1984, Trier 2004, S. 217-244; Matthias Kaelberer, Money and Power in Europe. The Political Economy of European Monetary Cooperation, Albany 2001, とくに S. 97-123. 参照。
35) Anfzeichnung Neef v. 6. 1. 1971, BDIA, HGF, Büro 20. この文書は BDI 会長ベルクとのテレビインタビューの準備に役立った。
36) BDI-Jahresbericht 1971/72, S. 10-11.
37) Aufzeichnung Neef v. 14. 8. 1972, BDIA, HGF, Büro 21. この文書は連邦首相ヴィリー・ブラント（Willy Brandt）との協議の準備に役立った。
38) DIHT-Bericht 1973, S. 23.
39) BDI-Jahresbericht 1972/73, S. 23-26. Müller-Roschach, Europapolitik, S. 280-290. も参照。
40) Aufzeichnung Neef v. 12. 12. 1973, BDIA, HGF, Büro 22.
41) DIHT-Bericht 1974, S. 23.
42) BDI-Jahresbericht 1975/76, S. 25-29. チンデマンス報告については、D. W. Urwin, The Community of Europe: A History of European Integration since 1945, London/New York 1993, S. 218-220. 参照。
43) BDA-Jahresbericht 1975, S. 130-131.
44) E. Metzger, Europäische Zwischenbilanz, BDIA, HGF, Büro 221.
45) BDI-Jahresbericht 1979/80, S. 15-17.
46) DIHT-Bericht, S. 51.
47) BDI-Jahresbericht 1980-82, S. 190-192.
48) George Ross, Jacques Delors and European Integration, Cambridge 1995, とくに S. 26-39; Franz Knipping, Rom, 25. März 1957. Die Einigung Europas, München 2004, とくに S. 224-239. 参照。
49) Gillingham, Integration, S. 496.
50) Jörg Huffschmid, Die neoliberale Deformation Europas. Zum 50. Jahrestag der Verträge von Rom, in: Blätter für deutsche und internationale Politik, (2007), S. 307-319.

51) BDI-Jahresbericht 1986-88, S. 341-349. 1980年代の「ヨーロッパの再建」については、Andrew Moravcsik, The Choice for Europe. Social Purpose and State Power from Messina to Maastricht, London 1999. とくに S. 314-378; Gillingham, Integration, とくに S. 228-258. 参照。
52) BDI-Jahresbericht 1984-86, S. 225.
53) DIHT-Bericht 1986, S. 26.
54) Bührer, BDA, S. 22. 参照。
55) Gemeinsame Stellungnahme zur Weiterentwicklung der Europäischen Gemeinschaft, Köln/Bonn, 20. 6. 1991.「マーストリヒト」を通じての刺激については、Gillingham, Integration, とくに S. 294-299; J. Elvert, Die europäische Integration, Darmstadt 2006, とくに S. 121-131. 参照。
56) BDI-Bericht 1990-92, p. 323.
57) たとえば BDI-Broschüre »Der Euro: Chance für die deutsche Industrie«, Köln 1996. 参照。批判については Wilhelm Hankel 等。Die Euro-Klage. Warum die Währungsunion scheitern muß, Reinbeck bei Hamburg 1998. 参照。
58) DIHT-Bericht 1991, S. 10.
59) BDI/BDA, Erste Überlegungen zur Regierungskonferenz 1996, Köln, Mai 1995. ——私はありがたいことに、これと次の二つの脚注において挙げられる文書を BDA に自由に使わせていただいた。
60) BDI/BDA an Hoyer vom 26. 5. 1997.
61) BDI/BDA, Positionspapier zur deutschen EU-Ratspräsidentschaft, Köln, September 1998.
62) DIHK (Hg.), Europa: unsere Zukunft-Herausforderungen, Chancen, Aufgaben. Europapoltische Positionen 2006/2007 der IHK-Organsiation, November 2006, S. 3.
63) "Wirtschaft uneins über Türkei-Beitritt" および "Thumanns Eröffnung", 両方とも in: Frankfurter Allgemeine Zeitung v. 8. 1. 2005. 参照。
64) Rede auf dem Europatag der Deutschen Wirtschaft, http://www.bda-online.de.
65) "Europa machen", Rede J. R. Thumann auf dem Europatag von BDA und BDI, www. bdi. eu.
66) BDA/BDI, Presse-Information Nr. 31/2007.
67) Business-Monitor, März 2007, http://www.handelsblatt.com/pshb?fn=relhbi&sfn=buildhbi&strucid=page_200013&pageid=page_300025&bmc=cn_hnavi&bmc=cn_includeticker&statisch=http://ticker.vhb.de/psticker/fn/tick/sfn/main_bild/design/1/pageid/61752/index.html で閲覧可能。

68) "Schwerpunkt: 50 Jahre Römische Verträge", in: Börsen-Zeitung v. 17. 3. 2007. 引用句は、ハイポ・リアル・エステート・グループ（Hypo Real Estate Group）のゲオルク・フンケ（Georg Funke）のものである。
69) "Der Mittelstand sitzt in Europa am Katzentisch", in: FAZ v. 23. 11. 2004; Hans-Werner Müller, How SMEs can Influence the Effectiveness of European Business, およびBastian van Apeldoorn, The European Round Table of Industrialists: Still a Unique Player?, 両方とも in: Justin Greenwood (ed.), The Effectiveness of EU Business Associations, Houndmills/New York 2002, S. 182-193 u. 194-205. 参照。
70) Eugen Buß, Die deutschen Spitzenmanager-Wie sie wurden, was sie sind. Herkunft, Wertvorstellungen, Erfolgsregeln, München/Wien 2007, S. 219 u. 245.

第8章　統合ヨーロッパのなかの植民地
――1930年代フランスとユーラフリカ――

平野　千果子

はじめに――ローマ条約と植民地

　1957年3月、統合ヨーロッパの第一歩となるローマ条約が締結された。このローマ条約に、原加盟国の海外領土＝植民地に関する規定が盛り込まれていたのは、今日では周知のことになるだろう。

　概要を整理しておくなら、ドイツとルクセンブルクを除く加盟4カ国の海外領土は、第4部「海外の国と領土の連合」の対象地域とされ、EECとの貿易、投資、関税などについての取り決めが定められた[1]。なかでもフランスの場合、第二次世界大戦後に植民地帝国を再編する過程で、かつての奴隷植民地をフランスの海外県と位置づけたが、海外県となった四地域（カリブ海のマルチニックとグアドループ、南米の仏領ギアナ、インド洋のレユニオン島）はローマ条約第6部227条において、本国の県に準じる地位と定められ、本条約のほとんどの規定が適用されることとなった[2]。これらの地域には2002年からは、共通通貨ユーロも導入されている。

　このような規定が盛り込まれるよう強力に主張したのは、フランスであった。言うまでもなくフランスは、原加盟国のなかで最も多くの植民地を領有していた国である。とりわけ仏領アフリカとの間にはフラン通貨圏が形成されており、このつながりを絶ちがたかったフランスが、議論されていたヨーロッパ共同市場に代えて、「ユーラフリカ」共同市場の形成を提案したという経緯がある。

ユーラフリカはヨーロッパとアフリカからの造語で、まさに統合ヨーロッパのなかに、中心的植民地であるアフリカを抱え込もうとする表現であったといえる。

結果としてユーラフリカ共同市場はならなかったものの、こうした経緯ゆえに、ユーラフリカをめぐる研究は、これまでローマ条約締結に向けての時期に集中してきた[3]。しかしユーラフリカという概念が提起されたのは、1930年代のフランスにおいてのことである。第二次世界大戦後の外交交渉の過程からは、フランスが植民地帝国を維持するためにヨーロッパ統合を模索したという側面が見えてくる[4]が、ユーラフリカという言葉が戦間期から使われてきたのであれば、その間に連続する要素があるかどうかを検討することには、一定の意味があるだろう。

そこで本章では、あまり言及されることのなかったこのユーラフリカ誕生の時期に焦点を当てて、こうした概念が提案された状況について考察していきたい。そこでまず、この語の語源を考えることから始め、それから当時の代表的な論者の著作を検討するという手順で進めることにしよう。

1　ユーラフリカの誕生

第二次世界大戦後の1951年、フランス植民地のアルジェリアのアルジェで『ユーラフリカ』という雑誌が刊行された。1931年から刊行されていた「サハラ友の会」の会報をより広汎な人びとに向けて発信しようという主旨のもとに、衣替えしたものである[5]。

この第3号には、アフリカ専門家のウジェーヌ・ゲルニエによる小論が掲載されているのだが、この著者紹介の欄にはユーラフリカの語源に言及がある。それによればこの言葉は「ヒトラー自身が作ったと考えている人たちもいるが」、ゲルニエこそが造語をした本人であるという[6]。つまり一般にはドイツ起源の言葉だとフランスでは思われているが、そうではなくフランスであるという主張である。この説明からは、ユーラフリカという言葉をめぐる一般的な認識が

読み取れよう。

　今日ではゲルニエでないことは判明しているが、統一的な見解があるわけではない。19世紀のサン・シモンにまで遡れるという説もあれば、1920年代にイタリアで生まれ、フランスが取り入れたという説、またやはりドイツに源を求める立場もある[7]。

　実際にははじめにも述べたように、この言葉は1930年代のフランスで使われていくようになる。辞典をみると、英語でもフランス語でも、ユーラフリカの形容詞形のみが掲載されており、英語（eurafrican）では1890年（オクスフォード英語辞典）[8]、フランス語（eurafricain）では1930年が初出と記されている（プチ・ロベール）。さしあたりこのことからは、フランスで「ユーラフリカ」という言葉が1930年代に使われていった状況が、確認されるのではないか。

　それではこのユーラフリカ概念は、どのような背景から生まれたのだろうか。そこにいたるまでの戦間期の状況を、簡単に振り返っておこう。第一次世界大戦でヨーロッパは、未曾有の惨劇を経験した。長期にわたる激戦で主戦場となったこともあり、シュペングラーの『西洋の没落』を挙げるまでもなく、戦後は悲壮感や没落感が蔓延した。本稿との関係で植民地にも目を向けるなら、地域によっては民族運動が昂揚して、宗主国への反発から蜂起が頻発するところもあった。

　そうしたなかでヨーロッパには、もはや一国だけでそれぞれの植民地を維持することは困難であるとの認識が広まってきた。ヨーロッパ列強の間での対抗関係が、解消されたわけではない。しかし「ヨーロッパの支配者」に反旗を翻す植民地に対して、ヨーロッパが一体となって対処しようとする考えが、一部に浮上してくる。この時期にはフランスでも「ヨーロッパの連帯」や「白人の連帯」が語られるようになるが、こうした表現は当時のヨーロッパがおかれた状況を端的に示しているだろう[9]。

　第一次世界大戦後間もなく発表されたクーデンホーフ＝カレルギー伯の『パン・ヨーロッパ』（1923年）は、ヨーロッパ統合の源として常に言及される書物であるが、同時に以上に述べてきたような時代精神を表現してもいる。クー

デンホーフは、イギリスを除くヨーロッパ諸国と、イギリス領以外のアフリカの諸地域を包括した領域を「パン・ヨーロッパ」と呼んでいるのである[10]。クーデンホーフが「ヨーロッパ」とした範囲にアフリカが含まれていたことには、当時の世界を牛耳っていた西欧諸国の世界観が端的に反映されていたのであり、ユーラフリカという言葉こそ使っていないが、クーデンホーフの提示するものは、まさに「ユーラフリカ構想」だと言ってよい。

この後、クーデンホーフの提案に基づいてパン・ヨーロッパ運動が展開され、それに共鳴したフランス外相ブリアンが、ヨーロッパ連邦構想を打ち出すところまでこの構想は支持を集めていく。しかしこうした試みは、1930年代に広がる世界恐慌のために頓挫し、ヨーロッパ合州国構想は実現されることなく、このときは終焉した[11]。

ところがすでに記したように、フランスではブリアンの構想が頓挫し、恐慌の広まった1930年代に入ってから、ユーラフリカという言葉が流布され始めていく。この時期フランスには、どのような議論があったのだろうか。次に、一般にヨーロッパ統合に直結していると見なされるクーデンホーフの潮流を離れて、フランスにおける議論に目を移していきたい。

2　ゲルニエとヴァロワ

第1節の冒頭で紹介したゲルニエは、1933年に『アフリカ――ヨーロッパ拡張の場――』という著作を発表している。これがユーラフリカについて最初に言及したとされる書物である。同じ1933年には、経済学者ジャン・グダルによる『アフリカの運命』が出版されている。いずれもアフリカをヨーロッパの発展のための場と位置づけるものである。当時植民地学校の校長の任にあり、植民地をめぐって膨大な著作をものしているジョルジュ・アルディは、ゲルニエとグダルの二冊をとくに取り上げ、ユーラフリカという概念がフランスの歴史に刻み込まれた年だとして「ユーラフリカ――1933年――」という小論をしたためている[12]。不況の波にさらされていたフランスで、これら二点が植民地専

第8章　統合ヨーロッパのなかの植民地　159

門家の注目を集めたことは、アルディのこの小論からもわかるだろう。

　しかしユーラフリカを軸に少し調べを進めていくと、ジョルジュ・ヴァロワの論考に間もなく辿り着く。1931年、自身が主宰する雑誌『青いノート』に、ヴァロワは「アフリカ──ヨーロッパの仕事場──」という論考を載せ、そのなかでユーラフリカについて論じているのである。しかもユーラフリカという言葉について言えば、ヴァロワのほうがゲルニエやグダルよりもはるかに積極的に用いており、この問題を正面から取り上げている[13]。

　改めて言うまでもなく、ヴァロワは最初のフランス・ファシズムといわれるフェソー運動を率いた人物である。戦間期のこうした人びとによく見られるように、ヴァロワもまた方向性を模索して紆余曲折を重ねているし、『青いノート』もフェソー運動の終焉後に発刊されたものである（1928年8月～1932年5月）。しかし、フランス・ファシズムの源に位置づけられる人物が、ユーラフリカのような異質なテーマに関連して、その存在を忘却された、あるいはさして認められなかったというのは、ありうることだろう。

　その点を認識した上で、ここでは造語をしたと語られてきたアフリカ専門家のゲルニエと、ユーラフリカを前面に出したヴァロワの著作を取り上げて、1930年代のフランスにおけるユーラフリカ像の一端を検討したい。

　両者の基本的な主張は、経済危機だからこそアフリカに目を向け、アフリカを舞台にしてヨーロッパの協力体制を構築しようというものである。1920年代に提唱されたヨーロッパ連邦構想は、アメリカ発の恐慌の波が及ぶなかで挫折していった経緯がある。それに対してヴァロワもゲルニエも、経済危機のなかでアフリカ大陸の豊富な資源や広大な未開拓の領野に注目し、ヨーロッパがアフリカを足場にした協力関係を築き上げることで、この危機を乗り切ろうと提案するのである。ヨーロッパ連邦構想において、アフリカはヨーロッパのいわば付随物であったのに対し、二人の論者はアフリカにこそ重心を置こうとしたのであり、ある意味ではここに大きな発想の転換があった。

　とくにヴァロワは、「アジアを手放してアフリカを守ろう」（Lâchons l'Asie, gardons l'Afrique）という方向性を唱えている[14]。これは19世紀後半から活躍

した地理学者オネジム・ルクリュによる言葉をもじったものである。アジアにおけるフランス領のインドシナでは、戦間期には先鋭な民族運動が芽生えてきていたし、困難な遠方の植民地に固執するよりは、民族運動がさほど昂揚していない足元のアフリカを守ることがフランスの利益になる、という考えである。

ただしアフリカをめぐっては、帝国主義諸国間の対立が根強くある。それに加えて、第一次世界大戦で植民地を喪失したドイツが、フランスなどにもアフリカ植民地の返還を求めるようになってきた。ヴァロワは1926年から、ドイツがすでにトーゴやカメルーンの返還を要請してきていることを指摘している[15]。いかなる理由であれ、ドイツとの間の係争は、常に戦争になる危険性をはらんでいる。ヴァロワはドイツと戦うよりは協力して、アフリカを維持していくという提案をしたわけである。

他方ゲルニエは専門家として、20年にわたってアフリカに滞在した経験を持つ。そうした立場からも、ヴァロワと同様、ナショナリズムにおかされていない上に豊かなアフリカを、ヨーロッパの建て直しの基礎にすることを唱えている。しかもそのために、アフリカの利益に関するヨーロッパ会議を開催し、「アフリカ合州国」（Les Etats-Unis d'Afrique）を構築するという構想を提示してもいる。

しかしアフリカがヨーロッパ列強の間で分割されているなかで、誰がどのように開発を行うのだろうか。これについての大枠では、ヴァロワもゲルニエもやはり同じ立場である。すなわち第一に、植民地の保有国は変更しない、しかし第二に、ヨーロッパ各国が開発に関わる平等の権利を認める、というものである。言葉を換えれば、ドイツの植民地返還要求は受け容れず、ドイツには植民地がないままだが、他方でアフリカの開発事業については、ドイツにも開放するという姿勢である。戦争を引き起こしうる要素を排除しつつ、ヨーロッパが協力して植民地アフリカを維持する、という発想からすれば、これは必然的に辿り着いた結論だと言えるだろう。

ただし両者の意見が食い違う点もある。それはアフリカ大陸へのヨーロッパ人の入植を認めるか否かである。たしかに北アフリカと南アフリカは、すでに

ヨーロッパ系の人びとの入植地となっていた。しかしその他の広大な領域については、ヴァロワは気候条件などを挙げ、輸出するのは頭脳に限るべきだとしている。それに対してゲルニエは、ヨーロッパからの移住を奨励する立場に立つ。従来から労働力不足だったフランスは、第一次世界大戦後には外来の労働者をさらに必要としていた。それでも1930年代の不況の時期になると、失業率も急速に高まり、外国人労働者は大幅に制限されるようになった。したがってゲルニエは、不況のなかでのいわば余剰人口をアフリカに送り込み、アフリカ開発を担わせようとしたのである。

　こうした提言は、アフリカからの流入人口に頭を悩ませる、今日のヨーロッパ情勢を見るならば、やや滑稽にすらみえる。しかし当時のフランスではゲルニエのように、将来的にはアフリカをヨーロッパの人口のはけ口にしようとする考えのほうが、主流であった[16]。ゲルニエは、ヨーロッパ人が入植することで混血が増えれば、黒人が消滅するだろうとまで記している。こうした発言をどう捉えるかはともかく、身近なアフリカを余剰人口の受け皿にするという考えは、広大なアフリカ大陸が当時の論者たちを触発した一つの帰結であったわけである。

おわりに——ユーラフリカの発展

　G. アルディが、ユーラフリカの年だと論じた1933年は、ドイツでヒトラー政権が成立した年でもある。その後のフランスには、ヒトラー・ドイツへの脅威感や、勢いを増す共産主義への脅威感などがあいまって、社会情勢は流動化していくが、そうしたなかでもヨーロッパとアフリカの協力関係を築こうという主張は、引き継がれていった。

　アンドレ・トゥゼの『植民地問題と世界の平和』（1937〜38年）は、その一例である[17]。四巻本の本書の第１巻では、まずドイツの植民地返還要求が大きく扱われている。事実この時期には、ドイツの要求は激しさを増しており、フランスでも頻繁に報じられるようになった。それに対する人びとの反応はさま

ざまで、「カメルーンのためには死ねない」のだから、戦争を避けるために植民地を一部返還しようという主張がある一方で、植民地は返還すべきではなく、「一にして不可分」の帝国を守るべきだとする主張も他方であった[18]。戦間期にドイツとの関係がフランスの外交政策に重くのしかかっていたことが、植民地問題を介しても浮き彫りになった形である。

そうした状況のなかでトゥゼは、まずユーラフリカ会社を創設し、ヨーロッパが共同でアフリカ開発を進める基盤を作ることを提案した[19]。このような方向性は、1930年代前半のユーラフリカ構想に連なる動きを象徴しているだろう。

以上のような1930年代のユーラフリカをめぐる状況を整理するならば、何をおいても植民地をめぐるヨーロッパの協力関係の構築が、前面に出された点が最も注目される。近年の帝国主義研究では、支配諸国が対立しあいながらも、支配の側全体の利益のために、個々の事例については協力しあってきた場合もあることが指摘されている[20]。そうした側面を考えるなら、ユーラフリカ構想は、植民地を喪失したドイツの不満を緩和し、「持てる者」たちの既得権を守るという二つの目的のために、ヨーロッパ内の対立を抑制しつつ、可能な範囲で広大なアフリカを共同管理しようというものである。これは帝国主義諸国間の「究極の協力体制」を模索するものだったと言えるのではないだろうか。

ユーラフリカ構想は第二次世界大戦を経ても生き延びて、むしろ第二次世界大戦後にこそ、植民地専門家を超えた支持を集めていく。冒頭で記したように、ローマ条約締結に向けての過程でフランスが「ユーラフリカ共同市場」の創設を提案したことは、それを最もよく示すものでもある。現実の歴史においてユーラフリカ構想がそのまま実現されることはなかったが、思想の面では異なる展開が見られる部分もある。そうした点については、今後さらに考察を深めたい[21]。

注
1) 原加盟4カ国の植民地で第4部の対象となった地域は以下のとおり。ベルギーはベルギー領コンゴ、ルワンダ、ブルンジ。イタリアはソマリランド。オランダ

はニューギニア。南米大陸のスリナムとカリブ海のオランダ領の島々は、後に加えられた。またフランスは、サハラ以南アフリカ、太平洋諸地域、カナダ沖のサンピエール・ミクロンなど、広範囲に及んだ。
2） 当時独立戦争が展開されていたフランス最大の植民地アルジェリアは、海外県と同じ扱いとなり、227条に含まれた。
3） 最近になってユーラフリカをめぐる包括的な論集が刊行された。Marie-Thérèse Bitsch et Gérard Bossuat (éd), *L'Europe unie et l'Afrique: de l'idée d'Eurafrique à la Convention de Lomé I*, (Actes du colloque international de Paris, 1er et 2 avril 2004), Bruxelles, Paris, Baden-Baden, 2005. これに先立つもので戦間期を対象とした研究には、以下がある。Charles-Robert Ageron, "L'idée d'eurafrique et le débat colonial franco-allemand de l'entre-deux-guerres", *Revue d'histoire moderne et contemporaine*, t. XXII, juillet-septembre 1975. 日本で刊行されている著作はいずれもヨーロッパ統合に関連するものだが、さしあたり早い時期のものとして、高島忠義『ロメ協定と開発の国際法』成文堂、1991年、最近の研究では藤田憲「フランス海外領土政策と欧州経済共同体設立交渉」『アジア・アフリカ研究』第41巻4号、2001年をここでは挙げておく。
4） Rik Schreurs, "L'Eurafrique dans les négociations du Traité de Rome: 1956-1957", *Politique africaine*, No. 49, mars 1993. などを参照。
5） *Eurafrique*, No. 3, Octobre 1951. こうした名称を冠した雑誌が刊行されること自体が象徴的と思えるが、これについての詳細は別の機会に譲ることとする。
6） *Ibid.*, p. 37.
7） Cf. Schreurs, op.cit., p. 108; Ageron, *op. cit.*, p. 446. ただし現実に構想として提示されたのは、本章で扱うこの1930年代である。
8） 英語の初出では、地中海の両岸に住む肌の色の濃い人のことを指していたという。
9） 平野千果子『フランス植民地主義の歴史――奴隷制廃止から植民地帝国の崩壊まで――』人文書院、2002年、213～219頁。
10） クーデンホーフ・カレルギー、鹿島守之助訳『パン・ヨーロッパ』鹿島研究所、1961年。蛇足ながらクーデンホーフの掲げる地図では、当時の世界がイギリス、アメリカ、ロシア、極東アジア、そしてヨーロッパという五つの勢力圏に塗り分けられていた。
11） 木畑洋一「国際関係史のなかのヨーロッパ統合――非ヨーロッパ世界との関わりから――」木畑編『ヨーロッパ統合と国際関係』日本経済評論社、2005年。ブリアンについては以下を参照。Antoine Fleury (éd), *Le Plan Briand d'Union fédérale européenne*, Bern-Berlin-Frankfurt/M, New York-Paris-Wien: Peter Lang,

1998.

12) Eugène-L. Guernier, *L'Afrique: champ d'expansion de l'Europe*, A. Colin, 1933; Jean Goudal, *Destin de l'Afrique*, Librairie Valois, 1933; Georges Hardy, "Eurafrique 1933", *Revue africaine*, LXXIV, No. 356, 3e trimestre 1933. 植民地学校とアルディについては、平野千果子「戦間期フランスと植民地──帝国を移動する人びと──」歴史学研究会編『帝国への新たな視座──歴史研究の地平から──』青木書店、2005年、第3節で取り上げている。

13) Georges Valois, "L'Afrique: chantier de l'Europe", *Cahiers bleus*, 27/6-4/7/1931. 実はゲルニエは、全283頁の書物のなかで、地図のキャプション「ユーラフリカの経済網」（Le fuseau économique «Eurafrique»）以外は、形容詞形でしかこの語を使っていない。

14) ルクリュには、『アジアを手放してアフリカを手に入れよう』という書物がある。Onésime Reclus, *Lâchons l'Asie, prenons l'Afrique: Où renaître? et comment durer?*, Paris, Librairie universelle, 1904. 本書でルクリュは、インドシナをめぐる状況を概観した上で、アフリカをフランスが確保する利点をさまざまな角度から分析している。本書の刊行は、インドシナ征服がようやく終わった時点でのことであり、ルクリュの先見性が垣間見える。

15) ドイツの植民地返還要求については次の史料群を参照。CAOM Agence F. O. M. c. 47 d. 124: Presse française sur les revendications coloniales allemandes 1920-1939.

16) リヨテ元帥のように、5,000万人の移住を構想する者もあった。Cf. Antoine Fleury, "Paneurope et l'Afrique", in Bitsch et Bossuat, *op. cit.*, p. 49. また本稿では分析の対象としていないが、ジャン・グダルも「アフリカにはヨーロッパ全体に十分な仕事がある。いまや政治的な競合関係に代えるべきときである」として、アフリカでヨーロッパ人が仕事をする可能性を述べている。Goudal, *op. cit.*, p. 234.

17) André Touzet, *Le Problème colonial et la paix du monde*, vol. 1-4, Paris, Librairie du Recueil Sirey, 1937-1938.

18) Charles-Robert Ageron, "Les colonies devant l'opinion publique française: 1919-1939", *Revue française d'histoire d'outre-mer*, tome 77, No. 286, 1990, p. 67.

19) Touzet, *op. cit.*, vol. 4, chapitre 4.

20) 木畑洋一「世界大戦と帝国の再編」油井大三郎他編『二〇世紀の中のアジア・太平洋戦争』岩波書店、2006年、23～24頁。

21) 一例として次の論考を参照されたい。平野千果子「交錯するフランス領アフリカとヨーロッパ──ユーラフリカ概念を中心に──」『思想』1021号、2009年5月。

第9章 国境を越える教科書
——独仏共通歴史教科書の内容と実践——

西山 暁義

　今から2年ほど前の2006年5月、フランスのソンム地方の小都市ペロンヌにおいて、独仏共通歴史教科書の記者発表が盛大に行われた。このペロンヌという場所は、日本ではそれほど知られていないが、第一次世界大戦の激戦地であったソンムの戦いの主要な地であり、記者発表もそこにある国際的に著名な第一次世界大戦歴史博物館兼研究センター（*Historial de la Première Guerre Mondiale*）において行われた。ドイツとフランスの間の敵対関係の歴史を最も象徴する場所の一つであるこの地で、現在の両国の和解と友好の意思を象徴する共通の歴史教科書が発表されたことは、1984年、同じ大戦のもう一つの激戦地であるヴェルダンにおいて、両国の首脳ミッテランとコールが手をつなぎ、戦没者を慰霊した行為を想起させるものであるといえよう。

　この独仏共通歴史教科書の成立にいたる経緯やその精神については、同教科書の指導委員会（*comité de pilotage*）のメンバーとして関わってきたモネ氏の論文で詳しく述べられていることもあり、ここでは省略する[1]。本章では、日本と韓国でも注目を集め、両国で翻訳が近く出版される予定であるこの教科書について少し別の角度から考えてみたい。具体的には次の三つの点についてである。第一に、刊行後この教科書に対しどのような反響が寄せられたのか、ということ。第二に、刊行から2年を経た現時点において、この教科書はどの程度、そしてどのように使われているのか、ということ。この点が本章の中核をなすことになるが、これまで日本での注目がもっぱら共通の歴史教科書が作成された、という事実に集まり、ドイツ、フランスの複雑な教育制度のなかで、

どのように使用されているのか、という実践面についての情報が、ほとんどないということからも、無意味ではないと思われる。そして最後に、この二国間の共通教科書がヨーロッパ全体にとって、さらには我われ東アジアにとって、どのような発展、あるいは参照の可能性を示しうるのか、ということ。以上の三つの点について、順番にそって述べていくことにしたい。

1　独仏共通歴史教科書に対する反響

　冒頭で述べたとおり、2006年5月にフランスで、そして7月にはドイツ・ザールブリュッケンで発表された共通教科書であるが、これに対し、どのような反応が寄せられたのだろうか。この発表に関する両国のメディアの報道を見る限り、概して積極的に評価するものが大半であったことは間違いない。たとえば「ほとんど奇跡だ」という『南ドイツ新聞』の記事の見出しや、「はじめて、歴史家と学校教育者の作業グループが、歴史の歪曲というかさぶたを破ったのである」という『フランクフルター・アルゲマイネ』の論評は、世界で初めてである二国間共通の歴史教科書の実現に対する興奮を伝えている。しかし、こうした記事のなかには、共通教科書の実現自体は高く評価しつつも、ドイツとフランス両国の文化、とりわけ言語に対する相互の関心については、「グローバル言語」である英語の影響力が強まるなか、むしろ減退していると指摘しているものも少なくない。たとえば『リベラシオン』の記事は、フランスの高校生のドイツとその文化に対する知識や関心が減少していることに対し、この教科書が有効な打開策とはなりえず、その意味では作られるのが40年遅かったと、悲観的なコメントを記している[2]。ただし、共通教科書自体は独仏両言語の学習者の増加を主眼としたものではなく、また相互関心の減退と見なされるものは、見方を変えれば友好関係の自明化（陳腐化）とも言えるものでもある。

　他方、歴史家たちは、この教科書をどのように評価しているのであろうか。たとえば「独仏対話雑誌」という副題を持つ『ドクメンテ』が2006年秋に共通教科書の特集を組んだ際、第1巻の各章について書評を求められた歴史家たち

は研究の現状に照らし、テキストに含まれる不正確な、あるいは不十分な表現を指摘している。しかし同時に彼らの多くは、コンパクトにまとめることが求められる教科書と、細部の正確さが求められる歴史研究の相違が不可避であることをふまえ、全体として共通教科書は成功していることも認めている[3]。

このように、反響は全体として好意的なものが大半であることは疑いえない事実であるが、批判がないわけではない。そのなかには、共通教科書が両国政府の肝煎りで作成されたことから、「国定教科書」への「トロイの木馬」となる危険性を指摘するものや、(ハッピーエンドとしての)ヨーロッパ統合に向けた目的論的歴史理解となるのではないか、という懸念を表明するものもある。前者については、関係者はあくまでも選択肢の一つとして、選択の幅を広げるものであり、上から押しつけるものではないと強調する一方、とくにフランスの教員組合のなかには、これを強く警戒する向きも見られる。後者のヨーロッパ統合との関連については、後ほど改めて触れることにしたい。

こうした批判とは別にここで注目したいのは、ドイツの歴史教育学の立場から寄せられた批判である。その矛先は、共通教科書がそのセールスポイントとして掲げる、他者(他国)の歴史を学び、そして同一の歴史事象に対する異なる解釈・理解の存在を認識すること、つまり複眼的な歴史理解が、この教科書では不十分である、というものであった。ドイツの歴史教育が重視する内省的 (reflektiv) な歴史意識を育む上で、複眼的理解が有効であること自体は認めつつも、共通教科書では、内容を同一にすることにこだわるあまり、相違点の提示が持つ可能性を十分に生かしていないと、彼らは言う。これに対して想定される反論、たとえばドイツとフランスにおける共産主義に対する立場の相違や、アメリカ合衆国に対するスタンスの相違などについて説明をしている「独仏の視点交差」(regards croisés) については、交差というより並列にすぎないとし、生徒の自立的考察を促すために設けられた「研究課題」(pistes de travail) についても、教科書に掲載された資料だけですぐに答えられてしまうものがほとんどであり、その目的には不十分であるという指摘もなされている[4]。

2 共通教科書の現在の使用状況

こうした称賛と批判は、その当否は別にして、一教科書に対するものとしては異例のものであり、それだけ共通教科書の刊行が注目を集めたことをよく示しているといえよう。しかし、出版されたことが話題になったということと、実際それがどれだけ、そしてどのように使われているのか、ということは別の問題として考えなければならない。極言すれば、いくらすぐれた教科書であったとしても、実際にほとんど採用されなければ、それは単なる政治的な象徴に留まってしまうことになりかねない[5]。ここから、第二の点である、共通教科書の実践という側面に入っていくことにしたい。

この実践面を見るにあたり、昨年度から始まった独仏共通歴史教科書に関するプロジェクトの一環として、2008年3月下旬にフランスのリセを訪問し、この教科書を使った授業を実際に見学することにした。またその際、教員と生徒に対してアンケート調査を行い、授業後に教員と面談を行った。訪問したのは、アルザス地方の中心都市ストラスブールのジャン・モネ高校、パリのジョルジュ・ブラサンス高校、そしてシャンパーニュ地方の中心都市ランスのジャン・ジョレス高校の3校である。それぞれ訪問したクラスは、ストラスブールはアビトゥーア・バカロレア（通称アビ・バック：*Abi-Bac*）学級、パリは一般クラス、そしてランスはヨーロッパ学級（*Section européenne*）であった。「平均的」、あるいは「代表的」な学校として選んだ上で訪問したわけではなく、そこで得た我々の視察の成果は決して一般化することはできないが、それぞれ異なるカリキュラムのクラスを訪れることで、共通教科書の使われ方について貴重な観察をすることができた[6]。

まずここで、視察したクラスに含まれる「ヨーロッパ学級」と「アビ・バック学級」について説明しておく必要があるだろう。「ヨーロッパ学級」とは、外国語教育の充実と、ヨーロッパレベルで活躍する人材の養成を目的として、1992年にフランスで導入された制度である。そのカリキュラムは、端的に言え

ば、外国語科目の授業時間を増やすとともに、それ以外の科目を一つ選び外国語によって授業を行うというものである。対象となる言語は英語、ドイツ語、スペイン語、イタリア語などであり、近年ではヨーロッパ言語以外にも、中国語や日本語、アラビア語についても同様のカリキュラムが開設された。多くの場合、非外国語科目には歴史・地理が選択され、週に2時間フランス語以外の言語で授業が行われる。修了すればグラン・ゼコール準備級入学にも有利となるともいわれるこの学級を選択している学生の数は、フランス全体で2007～2008年度には約21万人（うちドイツ語選択者は3万3,000人、英語は13万4,000人——コレージュ学年を含む）を越えており、学級の数も約4,500クラス存在する[7]。

　他方「アビ・バック」とは、文字どおりドイツの大学入学資格であるアビトゥーアと、フランスの同等の資格であるバカロレアを、一つのカリキュラムで同時に取得できる制度のことで、「ヨーロッパ学級」の2年後の1994年に導入された。こちらは、フランスの「ヨーロッパ学級」やドイツの「二言語学級」をドイツ語ないしフランス語によりフォーカスする形で充実させたものであり、フランスの場合、週6時間のドイツ語の授業に加え、ドイツ語による歴史と地理の授業が2時間ずつ提供されている。「アビ・バック」学級を開設しているのは、フランス、ドイツで約50校ずつ、2006年にドイツ、フランス両国でアビ・バックを取得したのは1,000人程度であった。これらの学校の多くは、相手国にパートナー校を持ち、生徒間の交流も活発に行われている[8]。

　このように、歴史の授業が外国語で行われる「ヨーロッパ学級」や「アビ・バック学級」では、共通教科書に対する関心が強いことは容易に理解できることであろう。アルザスの視学官であり、共通教科書作成委員会のメンバーでもあるマルセル・スピセール氏の話によれば、（2003年エリゼ条約40周年時に開かれた）独仏青少年議会（Parlement des jeunes/Jugendparlament）における高校生たちの共通教科書作成の提案も、「アビ・バック学級」の生徒によってなされたとのことであった。彼らにとってみれば、それまで専用の教科書がなく、教員は相手国で発行された教科書を使いながら、独自に資料を収集し、教

材を作成しなければならない状況にあり、共通教科書の実現は単なる理念の問題ではなく、現実の切実な要求でもあったのである。我々が訪問したストラスブールとランスのクラスでも、ドイツ語版が教科書として使用されており、授業はドイツ語で行われていた。授業を行う教員たちは、共通教科書が豊富で新しい資料（とりわけ図版資料）を掲載していることも相俟って、彼らの授業準備の負担をいかに軽減したか、ということを強調していた。

これに対し、パリの一般リセのクラスでは、フランス語版が使用されていた。ただし、教員の話によれば、この小さなリセの学生たちはダンサーや画家など芸術家を志望しており、彼らは必ずしも大学進学を望んでいるわけではないとのことであった。その意味で、教科書の選択について教員個人の希望を通すことが容易であったという。同時に、この教員の指摘によれば、共通教科書には教員向けの指導ガイドブックがないことが、若い教員たちがこの教科書を採用することをためらわせているという。これまで共通教科書の使用体験に関する情報をみても、この教科書をレギュラーな教科書として利用する動きは、少なくとも現時点のフランスにおいては、「アビ・バック学級」や「ヨーロッパ学級」を越えては、それほど広がっていないのが実情と思われる[9]。

むろん共通教科書は「アビ・バック学級」や「ヨーロッパ学級」専用の教科書として作成されたわけではない。「ヨーロッパ市民」のための歴史教科書たらんとする共通教科書の成否は、こうした一部の特別な学級よりも、むしろ「一般の学校」でどれだけ採用されるか、ということにかかっているといえよう。これについては、今結論を出すのはあまりに性急であり、3巻すべてが出揃うまで待つべきであろうと思われる[10]。また、ここで強調しておきたいのは、共通教科書のイニシアティヴを現実的需要にのみ還元するのも誤りである、ということである。むしろ「アビ・バック」という制度そのものが、文化・教育における独仏の交流の定着の流れのなかにあるということに留意すべきであり、こうした教育プログラムの相互承認は、共通教科書の実現の道ならしであったともいっても、あながち過言ではなかろう。

次に授業の方法について述べることにしたい。ドイツの歴史教育学から共通

教科書に対して批判があったことについては、すでに触れたとおりであるが、そこで想起されるのが、ドイツとフランスにおける歴史教育の方法、換言すれば「授業文化」の相違である。共通教科書の著者たちも、刊行時のインタビューにおいて、いざ編集会議を行ってみると、独仏の執筆者チームの間には内容上の争点はほとんどなく、むしろ議論しなければならなかったのは教科書の体裁、そしてその前提となる授業方法にあったことを指摘している[11]。この点については、従来のドイツの教科書とフランスの教科書を開いてみると明らかである[12]。両者を比較してみると、ドイツの教科書はテキストと文章資料中心であるのに対し、フランスの場合はイラストが豊富であり、テキストの割合は相対的に少ないといえる。また、課題についても、ドイツの方が、より踏み込んだ問いかけをしているのに対し、フランスは、史実の正確な再構成と分析に重きを置いている。このことは、両国における授業方法の相違を反映しているといえよう。一般にフランスの歴史教育は教員による知識伝達に重点があり、授業形態も講義形式の一斉授業が中心であるのに対し、ドイツの場合、教員はむしろ媒介者としての役割であり、グループ作業などを通して生徒には主体的な活動と判断を求めることが重視されている[13]。

　こうした独仏の歴史教育における相違に対し、独仏共通歴史教科書は大枠としてフランスの教科書の体裁をとっている。アンケートにおいて生徒たちの多くも、フランスの従来の教科書と似ており、違和感はないと答えている。また「アビ・バック学級」のある生徒は、これまでテキストだらけのドイツの歴史教科書を使っていたので、図版の多い共通教科書は使いやすい、と書いている。ただし、ドイツの授業方法に対する一定の配慮として、各項目に設定されている研究課題において、主体的な判断を求める設問が置かれている。たとえば、第二次世界大戦の記憶に関する研究課題には、日本の村山談話を資料として、日本の過去との取り組みをまとめる問題とともに、「あなたの意見では、敗戦国の国民が連合国の勝利を記念する祭典に参加することは許されると思いますか」という、まさに生徒に主体的判断を求める問題も挙げられている[14]。

　この点について、我々が視察したクラスでは、教員が用語の意味や具体的

事例について発問はしても、基本的には教員から生徒に対して知識を伝達するという、「伝統的」なフランスの授業が行われていた。しかし、ランスの教員はアンケートのなかで、第二次世界大戦の終戦時のドイツ軍兵士になったつもりで家族に送る手紙を書いてみようというロールプレイ型の研究課題が、従来のフランスの教材と比べてきわめてオリジナルかつ有益であると記している。また生徒のなかにも「質問が興味深い」、「考えさせる内容である」などのコメントがあり、ドイツ式の授業が部分的にではあれ、取り入れられていることを示唆している。さらに別の報告においても、同様の試みについて述べられており[15]、教育方法における独仏間のトランスファーがこの教科書を通して少しずつ進められていることが推測される。

　他にも、アンケートに対する生徒のコメントに繰り返し見られるものとして、「ボキャブラリーがやや難しい」というものもある。これは他言語で歴史を学ばなければならないという「アビ・バック学級」や「ヨーロッパ学級」のカリキュラムによるものであると考えられる。しかし全体としては、積極的に評価する声が大半を占めている。たとえばストラスブールの教員は、共通教科書は「アプローチが斬新であり」、一般のリセで普及するために「残された問題は、（採用の決定権を持つ）教員たち全員を説得することである」と語っている。

3　ヨーロッパ共通教科書への第一歩？

　独仏共通歴史教科書の序文には、この教科書は将来のヨーロッパ歴史教科書の土台となりうるものであると謳われている[16]。このことから、我われは、生徒たちに対するアンケートの最後に、「あなたは将来、ヨーロッパ共通歴史教科書が作られることを望みますか」という質問を投げかけてみた。これに対する反応は、数の面からみれば賛成意見が多数派を占めている。あるストラスブールの生徒は、「一つの国や一つだけの物の見方に集中することなく、よりグローバルな形で歴史を理解することはよいことだと思う」と述べ、またランスの生徒は、「自分がヨーロッパ人であると感じないのは、ヨーロッパの歴史

を知らないからだ」と積極的な意見を述べている。ただし、賛成する生徒のなかには、良い考えだが、実現は困難であろう、という意見も少なくない。また、反対意見としては、「ヨーロッパとはいっても、遠くにある、あるいは小さな国の歴史は、フランス人である私たちにとってそれほど重要なものとは思えない」(ランス)、「共通教科書はヨーロッパの個々の加盟国の歴史を消去したり、忘却させてしまう危険がある」(パリ)などの意見が出されている。地域的にみれば、ストラスブールの生徒の間で賛成意見が最も多いということは、その地理的、歴史的背景と、将来国境を越えたキャリアを目指す生徒の多い「アビ・バック学級」であることからも、容易に想定できることであろう。

「ヨーロッパの歴史」が具体的にどのようにイメージされているのか、そこまでこのアンケートで把握することはできなかったが、実はすでに2007年初め、EUの教育相会議の場でドイツ連邦教育相のアネッテ・シャーヴァンが、この教科書をモデルとしたヨーロッパ共通歴史教科書作成を提起している。この提案に対しては、ポーランドなどが強く反対し、またイギリスでも、独仏共通教科書自体「EUエリートの洗脳教科書」であるという非難が浴びせられた。こうしたヨーロッパ統合における独仏の突出に対する警戒心の一方で、ヨーロッパ共通の歴史とは何か、という本質的な議論も行われているが、そのなかで注目すべきことは、国際教科書対話の中心的な役割を果たしてきたドイツのゲオルク・エッカート研究所の現在の所長であり、昨年のシンポジウムでも講演を行ったジモーネ・レシッヒ氏の発言である。彼女は、歴史にアイデンティティの正当性を求めるあらゆる試みは排除の危険性を含んでいると指摘し、ヨーロッパ共通の歴史教科書については、冷戦後に国民国家が(再び)形成されることになった東ヨーロッパに対する慎重な姿勢を示している。

4　日本、東アジアへの射程

最後に、独仏共通歴史教科書が日本を含めた東アジアにとって持ちうる意味について、手短に述べておきたい。すでに述べたとおり、独仏共通教科書の刊

行に際して、両国の多くの報道記事が、歴史教科書が外交問題と化している東アジアと対比して、その意義を強調している。先週ベルリンで行われた第 2 巻の記者発表を論評した『フランクフルター・アルゲマイネ』の記事も、日本と韓国で間もなく第 3 巻の翻訳が出版されることに言及し、この教科書が両国にもモデルとなるはずだ、と述べている[17]。ただし実際には、日本と韓国、中国の間には、すでにさまざまなレベル（民間、政府間）で歴史をめぐる対話が進められ、副教材としてはすでに数種類のものが出版されていることは、ヨーロッパではあまり認識されていない[18]。しかし、それにもかかわらず、歴史認識の相違が依然としてナショナリズムの燃料となっている現状は、日韓関係史の専門家であり、教科書問題にも詳しいリオネル・バビッチ氏も指摘するように、東アジアでの対話はまだ1930年代の独仏の教科書対話のレベルに留まっているといえるかもしれない[19]。

ただし、独仏共通教科書がリセとギムナジウム上級課程用の教科書として執筆されていることから、「世界史」と「自国史」に分割されている日本の高校における歴史教育も考慮すべきであると思われる。独仏共通歴史教科書はその仕様書（*Cahier des charges*）において、「世界史について最も重要なテーマを取り込みつつ、ヨーロッパ史を優先的に扱う」と規定されている[20]。これをモデルにするということは、一つに統合された歴史科目において「東アジア史」を重点的に扱うことを意味することになる。これが現行の歴史教育に対して、はたして視野の拡大となるのか、それとも縮小を意味するのか、議論の余地があるところであろう。と同時に、この「東アジア」を歴史的概念としてどのように定義するのかという問題にも直面することになる。ヨーロッパのように明確な制度的な枠組みがない東アジアにおいて、日本・韓国・中国の国家間関係を超えた空間概念としての「東アジア」をどのように構築するのかが問われることになるであろう。

また、昨年のシンポジウムでは、東アジア、とりわけ植民地支配の歴史を抱えた日本と韓国の関係は、ドイツとフランスの関係と比較することは難しいという指摘もあった。この点、より親ドイツ的な政権に交代した後のポーランド

第9章　国境を越える教科書　175

とドイツの間で共通教科書作成の準備が現在行われていることは、二国間関係の類似性という点で注目に値することといえよう。しかし、このドイツ・ポーランドの試みは、いうまでもなくドイツとフランスの先例をふまえて、あるいは刺激を受けてのものであり、さらにいえば、国際教科書対話や青少年交流の歴史についても、同じことがいえよう[21]。

　日本と韓国、あるいは中国との正規の共通教科書作成が制度的にも、また政治的にも当面実現不可能な現状において、必要なことはむしろ、独仏共通歴史教科書をより広い文脈のなかに位置づけて考えることではなかろうか。中等教育における互換的カリキュラム制度の整備によるパートナーシップの強化についてはすでに見たとおりである。また両国の青少年交流の推進や、共同テレビ局（arte）など、二国間の文化交流機関についても、共通の歴史認識の土壌を形成する前提として考えることはできないであろうか[22]。

　しかしこのことは、独仏共通歴史教科書が提示するモデルが、東アジアにとって意味を持つのはまだずっと先のことであり、当面は関係ない、ということを意味するものではない。この教科書が掲げる複眼的な歴史理解の有用性は、副教材の充実によって個々の授業のなかでも応用可能であり、また国民国家を超える共同体にとって歴史教育が持つ意味という点でも、その可能性と限界を併せて、貴重な参照事例を提供するものといえる。ただし、その際忘れてはならないのは、複眼的な歴史理解が、自国の視点の相対化とともに相互理解の促進へとつながるためには、一定の基本的価値観の共有が前提となるということである。そうでなければ、複眼的歴史理解という心地よい響きを持つ言葉は、結局のところ単なる両論併記とかわらないことになってしまうであろう[23]。もちろんそれは一朝一夕にできるものではない。むしろ重要なのは対話自体の積み重ねであり、このことはまさにドイツ・フランス（そしてドイツ・ポーランド）間の教科書対話の長い歴史が教えてくれるものでもある。

　独仏共通歴史教科書は、ようやく第2巻が刊行に漕ぎ着けた段階であり、未だ完結していないプロジェクトである。今回の私の実践面に関する報告も、きわめて断片的なものにすぎない。しかし、リアルタイムで進行しているだけに、

これからも注意深く観察し、考察していく必要があろう。

注
1) モネ氏の論文以外にも、剣持久木・西山暁義「歴史認識共有の実験——仏独共通教科書の射程——」『歴史学研究』840号、2008年、38〜45頁を参照。
2) "Le manuel d'histoire, nouveau symbole franco-allemand. Un ouvrage commun proposé aux élèves de terminale des deux pays", in: *Libération*, 4. 5. 2006. 近年の独仏の相互関心の変化については、以下の研究を参照。Claire Demesmay, *Derrière le discours de l'amitié franco-allemande, quelle réalité?* Paris 2004.（Visions franco-allemandes, No. 1）.
3) Dokumente 62/5（2006）, Dossier: Gemeinsames Geschichtsbuch, pp. 53-102. また、さらにコンパクトな概観として参照。Corine Defrance/Ulrich Pfeil, *Le manuel franco-allemand d'histoire. L'aboutissement d'un long travail de coopération entre historiens français et allemands*, Paris 2006（Visions franco-allemandes No. 11）. コリーヌ・ドゥフランス氏によれば、第2巻の内容に関する書評は、2008年末頃にゲオルク・エッカート国際教科書研究所のインターネットサイトにおいて英独仏の3カ国語で公開されるとのことである。
4) Bärbel Kuhn, "Deutschland und Frankreich in Europa und der Welt. Anmerkungen zum gemeinsamen deutschen und französischen Geschichtsbuch", in: *Geschichte lernen* 116（2007）, S. 61-2; Joachim Rohlfes, "Doppelte Perspektiven. Ein deutsch-französisches Geschichtsbuch", in: *Geschichte in Wissenschaft und Unterricht* 58（2007）, pp. 53-57.
5) しかし同時に、一国史の視点を越えた教科書記述が他の教科書においても——それぞれの形で——広がっていけば、この教科書自体の採用がそれほど広まらなかったとしても、その目的は達成されたと見なすこともできよう。
6) シンポジウムでの報告後の2008年9月には、ドイツの六つのギムナジウム（ベルリン、ボン、ザールラント）において独仏共通教科書第2巻を用いた歴史授業を視察し、教員・生徒にアンケート調査やインタビューを行った。しかし時間的制約から、今回の論考にその成果を含めることができなかった。独仏両国での現地調査全体の分析については、別の機会を待ちたい。
7) 数字はヨーロッパ学級関連サイト Emilangues. Le site d'accompagnement pour les sections européens ou de langues orientales に公表されている統計による。http://www.emilangues.education.fr/CMS/Site/Template/M1/M1.aspx?SELECTID=555&ID=63（アクセス：2008年4月10日）。

8）　ドイツについては教育が州毎の管轄であることもあり、「アビ・バック」取得者の正確な数字は示されていないが、フランスについては454人（合格率95%以上）との統計が示されている。http://eduscol.education.fr/D0201/description_abibac.htm（アクセス：2008年4月10日）さらにドイツにおける独仏語の「バイリンガル学級」や、「アビ・バック」の成立過程と実情については、さしあたり以下の諸論文を参照。Nando Mäsch, "Historische Entwicklung des bilingualen Lehrens und Lernens: Bilingualer deutsch-französischer Bildungsgang an Gymnasien", in: Olivier Mentz et al.（eds.）, *Bilingualer Unterricht in der Zielsprache Französisch. Entwicklung und Perspektiven*, Tübingen 2007, pp. 23-40; Joachim Mohr, "Deutsch-französische Förderprogramme als Motor für bilingualen Sachfachunterricht", in: *op. cit.*, pp. 155-169; Gil Charmeil, "Das Abi-Bac als Ergänzung des Bilingualen Bildungsgangs: Anmerkungen eines französischen Abi-Bac-Prüfers", in: *op. cit.*, pp. 203-209.

9）　ただしその一方で、共通教科書が不定期な教科書、あるいは有用な資料集として活用されている事例は少なくないようである。実際ベルリンで視察した学校のなかには、特定のテーマに限定して教科書として使用している学校もあり（これは日本と異なり、高校教科書が学校から貸与されるという制度ゆえに可能でもあるのだが）、またヘッセン州のある教員の話によれば、「採石場 Steinbruch」的な形で資料が活用されているという。他言語による歴史授業が生徒に歴史認識に与える影響については、さしあたりドイツにおける独仏両語の事例に関する以下の研究を参照。Franziska Clemen/Michael Sauer, "Förderung von Perspektivendifferenzierung und Perspektivenübernahme? Bilingualer Geschichtsunterricht und historisches Lernen-eine empirische Studie", in: *Geschichte in Wissenschaft und Unterricht* 58（2007）, pp. 708-723.

10）　指導委員会のドイツ側のメンバーのひとりであるロルフ・ヴィッテンブローク氏（ザールブリュッケン独仏ギムナジウム前校長、現在ザールラント大学）によれば、3巻の刊行の順序が低学年から高学年ではなく、高学年から低学年となったのは、（まず第3巻で独仏関係の対立から友好への変化、ヨーロッパ統合の進展を示すという）政治の側の決定であり、この学習の進行とは逆の順序は、現状での共通教科書の採用を困難なものにしているという。

11）　たとえば、ドイツ側の執筆者代表であるペーター・ガイス氏の以下の論文を参照。Peter Geiss, "Multiperspektivität und Komplementarität. Das deutsch-französische Geschichtsbuch als Herausforderung für Autoren und Herausgeber", in: *Dokumente* 62/5（2006）, pp. 97-102.

12) シンポジウムの報告では、実際にドイツとフランスの歴史教科書のサンプルをスライドで映写した。
13) シンポジウムの報告では、2006年10月共通教科書の使用開始に合わせ独仏共同テレビ（arte）において放映されたドキュメンタリー番組「二つの国民、一つの歴史」（Zwei Nationen, eine Geschichte/Chacun son histoire）から、独仏それぞれの授業風景の場面を映写した。付言すれば、この一見矛盾するタイトル（フランス語は「それぞれが自分の歴史を」）は、共通教科書が方針として掲げる、共通性と多様性の両立を示唆しているようで興味深い。
14) Histoire/Geschichte, Bd. 3, p. 33. 第二次世界大戦、ホロコーストへの記憶そのものが第3巻の冒頭において扱われていることについては、剣持・西山前掲論文参照。さらに歴史教育における「記憶」の主題化については、以下の論文においても言及した。Akiyoshi Nishiyama, "Das gemeinsame Deutsch-Französische Geschichtsbuch aus japanischer Sicht", in: Revue d'Allemague et des pays de langue allemande 41 (2009), pp. 105-123, 特に pp. 113-115.
15) Raphaël Gitton, "Le manuel franco-allemand à l'épreuve de la classe", in: Histoire@Politique, No. 2. (septembre-octobre 2007), http://www.histoire-politique.fr/index.php?numero=02&rub=autres-articles&item=16（アクセス：2008年3月12日）.
16) Histoire/Geschichte, Bd. 3, p. 7.
17) "Historische Verständigung", in: Frankfurter Allgemeine Zeitung, 10. 4. 2008.
18) 管見の限り、ヨーロッパで出版されている文献としてこれについて取り上げているものとしては、以下のフランス人研究者によるものである。Lionel Babicz, "Japon, Chine, Corée: vers une conscience historique commune?", in: Ebisu 37 (2007), pp. 19-46; Alain Delissen, "La nouvelle bataille des Falaises rouges? A propos du manuel commun 'Chine-Corée-Japon'", in: Vingtième Siècle 94/2 (2007), pp. 57-71.
19) Babicz, "Japon, Chine, Corée", p. 46.
20) Manuel d'histoire franco-allemand. Manuel d'histoire pour les classes de seconde, de première et terminale. Cahier des charges, 2006, p. 6.
21) 教科書対話については、近藤孝弘『ドイツ現代史と国際教科書改善——ポスト国民国家の歴史意識』名古屋大学出版会、1992年を参照。青少年交流に関していえば、1963年の独仏青少年事務所の設立の28年後の1991年、これをモデルとしたドイツ・ポーランド青少年事務所 Deutsch-Polnisches Jugendwerk が設立された（活動の開始は1993年から）。

22) 本書掲載のハンス・マンフレート・ボック氏の論考、さらに包括的なものとして、Hans Manfred Bock et al., *Les jeunes dans les relations transnationales: L'Office franco-allemand pour la Jeunesse 1963-2008*, Paris 2008. を参照。arte については、同局の元番組編集責任者であるハンス・アイゼンハウアー氏の来日インタビュー記事を参照。「歴史問題とメディア――独仏合同テレビ ARTE 幹部アイゼンハウアー氏に聞く――」『朝日新聞』（2008年4月21日朝刊）、「戦後史におけるメディアの役割とは――独仏共同テレビ局 ARTE 元番組責任者アイゼンハウアー氏に聞く――」『毎日新聞』（2008年4月30日朝刊）。メディア研究としては、Liane Rothenberger, Von elitär zu populär? Die Programmentwicklung im dentsch-französischen Kulturkanal arte, Konstanz 2008. さらに独仏両国の市民の日常生活から国家元首の儀礼にいたる多様な慣習の相違や相互のステレオタイプを（しばしば戯画的に）描いた同局の番組 Carambolage/Karambolage（2004年）について、Kathrin Uhde, *KARAMBOLAGE oder die deutsch-französischen Eigenarten mit fremden Augen sehen. Eine interkulturelle Fernsehanalyse*, Berlin 2006. を参照（番組自体も DVD、書籍で入手可能である）。

23) このことは地域情勢の緊張の程度によっては、両論併記自体が一つの前進となることを決して否定するものではない。たとえばイスラエル・パレスチナにおける PRIME（Peace Research Institute for Middle East）の左右対称の歴史教材の試みなどはその一例である。教材とは体裁の違いがあるが、テキスト自体は『他者の歴史』というタイトルでフランス語でも公刊されている。*Histoire de l'autre*, Paris 2004. またバルカン半島での事例については、柴宜弘（編）『バルカン史と歴史教育――「地域史」とアイデンティティの再構築――』明石書店、2008年が詳しい。

第10章　仏独文化関係の新段階のなかでの仏独歴史教科書

ピエール・モネ
剣持 久木訳

はじめに

　今回のシンポジウムのなかで、本報告が属するセクションのタイトルには「仏独和解」という表現が含まれている。この言葉については、その意味論的そして概念的成り立ちを振り返る価値があるが、おそらく簡単な展望から始めることが適当であろう。実際、フランソワ・モーリヤックのものとされる次の言葉はよく知られている。「わたしはドイツがあまりに好きなので、それが二つあることを望んでいる」。おそらく、この言葉はそのまま発言されたものではないとしても、この言葉が1945年以後のフランスにおける指導者たちや世論の大半が広く共有していた見解を反映したものであることには変わりはない。このような不信感を支えたのは、19世紀から20世紀にかけての戦争が開いた傷口ばかりではなく、戦後のフランス人がドイツに対して向けた眼差しでもある。それは、政治的には敗者であったものの経済的には勝者となった、再建された西ドイツの経済的パフォーマンスに対する賞賛と羨望の間を揺れ動いた眼差しである[1]。とりわけ、1963年のドゴール将軍とアデナウアー首相によるエリゼ条約の締結以来押し進められてきた和解と協力の政策によって和らげられてきたものの、ヨーロッパ大陸でのドイツの覇権を恐れる気持ちは、1990年のドイツ再統一の際に蘇っている。つまり8,000万人の人口と強いマルクを持ち、そ

の年にサッカーのワールドカップを手にした国が誕生したのである。これに関しては当時フランスのメディアには、「ビスマルクの復活」、「ドイツの欲望」といったタイトルが踊り、1990年9月29日のフィガロ・マガジンはドイツ語で「注意（アハトゥング）！」と叫んだほどであった[2]。

　仏独関係が定期的に誤解や戦略的相違の時期を過ごすことはやむをえないとしても、今日では、モーリヤックの判断、メディアの騒々しい警告それに政界の疑問はいずれも過去のものとなったように見えるのはどうしてだろうか。その答えはおそらく二重の変化のなかにある。一方で、連邦共和国が旧東ドイツを、犠牲や困難を乗り越えて統合して以来、ドイツが経験した変化。それは「ドイツモデル」の永続性が今では疑われるほどの変化であった。他方で、それに平行して、より複雑で不確かな世界のなかで、フランスのドイツ観にもたらされた変化がある。つまり、それはもはや1990年とは異なり、世界のグローバル化が両国を同じ問題に直面させ、両国は12カ国のときよりも困難な27カ国のヨーロッパ統合の只中に置かれている[3]。三番目の理由は、時間の経過のなかにある。2008年には、自分たちの国の分断を知らない世代がドイツの大学に入学するようになり、1945年から三世代を経て、ナチズムの記憶をめぐる絶え間ない努力が、アウシュビッツがもたらした文明の断絶を徹頭徹尾認めることを可能にするにいたったことである[4]。

1　1990年——ドイツ、仏独そしてヨーロッパにとっての意味

　これらの現状についての考察はまた長期的な歴史的次元にも基づいている。それを抜きにしては1990年という年の射程を理解するのは困難であるし、したがって、共通歴史教科書誕生に不可欠であった、フランスとドイツの間の文化的歴史的対話の新しい形態を理解することは難しい。このことは、歴史書の教育的企てが、社会的、論証的そして記憶上構築されたものの外には存在しない事実に基づくからというよりも、対象となっている認識、解釈それに想像に基づいているからであるということが本当であるだけに、いっそう言えることで

ある。この観点から、仏独教科書は、交差する認識と他者の歴史の比較に基づいて構築された歴史であることが明確であり、1990年から生まれたドイツとヨーロッパの新情勢を確認している[5]。実際、ドイツの歴史上はじめて戦争も体制変換もともなわずに革命が行われたのである。ドイツの統一はヨーロッパの隣国との戦争ではなく協調によって実現した。ドイツ国家とドイツ国民が初めて一致することになったのもまた、諸国民の平和的共存と差異を話し合って解決するという原則に基づいて建設されたヨーロッパ連合のなかに描かれた境界線のなかにおいてであった。意識の上でも事実の上でも、そして1918年やあるいは1945年と1989年の間に存在していたものとも異なる、現在のドイツ連邦共和国以外の、政治的領土的選択肢は存在しない[6]。おそらく、そのことが、ここ数年来の、ドイツの過去の一部のより穏やかな形での復活と、それにともなう、国歌から国旗そして首都にいたるまでの、国民的象徴への回帰を正常なものにしている(あるいは、いずれにせよフランスや他の国に比べても特段疑わしくはないものにしている)。もちろん、ドイツの特性が相変わらず、復活した国民的象徴と、歴史や言語や州のアイデンティティに由来する地域的象徴との共存のなかにあり続けてはいるが。そしてこれまた歴史上初めて、自由と統一がドイツで両立したのである。二つのドイツの再統一は、ヨーロッパ統合のまさに土台として宣言されている、議会制、代表民主制そして人権という西欧モデルのなかにしっかり碇をおろすことで達成されたのである[7]。

だからこそ、歴史家ハインリヒ=アウグスト・ヴィンクラー(1938年生まれで、ベルリンはフンボルト大学の名誉教授)が1990年に完成させたドイツ近現代史の大著(フランス語訳は2005年、日本語版は2008年——訳者注)のタイトルは、「西欧への長い道のり」であった。1945年の、次いで1989年における、中世神聖ローマ帝国のなかまで根をはっていた、帝国1000年の呪縛から解放されたことが、ドイツ史「特有の道(ゾンダーヴェーク)」から脱出し、常態に戻るということではなく、ヨーロッパの国々の大半が互いに認め合う共同体に合流することを可能にしたのである[8]。

2 変化の力学と変化の相互認識

　構造的そして状況的な理由からそれ以前には決して日の目をみることがなかったであろう、仏独そしてヨーロッパのさまざまな共同計画の出現を可能にした状況を、ときには少々はっきりと大雑把に思い起こすことは重要であった。おそらく、ドイツのファンダメンタルズの大きな安定（同様の憲法、同様の制度、地域アイデンティティの活力を生み出す同様の連邦主義、同様の経済構造、通貨についての同様のコンセンサス、そしてヨーロッパ計画についての同様の執着）のなかでこのような変化が達成されたという観察と相俟った、1990年に始まった状況に固有の特徴もまた、ドイツについてのフランス人の認識を変化させることに貢献した[9]。この変化は、周知のように、ゆっくりしたものではあったが、バルカン諸国の問題、共通農業政策、世界貿易の自由化、国連の安全保障理事会での席の配分などへのアプローチの相違はあったものの、「仏独エンジン」に基づいた一定の数の作業が深化することを妨げはしなかった[10]。1991年における仏独テレビ局アルテの創設、1992年のマーストリヒト条約、1993年のヨーロッパ連合の創設、1995年のシェンゲン協定発効（域内境界の廃止）、1992年における単一通貨構想の発進と共通外交安全保障政策（PESEC）の作成、それに欧州合同軍（Eurocorps）の創設等が挙げられるだろう。とりわけ、ドイツについてのフランス人の思考の変化は、ドイツにおける変化そのものと無関係ではない。まず第一に再統一にともなった動きは世論の多様性を尊重するなかで行われている（一つの兆候：ベルリンが首都になったのは、1991年の連邦議会での投票で、371票対320票でのことにすぎない）。次に、再統一の実現とそれにともなう出費は、ドイツの社会階層と政界を、各政党や労働組合のなかにいたるまで、分裂させ、そのことは、1998年に起きた政変と無関係ではない。つまり社民党と緑の党の連立政権のトップとしてゲルハルト・シュレーダーが、1982年以来の宰相ヘルムート・コールにとって代わったのである。この変化は、フランスとドイツを、それぞれの選択と問いかけのなかで、

接近させようという一定の数の方向転換をしるすことになる。社会保障モデルの改革、世界的競争への経済の適応、外国人や移民の統合（ドイツでは2000年に出生地主義が導入された）、イラク戦争に先立つ2002年、2003年の重要な転機に、ドイツが初めてアメリカに対して距離をとったことなどである。ヴェルダンで手と手を取りあったミッテランとコールに次いで、ノルマンディ上陸の海岸で肩を並べたシラクとシュレーダー、彼らは前任者たちの仏独ペア（ドゴール／アデナウアー、ジスカール／シュミット）を象徴的に再演したのである。これらの変化は、仏独関係の正常化の一つの形態を表しているが、それは、1960年代から1980年代には依然必要であった排他的な共通感情にはそれほど頼らなくなっている。そして、協調や共通の利害分野での可能な深化の領域についての合理的な検討の方により注意を払っている。2003年のエリゼ条約40周年の際の総括が、このことをよく示している。両国の議会は、はじめてヴェルサイユで象徴的に合同開催されている。ヴェルサイユは、1871年1月の鏡の間でのドイツ第二帝国の宣言や、1919年6月のヴェルサイユ条約の調印を思い起こせば、仏独関係の歴史を背負った場所である。仏独の共同閣議の定期開催が決定された、この同じ年に、仏独教科書の原則が採用されたのである。この企画は、フランスとドイツの高校のクラスで全く同一内容の教科書を提供し、相互の歴史を交差させるという視点を提案するという点で、全く初めての試みであった。この企画は、2006年には1945年から現代までの時期をカバーする第1巻の刊行に結実し、さらに1815年から1945年までの時期、つまり他ならぬナポレオンとヒトラーの時期を扱う第2巻は、2008年4月に刊行されたばかりである[11]。これらの2冊に続いて、2009年にはシリーズの最後の巻が、フランスの第2学年、ドイツの第10学年（高校1年生）向けに刊行されるが、それは古代から18世紀の諸革命の時期までカバーすることになっている。

　このようなプロジェクトは、長期的には、仏独関係を否応なく育んできた、さまざまな土台、記憶、期待、そして（無）理解を総括するにまさに相応しいものである[12]。たとえば、アメリカに対する両国の姿勢の比較などは、教科書執筆を任された歴史家たちの間での激しい議論の対象になったし、第一次世界

大戦に巻き込まれた市民の評価もまた、有意義な議論の素材を提供したし、第二次世界大戦での正確な犠牲者数やその分類（レジスタンス参加者、強制収容所移送者、市民、戦争捕虜、病人、ジプシー、ユダヤ人）[13]も然りである。これらの三つは、ほんの一部ではあるが、歴史学が今後も研究すべきテーマである。この教科書のイメージそのままに、比較と交差の思考を刺激する、記憶についての本格的な共時的研究も登場している。1984年から1992年にかけてフランスで出版された『記憶の場』[14]に共鳴した、『ドイツ人の記憶の場』[15]が2001年に出版され、2007年にはフランス語にも翻訳されている[16]。さらに同じ年には、フランスで『ゲルマン世界事典』が出版されている[17]。最後に、これまた文化と教育の分野であるが、仏独関係の深化のなかで最も先を行き、そして相互認識を修正するのに最も相応しい分野であるが、1999年に創設された新しい共通組織、仏独大学がある[18]。これは、両国の大学やグランド・ゼコールを再編したネットワークのなかで、すべての学問分野で、共同の教育と学位のプログラムを構築する任務を担っている。

3　二つの国のための一つの歴史教科書

　すでに見たように、両国の歴史家の間での教育の中身と方法とを接近、交差させるという大胆な教育的企ては、それだけで生まれたわけではない。それはより長期的な政治的、社会的そして文化的な経過のなかで、そしてさらに長期的な異文化間の歴史的対話のなかに組み込まれているのである。この意味において、フランスとドイツにおける共通歴史教科書は、出発点というよりは、同時に到達点であり通過点でもある[19]。それは、両国の間の交流と移動の伝統に支えられており、それらは神話や歴史的伝統の自己批判的解体作業を、両国が自ら実行して初めて意味を持つからである[20]。

　共通教科書の精神は、数十年を隔てて、オスロ国際歴史学会議でのマルク・ブロック（1886〜1944）が「ヨーロッパの諸社会の比較史」を唱えた演説の際に発した感動的な呼びかけに呼応している。「相互理解をせずに自国の歴史ば

第10章　仏独文化関係の新段階のなかでの仏独歴史教科書　187

かり語るのをやめにしよう」[21]。この、筋金入りのヨーロッパ人で、諸国民、王国、帝国の多様性のなかの文化的共同体としての中世を考察する歴史家は、そのために一つの方法を提案した。歴史叙述、用語それに質問項目を比較して調和させることである。マルク・ブロックにはわかっていた。彼がそこで掲げたのは必然的な願望ではあったものの少々ユートピア的であるということを。両大戦間期のヨーロッパは、仏独さらにはヨーロッパ諸国に広がっていた緊張、無理解そして憎悪が刻印していたし、まさに彼自身がその犠牲になってしまうことになる。この教科書はそれゆえ、仏独関係、そしてそれを越えてヨーロッパさらには世界にとって、無関心や自閉症に対抗する、そして歴史の有毒な廃棄物やそれらの道具化に対抗する、まさに武器である。実際のところ、この教科書は、マルク・ブロックの精神に忠実に、（それだけではほとんど意味がない）出来事それ自体の比較ではなく、解釈それに意味についての対比観察によって、他者の歴史を知りそして理解することを企図している。フランスとドイツの間でこの企画が達成されたのは、おそらく、両国が数世紀以来対立関係においても相互補完関係においても互いに反応し、両国の歴史と歴史叙述とが、この比較の実験におそらく（他の二国間に比べ）よりよく適応していたということでもある。この観点から指摘しておきたいのは、第一世界大戦直後にフランスとドイツの歴史家の対話が始まり、1935年にまとめられた勧告書に結実したということである。死文化したものの、この試みは、1945年以後に実現する作業、つまり、フランス側は歴史と地理の教員の組織が、ドイツ側はゲオルク・エッカート国際教科書研究所が担うことになる作業の基礎を作ることに役立ったのである[22]。

　仏独両国そしてヨーロッパ全体のために語る、長く複雑な歴史の賜物である、ライン川の両岸の中等教育の3学年を対象とした、この美しく困難な共通歴史教科書の計画の起原は、エリゼ条約（1963年）40周年の機会に開催された両国首脳会談の関連行事として、2003年1月23日にベルリンで開かれた仏独青少年議会が発した願いである[23]。両国政府に提案された、この仏独両国の高校生向けの歴史教科書のアイデアは、2003年10月27日と28日のポワティエでの首脳会

談で承認されている。歴史家や省庁代表者たちで構成された、仏独学術委員会が編成され、次いで2005年春には学術上そして編集上の仕様書の形で報告書を作成した[24]。続いて、教科書各巻の執筆と編集が、ナタン社とクレット・コッタ社の仏独出版社ペアに任されることになった。この出版社ペアは、所定の資格審査手続きで選定され、リセ第2学年（高校1年）からバカロレア試験までの3学年それぞれのための3冊のシリーズを完成させる義務を負うことになった。第1巻は、2006年春に出たが、両国の指導要領が第二次世界大戦以後（1945年から現代まで）をカバーしている、最終学年（高校3年）向けである。実際、生徒にとっても教員にとっても教育上の一大事であること、そして歴史家の期待も一般大衆関心も引きつけていることなどを鑑みて、両国において最も新しい時期を扱う部分から刊行を開始することは望ましいことであるように見えた。フランスの第1学年（ドイツ側の11学年に相当、日本の高校2年生）向けの巻は、19世紀の初めから第二次世界大戦の時期までカバーし、2008年の春から出回っている。最後に、フランスの第2学年（ドイツの第10学年に相当）向けの、古代から18世紀の諸革命までの長期間をカバーする巻が、2009年に刊行する予定である。一見すると、時代順の最後から、つまり現代から始まっているのは、理屈に合わないように見えるかもしれない。しかしながら、このように時間を遡ることは、我われの大陸での長期（ロング・デュレ）の重みをよりよく表し、感じさせ、そしてフランスとドイツの間で際立って数世紀にわたって、違いに比べはるかに勝っていた共通点を明らかにするというメリットを示している。その上、この年代区分が示すように、これらの3冊によって、フランスとドイツにおける中等教育、とりわけバカロレアの歴史の指導要領に含まれるテーマをしっかり扱うことができる。最後に、ライン川の向こう岸の地域主義と連邦主義についての議論に関わるきわめて重要な挑戦であるが、はじめて、ドイツ連邦共和国の16の州で同時に認可された教科書ということである。これは、ラテン語や数学のような、「普遍的」言語で、より広い認可が容易におもえる教科においても未だ実現していない扱いなのである。これがまさに、歴史という、文章の形で表現され、さまざまな解釈にさらされる過去についての知識の学問

であるがゆえに、それが17の指導要領（フランスのプログラムとドイツの16の各地方のプログラム）の調整という初めての挑戦に応じたということは、熟慮に値することである。

4 　共通歴史教科書を作る

　これらの教科書全3冊は、内容においても形式においても三重の協力作業の結実であることを目指していた。学術委員会においてフランス側とドイツ側の間に確立された協力作業。二つの出版社ならびにそれそれの執筆陣の間の協力作業。さらには、委員会と出版社の間に築かれた協力関係があった。かくして、フランス語版とドイツ語版の2冊は厳密に同じ内容になっている。というのも、両方とも最初に錬られた同じコンセプトに従い、同じ資料（なかには意図的に両言語のままにしてあるものある。1919年のヴェルサイユ条約231条はその一例だが、それは、ドイツの皇帝［カイザー］や政府や国家や軍隊それぞれにではなく、ドイツ全体に戦争責任を負わせているが、これはドイツ史のなかでは、その道徳的、宗教的付加が容易に受け入れがたい「罪」［Schuld］という言葉を際立てるためである）を掲載し、同じ体裁で、同じ地図、写真、図像さらにはキーワードについての同じ2カ国語索引を載せているからである。しかし、二つのバージョンは、執筆者が担当したテキストには、両国の学校文化固有の教育学的伝統を考慮に入れて異なる場合もある。同様に、二つのバージョンは、一つの事実についての両国で使用する概念の違いについても注意を喚起している。かくして、フランス人が1945年以後のヨーロッパ「建設」について語るときに、ドイツ人はより一般的に、「統合」や「統一」という言葉を使用する。フランス人がライシテ（世俗性）について語るとき、ドイツ人は、還俗という言葉を意図的に用いるが、これはドイツにおける信仰の多様性（プロテスタントとカトリック）が長い歴史のなかで発展して来たことと、フランスが1905年の政教分離法で実現しえたような教会と国家の間の急激で過激な調整を経験していないという、より近い過去とに由来している。一方の言語から他方の言語

への翻訳の困難さもまた、避けるのではなくむしろ、歴史研究や歴史叙述の必要で不可分のものとして認めて引き受けている。たとえばフランス語では、「記憶」には、想い出や記憶、先祖代々の歴史から記憶の道具化や利用までも含むきわめて広い概念がともなう。その上、概念の過剰使用は、それがフランス社会のなかの歴史の地位を得ることになったり、過去と国民的アイデンティティの特殊な関係にまで広がったりさせ、たとえば最近の10数年の間に、「記憶の場」という表現を誕生させている。ドイツでは逆に、同じ言葉では、「記憶」、「想い出」、「記憶文化」、「想い出の歴史」を表現することは困難であるし、この困難さはまた、別の形ではあるが、1933年から1945年の急激な断絶によってしるされた過去との異なった関係に由来している。誰もが知っていて感じていることだが、翻訳の単純なレベルで同じように見える言葉が、両国の間では同じ意味を持っていない。このことは、国家、宗教、文化のようなごく一般的な言葉でも、同じ使用法も、同じ伝統も、同じ成り立ちを持ってはいないということからも明らかである[25]。同じことが言えるのは、「翻訳不可」とも呼べる範疇の言葉についてであるが、なかでも典型的なものとしては、「主導文化」（Leitkultur）というドイツ語が、ドイツ文化の「主導軸」の全体を指すものとしてドイツの政治、社会の議論のなかで最近は幅を利かせていた。これは迂言法以外でフランス語にするのは困難である。

　翻訳、比較、対照のいずれの作業も[26]、言葉の意味だけに関わるのではなく、年代順の区切りや時代区分の再検討にも同様に関わっている。フランスの第1学年、ドイツの第11学年のクラス向けの巻である、シリーズの第2巻にあてられた時代は、出版の最終段階で1815年から1945年まで、つまりナポレオンからヒトラーまでになった。ところで、フランスの指導要領が定めていたのは、19世紀については、1848年頃に始まるという時代区分であった。つまり革命期は、王政復古や立憲王政を経て第二帝政へと流れる時代に吸収されていたのである。それは、フランスにおいて工業化に結びついた経済の循環が始まった時期でもあった。ドイツ側の19世紀の時代区分は全く異なっており、中世的（神聖ローマ）帝国が終焉を迎える1806年という、まさに世紀の初めから始まっている。

第10章　仏独文化関係の新段階のなかでの仏独歴史教科書　191

そして、それに次いでナポレオンの伸長を前にして、最初の国民意識が政治的計画の形をなし、ドイツ諸国の境界がウィーン会議によって改編されたときである。結局、フランスの指導要領の方が新しい方針に合わせることになった。それはおそらくよりヨーロッパ的な時代区分であり、ドイツの時間設定により適合させた形で半世紀近く遡った時代区分を定めることになった[27]。

　これらの、事実、言葉、時期区分、意味等の対照や解明をめぐって、歴史家や執筆陣が協力して取り組んだ厳格な作業を強調するのは、この教科書がもちろん公式教科書ではないということをはっきりさせるためでもある。新たな対話から生まれた、熟慮されかつ議論を呼ぶこの教科書は、フランスやドイツの既存の教科書のラインアップを豊かにしているだけであって、それらを駆逐しようとしているのではない。しかしながら、内容だけでなく教育方法や試験への準備方法についても、この教科書は、交差するアプローチによって、さらに先へ進む可能性を提供しようという意図もある。フランスにおいてもドイツにおいても高校生たちは、より開かれた視点、つまりヨーロッパ的そして世界的な視点のなかで、これほど他者の歴史に接する機会は未だかつてなかったであろう。最初に刊行された最終学年向け教科書のテーマである、1945年以後の世界は、他にどう描くことができたというのだろうか。

5　現代の重み

　1945年に終わった世界大戦に続く時期をカバーする巻は、5部構成になっている。第二次世界大戦の記憶と冷戦の開始（1945〜49年）、両極化した世界のなかのヨーロッパ（1949〜89年）、グローバル化した世界のなかのヨーロッパ（1989年〜今日まで）、1945年以来の技術的、経済的、社会的そして文化的変容、1945年以後のドイツ人とフランス人。これらの選択は、すでに見たように、共時的なアプローチと通時的なアプローチ、時系列的なアプローチとテーマ的なアプローチ、二国間的なアプローチと多国間的なアプローチとを、それぞれ交互に採用している。このような構成は、まず第一に、廃墟、強制収容所、住民

の強制移住、勝者、敗者、犠牲者それぞれの記憶のなかでの、1945年の出発点における共通の状況にあった、両国とヨーロッパの隣国諸国の見取り図を作成するのに役立っている。次に、1989年を境に、東西対立に振り回され、そして境界が崩壊するという、再編や再構成の総括をすることに貢献している。最後に、経済成長と人口増加の段階のあとで、社会保障制度、失業対策、移民統合、貿易の自由化、開発と環境保護の調和、人口老齢化等への適応というような、グローバル化した世界のなかで直面している困難や差し迫った要請を検討することを可能にしている。これは、さまざまな国の間で生じた収斂という問題であるが、それはまた相違点、とりわけドイツとフランスの間の、執拗な相違点の問題でもある。社会のなかでの教会や宗教的行為の位置づけ、女性の役割や地位、教育制度、エネルギー政策、通貨政策、軍隊の重要性、国土整備さらには、地方と国家の役割分担などなど[28]。

　すでに見て来たことからも明らかなように、最終学年向け教科書の五つの部のタイトルは、仏独の歴史教科書であって、仏独史の教科書ではないということを示しているが、この違いは強調する価値が大いにある。二国のプリズムの選択は、ヨーロッパの他の国や文化を排除しようとしているわけではないし、仏独それぞれの歴史の固有で特有な部分を軽視しようということでもない。むしろ、比較し、観点の対立を相対化するという断固たる意思、なによりもヨーロッパそして世界の現実についての二重の眼差しという願い、要は、一つの現実について常に二つ以上のアプローチを欠かさないという配慮である。だからこそ、先ほど細かく示した五つの区分が示しているように、三つの分析レベルが採用されている。それぞれの国の歴史、両国関係のなかでの両国の歴史、ヨーロッパついで世界という周囲の環境のなかでの、両国。これらのために、三つのレベルの観察が引き出されている。類似性、相違性、相互性の観察である。最後に、三つの読解の視角が重視されている。感じ方、解釈そして意味の読解である。たとえば、冷戦の時系列的展開は、フランスにとってもドイツにとってもヨーロッパの他の国々にとっても同じである。しかし、この過程のなかですぐに二つのドイツが存在することになり、したがって、この二つのドイ

第10章 仏独文化関係の新段階のなかでの仏独歴史教科書　193

ツとの間に二つの仏独関係が存在することになった。同様に、ライン川の両岸（仏独の間）では、アメリカとソ連に対する関係では異なった形態が存在するし、あるいは、もちろんドイツではなくフランスに影響をもたらした脱植民地化ゆえに、世界のなかでの異なった立場や、ヨーロッパ統合への対応の違いも然りである。最後に、この同じ時期に、両国社会を横断する表象や想像界、現実を反映しているにはほど遠い表象が存在する。フランスにおいては、共産党もドゴール派も、自力で、いずれにせよ、アメリカとは相対的に距離をとる形で、国を再建したという神話があり、他方西独は、アメリカの経済援助が自国再建の奇跡にとって不可欠な要素だったと主張している。ところで、フランスが、本来のドル援助を越えて、マーシャルプランから西ドイツのほとんど2倍近い援助を受け取ったことを誰が知っているのだろうか。同じように、（冷戦による）ヨーロッパの分断は、フランスにとってもドイツにとっても同じ両極化の論理に従うことになったが、鉄のカーテンが覆ったのはドイツの方であった。あるいはまた、脱植民地化は、ヨーロッパ諸国とりわけフランスとドイツでは、同じ形では影響を及ぼさなかった。そのことはヨーロッパ統合の力学（フランスにとって失われた帝国の代償としてのヨーロッパ）についても移民の移住形態の面についても影響があった。したがって、事実の歴史と同様、意味と表象の歴史が必要とされており、それぞれの国民が（しばしば異なった形で）それぞれの過去を判断し、自分のものとし、しばしば他者の過去を取り込み、そこから固有の現在と関係する歴史である。要するに、障害としてではなく、過去の理解の条件として構成された現在を選択する歴史ということである。

　だからこそ、最終学年向け教科書第1巻の全体の構成が、導入と結びがきわめて独特の章によって特徴づけられているのである。かくして第2章は「第二次世界大戦の記憶」に力強く象徴的な場所を与えている。それが、複数の国での共通の歴史教科書という考えを正当化し同時に可能にしているからである。実際、戦争とホロコーストの記憶の国際化という考えに支えられて、この冒頭の展開は生徒を、勝者の崇拝から犠牲者の記念へと導いている。このような記憶の道筋からは、ショアーについて、蛮行を可能にした条件について、ヨーロ

ッパ社会の一部が民主主義を放棄したことについて、1945年直後を支配した沈黙について、そしてユダヤ人の記憶の目覚めなどについて、歴史学者が近年積み上げて来た成果をはかり知ることができる[29]。2003年1月に集まった仏独の青少年たちは、共通歴史教科書を提案することによって、彼ら自身が第三世代であるという、和解と近過去の観点での書物を考えていたということはほとんど疑いがない。明晰ではあるが、不可避的に不完全な理解。彼らの願いに応えるために提案された教科書は、ナチズム、反ユダヤ主義、ジェノサイド、ガス室について、歴史家たち自身ができる以上のことはできない。しかし少なくとも、今もなお想像を絶するそれを、よりよく思考することには貢献すると自負している。この世界的な問題の仏独関係に関わる局面については、ヴィシー症候群とドイツ歴史家論争を扱うことで、この章は、フランスとドイツの歴史だけでなく、1945年以後のヨーロッパと世界の歴史の礎石となっている。

　1945年以後のドイツとフランスを、それぞれの国において、両国の相互関係において、両者がその建設に貢献したヨーロッパのなかにおいて、そしてまた両国を取り巻く世界のなかで、観察している最終章もまた、両国の関係だけではなく、過去の戦争と社会全体の関係の変容をも見きわめようとしている。長期的視野にたてば、同じ帝国から出発したこれらの二つの部分の対立は中世以来のものではなく、国家や国民それに宗派形成を背景とした、近代になってやっと始まったことに気づくのは難しいことではない。近代になって強化されたのは、フランスの国力が神聖ローマ帝国の弱体化を経て高まったことをふまえた君主ついで国民による構想であったが、その論理は1871年にヴェルサイユでビスマルクによって逆転して継承され、1919年には今一度ヴェルサイユで逆転し、両大戦間期にさらに再燃する。1945年以後に建設されたヨーロッパは、もちろんフランスとドイツだけの成果ではないが、両国抜きには不可能であった、つまり両国が力の対決を放棄しなければ不可能であっただろう。

6　仏独プリズムの射程と限界

　この仏独教科書はなによりも、しばしば危機のなかにあるヨーロッパ統合の新しい形態を求めつつ、自らの過去と未来を問う、一つのヨーロッパの証人であろうとしている。運命、思想そして計画の共同体の存在が求められるのは、それが、統一されているより分裂しているときの方が多かった大陸の長い歴史に刻まれた、フランス人とドイツ人は十分すぎるほど経験して来た、かなりの数の目標、価値それに宿命の上に成り立っているからでもある。ヨーロッパが最終的に地政学的一体になったのは、それがまず第一に歴史的さらには想像上の構築物であったからにすぎないことを確信した、共通教科書の構想者たちは教科書使用者に、教科書の中身や計画だけでなく、自覚的な歴史学習という挑戦をするその方法論をも提案したいと望んだのである。まず第一に、最近の10数年においては、主要な対立は、最近の旧ユーゴスラヴィア紛争という大きな例外もあるが、ヨーロッパの中心国同士では起きていないという認識がある。旧ユーゴスラヴィアについては、この教科書も、血塗られ、そして沈静化にはまだ遠いこの紛争の発端には、フランスとドイツの間で大きな立場の違いがあったことを隠してはいない。次いで、歴史家が逃れることが許されない、再読や新たな分類が求められる、知識の絶え間ない拡充が日々生じているということの認識である。最後に、この教科書もまたその試金石である、仏独ペアが、ヨーロッパにおいて両国の相互影響を越えた存在であるという、これはヨーロッパ連合が、世界のなかでは加盟国間の相互影響を越えた存在であるのと同様であるが、そういう認識である。

　形式としても記号としても重要であるが、この教科書は中身が第一である。何度強調してもしすぎることはないが、仏独の歴史教科書であって、仏独史の教科書ではない。実際、同じ歴史叙述に達すること、何が何でも歴史的コンセンサスを強いようとしているわけではない。そんな考えは退屈であるばかりか学術的にも耐えられないものであり、さらに危険ですらある。そうではなくて、

仏独プリズムの選択は、単純化を願ったからではなく、比較、相対化そして異なる見解を対決させること、なによりもヨーロッパそして世界の現実についての二重の眼差しを願ったということである。これは、一つの現実について常に二つのアプローチを示そうという意図的な選択であり、時間と空間において、主体、つまり生徒たちの同時代認識が自然に抑圧したり隠蔽しがちな事象をあえて取り上げる、ということである。一つの例として、今日ではEU機関の所在地であるストラスブールは、ヴェルダン条約やカロリング帝国の分割に先立つ有名な宣誓の場所として参照されるが、それ以上にドイツ人にとっては、その大聖堂によってゲルマン的ゴチックの原型であり、フランス人にとっては、ルージェ・ド・リールとラマルセイエーズを、次いで1871年の喪失と1919年の奪還を、さらにルクレール将軍の解放宣誓を思い起こさせる場所である。同じことは、ランスやヴェルサイユについても言える。ヴェルサイユは、ドイツ人にとってはフランスの好戦的な専制君主の象徴であり、1919年の条約の屈辱的記憶の場所でもあるが、今日のフランス人には、今なおルイ14世とその宮殿は偉大さの輝きで飾られているし、1871年に鏡の間でのドイツ第二帝国の宣言という屈辱を思い起こさせるものでもある。以上のような例は、なぜ三つのレベルのアプローチが教科書全三巻の各章を特徴づけているのかを説明している。両国それぞれの歴史、相互関係のなかでの両国の歴史、両国を取り巻くヨーロッパそして世界のなかでの歴史。この目的のために、三つのレヴェルの観察が採用されている。類似性、相違性、そして相互作用の観察であるが、これは、知覚、解釈そして意味作用という三つの読解の視角に取り組むことを可能にするためである。

　このような歴史を叙述するためには、おそらくまず、途中に現れる障害や危険、誤解や道具化をもたらしうる源などを考慮に入れなければならなかった。ヨーロッパ中心主義もまたその一つであり、ヨーロッパの歴史や文化を自らのなかに閉じ込めてしまう危険がある。同様に、すべてのヨーロッパ史を、21世紀の初めに統合されたヨーロッパ連合に達するゆっくりとした過程として読み返したり、仏独の歴史を1963年以来の和解事業の完成に向けた直線として再解

釈しようとする目的論の危険もある。最後の障害としては、ヨーロッパ各国の歴史から、比較の視点ではあっても、その誕生を引き出そうという起原の偶像化がある。その方向性は、文化遺産と正当な権利という言葉で押しつけるものであり、すなわち、フランス人やドイツ人自身そうであったように数世紀にわたる移民や民族移動によって形成されて来たヨーロッパの深淵な現実を無視するという危険である。

　このような歴史を叙述するためには、共時態と通時態を混合させることで、時間のなかでの物語とテーマについての視座とを交互に登場させなければならない。共時態は多くの場合、理にかなっており、違いは認めつつも、共通の遺産、状況の同時生起的展開、必然的に分ち与えられた運命が幅を利かせている。かくして、ギリシア・ローマの遺産はガリアのほとんどすべてに認められるが、ゲルマニアでは不完全な形である。同様に、ケルトやゲルマン、次いでフランクの遺産の結合の仕方は、それぞれ異なっており、同じカロリング帝国のなかでもそれぞれ独特の性格を与えている。とはいえ共通性はライン川の両岸で勝っており、そもそもライン川は中世の国境ではなかった。それゆえ、第２学年（日本の高校１年）の現在のプログラムに新しい章が加えられたのである。小教区、大学、都市、要はすべての市場、道、居住地区、礼拝や巡礼の場所であり、現代のヨーロッパの空間には、それらの痕跡や境界がそのなごりを留めている。共通の年表の時期は次いで、仏独の比較がより意味を持つ変化の時期へと道を譲ることになる。かくして宗教改革の時代が、一方ではフランスにおけるプロテスタントの追放によって、他方では（諸邦の）宗派住み分けが神聖ローマ帝国内部の対立を鎮めたものの、帝国そのものはとりわけ1648年には弱体化させる、という形で終わっている。すぐれてヨーロッパ的な現象である、啓蒙時代に関しては、信仰と理性の対立というフランスモデルに対して、両者の妥協と相互浸透というドイツモデルが対置される。簡単に言えば、ヴォルテールとカントの違いである。革命の時代にも両国のモデルのバリエーションがある。19世紀にフランスは革命の後に王政復古を経験するが、ドイツの方は革命が目的を達することなく王政復古にいたる。章から章へと、通時的テーマ

は、その時間的長さや長期的連関などのなかで扱いが難しいものの、より興味深いものであり、そこでもモデル、文化、解決策、行き詰まりなどが比較される。かくして、ユダヤ人、境界、言語、集団と個人の結びつき、それらと国家の関係、社会のなかでの宗教の位置づけ（つまり一方でライシテ、他方で還俗）、危機（パラダイム的な例として1920年代の危機における、「持ちこたえた」第三共和国と「持たなかった」ワイマール共和国）[30]、移民とその影響、ヨーロッパ、両国や、両国のイスラム系住民の大きさや出身国ごとの社会における、イスラム教の現在の位置づけ。一方で、ドイツには、1920年代以来政教分離国家となった国の出身であるトルコ人がおり、他方でフランスに定住した、旧植民地出身の住民たち。このことは、ドイツとは逆に、フランスに、政教分離の国のなかでのこの宗教の場所をしつらえるということを、バランスを失った旧支配関係という困難な遺産に付け加えることになった。

　仏独プリズムという手段で歴史を叙述するということは、たとえば、それほど遠くない時代の教科書までは、カール大帝がフランス人かドイツ人かを問うていたことが依然正当であると考えていた時代からは、どれほど変化したのかを理解することである。さしあたり共通教科書は、この場合については、設問の単純な愚かさだけを結論づけるのではなく、所与の状況のなかで、その設問が設定しうる理由やヨーロッパ「建設の父」として仕立てられたカール大帝のより現代的なイメージの方については、いかなる理由において正当なのか、そうではないのかという理由を探索している。それは、キリスト教レスプブリカ、ローマ、ゲルマンそしてフランクの遺産の融合、ヨーロッパ的ではない意識、都市、領地、修道院、道、聖域、重量、測量、貨幣それに読み書きなどの収斂の始まりに、カール大帝の記憶が関わっているからであるが。偉大な人物についての認識は、このように、両国だけではなく間違いなくヨーロッパの歴史にとってのテーマである。したがってドイツ人の生徒に、ナポレオンを彼らの国を征服したフランス人として紹介するよりも、次のように示す方が有益にみえる。ヨーロッパ人のナポレオンが存在したこと、つまり「ドイツ人」でもあったこと、その世紀と自らの出自の矛盾によって作られた彼は、一方では「時代

第10章　仏独文化関係の新段階のなかでの仏独歴史教科書　199

遅れの」神聖ローマ帝国のなかの古い分断を廃止しつつ他方では、ドイツ諸邦が互いに対立するようにしむけて分断を蘇えさせてもいるのである。フランスの生徒に関しては、彼らには万華鏡的なナポレオンを示すのもよいだろう。大革命の成果の守護者でもあれば、抑圧者でもあった。解放者でもあり、自由の敵でもあった。このように、フランス革命、第一帝政それにナポレオンは、その記憶とその長期的使い回しによって、フランスとドイツが共有する、まさに「記憶の場」となったのである。

　この教科書が掲げる真の付加価値である、仏独プリズムはさらに、たとえばさまざまな時間性に作用することも可能にしている。そのことは第二次世界大戦を考えれば納得する。一見してそのグローバル性が画一性の外観で覆いそうであるが、戦争の細部においては、それぞれの国がさまざまな戦争の記憶を持っているという多様性がたち現れてくるからである。さしあたり多様性は、時間軸に現れる。フランスにとって、軍事的戦闘は、なによりも1939～40年の時期に、次いで1944年の時期に限定されている。まず1940年に、フランス史上最悪の瓦解の一つを経て敗北したものの、フランスは、他の（英米ソ）三「大国」と同様に、戦勝国として戦争を終えている。ドイツに関しては、常に戦争状態であったとはいえ、1942年までは勝ち戦であり、直接戦火にさらされるのは、1943年の連合軍の空爆からであり、国土が戦場になるのは1944年末になって初めてのことであった。このような時系列上の違いから生じるのが、第一次世界大戦のときと比べると、両国の間での並外れて大きく異なる人的損失の量であり、10倍の開きがある（ドイツ兵はおよそ700万人が戦死し、200万人近くが負傷したのに対して、フランス側での死亡は60万でその半分は民間人であった）。フランスと違って、ドイツ人にとっては、1945年5月の戦闘終了は戦争の終わりを意味していなかった。というのは、占領、追放、住民強制移動、領土分割が続いたからである。そこから、敵に対する見方の違いが生じている。フランス側では、敵とは、かなり一貫した形で、ドイツとフランスにおけるドイツの手先たちを意味している。逆にドイツの側では、フランスが主要な敵だったのは、1939年と1940年の間だけであった。フランス革命やナポレオンについても

仏独「移転」の重要性を主張したのと同様に、同じように強制された形で、そのことを1939～45年の時期についても言うことができる。84万人のフランス人労働者が強制的にドイツに送られ（ソ連、ポーランドについで三番目の割当人数）、13万人の「不本意編入兵（マルグレ・ヌ）」が国防軍で兵役に就き、150万人の戦争捕虜がドイツに置かれた（1942年1月までは、フランス人は、ドイツにおける戦争捕虜の70％を占め、そのうち3分の2は4年から5年ずっと留められていた）。逆に、数百万人のドイツ兵がフランスに派遣されていたのは、戦闘、占領、資源搾取、レジスタンス狩りのためだけでなく、休息のためでもあった。戦後のフランスにおけるドイツ兵捕虜の運命についても同様に言及しなければならない。逆説的ではあるが、最も激しい相互無理解の時期であったにも関わらず、交流の素地は、領土の相互占領というリズムに合わせて、最初は強制的についで歓迎されて、ある意味では「準備」されていた、と考えることもできる。このような状況は、長期性や集中性において他のヨーロッパ諸国についてはあてはまらないことである。

　仏独プリズムのもう一つの利点は、偽の類似点と偽の相違点とによって容易になる認識のなかにある。後者については、19世紀と20世紀の植民地を例にとれば、フランスが多くの植民地を獲得した一方でドイツにとっては重要ではなかったというのが本当であるように見える。そこから相違点の確認にこだわって、この違いから対照的な展開を別々に語るという誘惑にかられる。実際、ドイツの現行の教科書は、ヨーロッパ史のこの重要な時期にほとんどわずかしか紙幅を割いてはいない。しかしながら、より詳細に、比較の視点でみるならば、この、一見ほとんど仏独関係とは縁がない、このテーマについて、より複雑でより豊かな歴史を書くことができる。まず最初に気づくのは、フランス植民地帝国の野望には、ドイツの大陸的帝国の野望が呼応しているということである。次に、この時系列に共通な要素を浮かび上がらせることができる。経済的通商的拡張、海運や国際通商の発展、海外市場の征服、外国への投資、「世界列強」として自己主張したいという願望、などなど。もちろん、相違する要素も存在する。昔から植民地の伝統があるフランスは、19世紀の初めから征服（アルジ

ェリア）を展開し、次いで1870年の戦争の後はさらに強力に展開（復讐帝国）していたのに対して、長い間植民地競争には不在であったドイツは、限定的な領土しか獲得していないし、じきに海軍、通商そして輸出パワーとして自己主張するようになる（工業製品だけではなく、労働力の輸出もある。1850年から1890年の間に限定しても、350万人のドイツ人が移民している）。当時は、植民地そのものよりも、市場や海外が仏独の競争の場になっていたのである。しかし、とりわけ海外進出や植民地獲得の影響の方が、比較がより参考になる。いずれの国においても、海外への進出は、成長と経済的飛躍の原動力であった。さらにまた、消費における「植民地産品」の位置が次第に増大することや、大きな港（マルセイユ、ハンブルク）の役割にも気づかされる。しかしながら、人口的文化的衝撃においては、違いは大きい。フランスは、植民地の過去や脱植民地化の困難さに苦しめられているが、ドイツは、自民族中心主義であると同時により世界的でもある（強制、自発の両面があるが、北アメリカや南アメリカに定住した移民コミュニティーの役割など）。

　偽の相違点の次は、偽の類似点である。この点について何よりも雄弁なのは、とびきり悲劇的な仏独の出来事として一挙に幅を利かせているように見える第一次世界大戦であり、両国の歴史の間の最大限の交わりを期待できる、少なくとも植民地よりは期待できる出来事である。たしかに、1914～18年の戦争をとびきりの「仏独戦争」と考えないものは誰もいない（ただし、それは世界戦争になったが）[31]。そこには、1870～71年の戦争よりはるかに強力な戦争への社会の動員があった。そこでは、両国とも、野蛮な敵に対する、文明を守るための正当な防衛戦争を戦っているという確信があった。最後に、ドイツに比べフランスの方が人口比での損害が大きかったとはいえ、両国ともきわめて高い損害に苦しめられている。しかしながら、両国にとって戦争が総力戦（精神の動員、女性労働、産業力の戦争）だったとしても、両国における戦争指導、戦争経験のありかたには、無数の相違点が見て取れることも事実である。フランスにおいては、事実上ほとんどすべての戦争努力がドイツに対して向けられていたが、ドイツは二つの戦線を戦っていた。フランスは戦場だったが、ドイツは

そうではなかった。フランスは植民地の兵士や、1917年のロシアの撤退にも関わらず次第に増大する同盟国の兵士たちとともに戦っていたが、ドイツは限られた数の支援しかあてにできなかった。フランスでは、（海上封鎖の結果がのしかかる）ドイツに比べ、（占領地域を除けば）民間人は、戦争にそれほど巻き込まれていないし、膨大な人的損失や疑念の時期（1917年）があったとはいえ、フランスは勝利まで戦争努力を継続していたが、ドイツにおいては、最後の数カ月の疲弊は、政治構造だけでなく部隊の士気にも悪影響を与えている。この種の比較による事実の共有と豊かさの理解を超えて、共通教科書は生徒たちに、とりわけこの点に関して、今回は歴史学の比較を提供しようとしている。それはとりわけ、解釈の上での裂け目が今後はもはや両国の国境とはかつてのように一致せず、たとえば、「機能派」、「意図派」、「状況派」のように分かれた各歴史学派を横切っていることを示すためである。この場合には、大戦前夜の戦争目的や戦争へのモチベーションに関する議論は、両国では（両国同士ではなく）依然大きな設問である。どちらも、当初の熱狂を超えて、それが長期化し高くつくことを知っていた戦争に、フランスとドイツは、それぞれいったい何を望んでいたのか。講和条件や責任の付与の問題が生じる戦争目的の決定だけに、それは決定的な問題である。1920年以後の講和の困難な決着の最良の理解もまた、二つの見方の交差によって豊かなものになる。かくして、教科書はフランスの生徒たちに、1923年のルール占領がドイツ人にとっていかに堪え難く乱暴なものに感じられたかということをよりよく感じさせることになる。さらに、両国の歴史学は今日では、長期的な視点での責任のより公平な分割と歴史家のパラダイムの変化について一致している。問題はもはや戦争責任が誰にあるかではなく、最も文明化し経済的にも先進的であると評価されたヨーロッパ諸国が、4年もの間、世界中が未だに本当にはそこから回復してはいない、殺戮と悲劇を被ることに従うことがいかにして可能になったのかということにある（したがって、問題は、たとえば「愛国的同意」や戦争の「野蛮化」についての議論へと場所が移っている）[32]。

　以上のことは、ほかの何よりもまず、相違のなかでの類似、類似のなかでの

相違というこの弁証法の成果である。この解釈や知覚の比較の絶え間ない努力こそが、この教科書の付加価値を構成しており、そこから、基本的には生徒や教員が使用するなかで、自己や他者についての、両国の歴史を取り巻くヨーロッパや世界についての異なったそして豊かな眼差しが出現することが可能になるのである。ここには、ヨーロッパの他の国々や世界の他の地域、アジアや近東などへの、この方法の拡大の可能性が存在している。

おわりに——1990年直後を振り返って

　1990年と2008年の間には、おそらく二重の力学が両国の根源的な変化と相互認識の変化へと導いた。フランスにとって、ドイツの危険という認識が今日ではそのアイデンティティの構成要素ではなくなっているのは、他に危険（イスラム原理主義とグローバル化）があるということゆえでもあるし、ドイツの国境線をめぐる議論がヨーロッパの境界をめぐる議論にとって代わられたゆえでもあるし、フランスが数年来、国家主権の制限という経験をしてきたからでもある（この経験については、東西ドイツは1945年以後に経験済みであり、ドイツ軍の規模への制限や核兵器保持の禁止などを考えれば、今日でも継続している）。ドイツ側では、知識人エリートは、もはやフランスの影響下にはないし、社会が多元主義を受け入れ、権威主義的指導者に対立の解消を委ねることなどはせずに、ドイツの統一性のなかでの多様性を受け入れており、ドイツは、その外交関係やヨーロッパ政策を導く合理的平和主義へと改宗している[33]。ヨーロッパにおけるドイツの優勢（ヨーロッパ第一の人口数、経済力、それに世界トップクラスに新たに位置している輸出力などによって）が存在しうるとしても、それはもはや、1945年以来、不均衡で攻撃的な力関係のなかで自己主張するようなことをフランスやドイツ自身に押しつけるような重みはない。両国には、それぞれ固有のモデルの危機と隣国が経験した危機についての意識の共有がある。より冷静で穏当な分析が恐怖や疑念にとって代わったのである。このような現実の受容（フランスはドイツの弱体化を必要とするわけではない）、

このような仏独関係の正常化と規格化の形態が、相対的な無感覚さらには無関心へと導かなければいいのだが。すべてのヨーロッパ諸国同士が育んだ関係のように、しかしそのなかでもとりわけ、仏独関係はこれまでも今後も、熱意や感情や英雄たちを必要としている。それらは、その出自が仏独関係のなかで育まれたわけではないものの、常にフランスとドイツにおいて多いさまざまな共同体に向けて語りかけることができるものである。それは、仏独共通教科書の目的の一つでもある。というのも、仏独教科書は、歴史や交差する記憶の理性的な検証に基づき、そしてまた可能な限り、起源神話の偶像やヨーロッパ中心主義や歴史目的論の誘惑を遠ざけているからである。

注

1) Jean Solchany, *L'Allemagne au XXe siècle. Entre singularité et normalité*, Paris, PUF, 2003.

2) この写真は、共通教科書第1巻に掲載されている。*Histoire/Geschichte. L'Europe et le monde depuis 1945*, sous la dir. de Guillaume Le Quintrec, Paris, Nathan et Stuttgart, Klett, 2006, p. 301. 邦訳は福井憲彦・近藤孝弘監訳『ドイツ・フランス共通歴史教科書（現代史）』明石書店、2008年（訳註）。

3) Alfred Grosser, *L'Allemagne de Berlin, différente et semblable*, Paris, 2002.

4) Henri de Bresson, *La nouvelle Allemagne*, Paris, 2001.

5) Pierre Monnet, « Nous n'aurons plus peur de l'Allemagne », *L'Histoire*, n° 331, mai 2008, pp. 58-61.

6) Hagen Schulze, *Kleine deutsche Geschichte*, München, Beck, 2007. Joseph Rovan, *Histoire de l'Allemagne des origines à nos jours*, Paris, Seuil, 1999.

7) Edouard Husson, *Une autre Allemagne*, Paris, 2005.

8) Heinrich August Winkler, *Der lange Weg nach Westen. Deutsche Geschichte 1806-1933; 1933-1990*, München, Beck, 2000, 2 vol. Trad. fr.: *Histoire de l'Allemagne XIXe-XXe siècle. Le long chemin vers l'Occident*, Paris, Fayard, 2005. 邦訳は、後藤俊明・奥田隆男・中谷毅・野田昌吾訳『自由と統一への長い道──ドイツ近現代史（1）1789-1933年、（2）1933-1990年──』（全2巻）昭和堂、2008年（訳註）。

9) Hélène Miard-Delacroix, *Question nationale allemande et nationalisme. Perceptions françaises d'une problématique allemande au début des années cinquante*, Lille,

2004.
10) Stephan Martens (dir.), *L'Allemagne et la France. Une entente unique pour l'Europe*, Paris, 2004.
11) *Histoire/Geschichte. L'Europe et le monde du congrès de Vienne à 1945*, sous la dir. de Guillaume Le Quintrec et de Daniel Henri, Paris, Nathan et Stuttgart, Klett, 2008.
12) 内容分析については、仏独交流雑誌『ドクメンテ』の共通教科書特集号を参照されたい。*Dokumente*, octobre 2006.
13) Raul Hilberg, *La destruction des juifs d'Europe*, Paris, Gallimard, 1988.
14) Pierre Nora (dir.), *Les lieux de mémoire*, Paris, Gallimard, 1984-1992, 3 vols. 日本語版（抄訳）は、谷川稔監訳『記憶の場』全3巻、岩波書店、2002〜2003年（訳註）。
15) Etienne François, Hagen Schulze (dir.), *Deutsche Erinnerungsorte*, München, Beck, 2001, 3 vol.
16) Etienne François, Hagen Schulze (dir.), *Mémoires allemandes*, Paris, Gallimard, 2007.
17) Elisabeth Décultot, Michel Espagne, Jacques Le Rider (dir.), *Dictionnaire du monde germanique*, Paris, Bayard, 2007.
18) 仏独大学については、インターネットのサイトを参照されたい。www.dfh-ufa.org
19) Richard Woyke, *Deutsch-französische Beziehungen seit der Wiedervereinigung*, Münster, 2004.
20) Pierre Monnet, «Faites un manuel, pas la guerre!», *L'Histoire*, 312, septembre 2006, pp. 22-24.
21) «Pour une histoire comparée des sociétés européennes», *Revue de synthèse historique*, 47, 1928, pp. 15-50. なお、このテキストは以下にも再録されている。Marc Bloch, *Mélanges historiques*, Paris, 1983, vol. 1, pp. 16-40. Ulrich Raulff, *Ein Historiker im 20. Jahrhundert : Marc Bloch*, Frankfurt am Main, 1995. Helga Schnabel-Schüle (dir.), *Vergleichende Perspektiven und Perspektiven des Vergleichs. Studien zur europäischen Geschichte von der Spätantike bis ins 20. Jahrhundert*, Mainz, 1998.
22) ゲオルク・エッカート国際教科書研究所のサイトを参照されたい。http://www.gei.de
23) Corine Defrance, Ulrich Pfeil (dir.), *Le traité de l'Élysée et les relations franco-*

allemandes, 1945-1963-2003, Paris, 2005.

24) 学術委員会は、ドイツ側については、ステファン・クラヴィリッキ、ミカエル・オットそれにライナー・ザイダー（ドイツ連邦共和国全権第一局、外務省仏独協力条約文化問題担当）、クリスティーヌ・クロス（ドイツ連邦共和国全権第二局局長、ザールラント州仏独協力条約文化問題担当）を責任者として、以下のメンバーである。ヴィルフリート・ブルガー（ザクセン州教育省、ドレスデン）、ステファン・クリム（バイエルン州教育省、ミュンヘン）、ウルスラ・ランゲ（ボン、フリードリヒ・エーベルト高校）、ホルスト・メーラー（現代史研究所所長、ミュンヘン大学教授）、ライナー・リーメンシュナイダー（ブラウンシュバイク、ゲオルクエッカート国際教科書研究所）、アンドレア・シュヴェルメル（ボン、各州教育省連絡常設会議代表）、ルドルフ・フォン・タッデン（元連邦政府付仏独両社会間協力コーディネーター、元ゲンシャーゲン欧州仏独協力ベルリン・ブランデングルク研究所所長）、ロルフ・ヴィッテンブローク（ザールブリュッケン仏独リセ校長、ザールラント大学）。フランス側は、ジャン＝ルイ・ネンブレニ（国民教育省視学総監）を責任者として以下のメンバーである。イヴ・ボーヴォア（国民教育研究高等教育省、国際関係協力局）、ジェラール・シェ（トゥール大学歴史学教授、ストラスブール大学区長）、ジャンピエール・デュボア（外務、欧州省、仏独関係特命）、エティエンヌ・フランソワ（ベルリン自由大学フランス研究所所長、歴史学教授）、ピエール・モネ（社会科学高等研究員指導教授、仏独大学副学長）、イヴ・ポンスレ（国民教育省視学総監）、マルセル・スピセール（ストラスブール大学区地域視学官）、ミッシェル・タルピニアン（国民教育研究高等教育省、国際関係協力局）。

25) Jacques Leenhardt, Robert Picht (dir.), *Au jardin des malentendus* (Le commerce franco-allemand des idées), Arlers, Actes Sud, 1990 (trad. allemande de: *100 Schlüsselbegriffe für Deutsche und Franzosen*, München, Piper, 1989).

26) Pierre Monnet, « Un manuel d'histoire franco-allemand », *Revue historique*, CCCVIII/2, 2006, pp. 409-422. Etienne François, « Le manuel franco-allemand d'histoire. Une entreprise inédite », *Vingtième Siècle*, 94/2, 2007, pp. 73-86.

27) Sandrine Kott, *L'Allemagne du XIXe siècle*, Paris, Hachette, 1999.

28) Renata Fritsch-Bournazel, *L'Allemagne depuis 1945*, Paris, Hachette, 1997. Alfred Grosser, *La France semblable et différente*, Paris, 2005. Alfred Grosser, *L'Allemagne de Berlin, différente et semblable*, Paris, 2002.

29) Saul Friedländer, *L'Allemagne nazie et les Juifs, 1933-1945*, Paris, Seuil, 2 vol. 2002-2007.

30) Horst Möller, *La République de Weimar*, Paris, Tallandier, 2004 (éd. All., 2004).

Heinrich August Winkler, *Weimar 1918-1933. Die Geschichte der ersten deutschen Demokratie*, München, Beck, 1989.

31) Bruno Thoss, Hans Volkmann (dir.), *Erster Weltkrieg. Zweiter Weltkrieg. Ein Vergleich*, Paderborn, Schöningh, 2005.

32) Stéphane Audouin-Rouzeau, *Combattre. Une anthropologie historique de la guerre moderne (XIXe-XXe siècles)*, Paris, Seuil, 2008.

33) Anne-Marie Le Gloannec, *Allemagne. Peuple et culture*, Paris, La Découverte, 2005.

第11章 二国間、ヨーロッパの文化関係における
独仏青少年事務所（DFJW/OFAJ）

ハンス・マンフレット・ボック
西山　暁義訳

はじめに

　ヨーロッパ市民社会の成立に関する持続的かつ活発な議論のなかで、独仏関係の相対的に高い交流密度は長い間、指標的な役割を果たしてきた。この二国間の関係において、独仏青少年事務所（Deutsch-Französisches Jugendwerk [DFJW]/Office Franco-Allemand pour la Jeunesse [OFAJ]）は他の数多くの交流機関や組織から際立っている。というのも、この組織は今や45年にわたって、きわめて広範な分野で両国の社会的接触を活性化し、促進するために活動してきたからである[1]。独仏青少年事務所はその45年間の活動において、これまで3歳から30歳までの若者約800万人に、相手国の人間や文化活動を見聞する機会を与えてきた。独仏青少年事務所は、半ばお世辞としてではあるが、1963年1月22日フランス大統領ドゴールとドイツ連邦共和国首相アデナウアーの間で調印された「エリゼ条約の最も美しい子供」と呼ばれてきた[2]。たしかに、この条約のC項「教育・青少年問題」に規定された目的は、その後外交政策や防衛政策における協調を謳った綱領条項よりも、包括的かつ持続的に実践に移されることになったということは間違いない[3]。このエリゼ条約のC項において合意された独仏青少年関係に関する「交流・促進事業」は、1963年7月5日の両国政府間の協定によって実体化され、「独仏青少年事務所」と命

名された[4]。独仏青少年事務所は年間4,000万マルクもの予算規模を擁する財政基盤を得ることになった。これは当初においてはきわめて充実したものであったが、その額はその後数十年にわたって変更されないままとなり、貨幣価値の減少の結果、今日では当初の3分の1の規模にまで縮小してしまった[5]。とはいえ1963年以降、この事務所は何よりも第三者による高い評価に基づき、独仏二国間主義の中核に、そしてまたヨーロッパの青少年、社会、統合政策における確固とした関連主要機関となった。政治的実践において、これを直接模倣したものは、唯一1991年に設立されたドイツ・ポーランド青少年事務所にのみ見いだすことができる[6]。しかし政治世論においては、しばしば他の二国間関係、たとえば「ドイツ・トルコ」、あるいは「ドイツ・イギリス」青少年事務所が作れないか、という願望が議論されている。「ドイツ・ポーランド青少年事務所」は設立から15年の間、150万人の両国の青少年に組織された交流の機会を与えてきた。以下においては、独仏青少年事務所の活動の経験の移植可能性の観点から、国家横断的な組織的青少年交流の構造的、機能的問題について紹介することにする。

1　国際政治の機関としての独仏青少年事務所の地位の両義性

ドゴールとアデナウアーが1963年、エリゼ条約の枠内において両国の青少年のための「交流・促進事業」の創設を明記した際、おそらく彼らを動かした歴史的推進力とは、両国の次世代の住民に早いうちから相互に知り合い、理解し合うことによって将来の紛争を予防し、協調を可能にするというものであったであろう。この政治的な構想意志は、すぐに伝統的な省庁の管轄のなかの一つにはめ込むことができないような機関を必要とした。この新しい制度は二国間的性格を持つべきものとされただけに、そうした統合はいっそう困難なものとなった。最終的にこの法的な問題は、独仏青少年事務所創出に関する1963年7月5日の協定を仕上げるなかで、その解決をみることになる。すなわち、同協定の第3条によって、この機関は独自の法人格を持つとともに、業務執行、経

営管理において自律的なものとされたのである。またこの機関には、1947年11月21日に国連の特別組織のために合意された特権と免除規定が両国において適用されることになった。この規定は、2005年4月に合意された独仏青少年事務所設立協定の改定においても維持されている。それは、独仏青少年事務所を原則として自律的な国際機関としたのである。この機関はもっぱら二国間の作業を行うものであったが、その国際的な行動半径は発展のなかで何度も拡大されることになった。

拡大の最初の段階は1976年に作成された決議、すなわち原則的にヨーロッパ共同体に属する第三国を交流活動に引き込むというものであった。ただしその際、その割合は全体の交流プログラムの5％を超えないという基準が設定された[7]。冷戦が終結した1989年以降、この二国間主義の拡大は第2段階に入り、第三国との協力をヨーロッパ共同体に限定するという条件が撤廃されることになった。ただし他国の参加の5％上限という基準自体は維持されている。この決定は東欧（とくにポーランドは大きな交流可能性を示していた）や、1990年代の終わり頃には、部分的に全く新たな課題を克服しなければならなかった、そして現在もそうであるバルカン諸国においても、独仏青少年事務所のより強力な関与を可能にしたのである[8]。独仏青少年事務所の第三国活動のさらなる重点（ただし依然として5％上限の枠内であったが）は地中海南部の沿岸国において形成されていくことになる。この第三国プログラムのいくつかのものは、独仏両国の共通した対外文化政策の実践の開始を示唆するものであった。ただし、こうした共通の対外文化政策がはたして望ましいものであるのかどうかについては、この分野における両国の関係者の間に政治的なコンセンサスがあるわけではない。

長期的な視点から見ると、まさにこの第三国プログラム分野において、国内、あるいはヨーロッパのレベルで独仏青少年事務所をますます国際的な活動領域へと引き込んでいこうという、明確なトレンドを見て取ることができる。このトレンドは、何よりも国際的な情勢の変化によって促進されたものである。この過程における最初の段階は、1980年代に創設された「エラスムス」（ERAS-

MUS)、「コメット」(COMETT)、あるいは「ヨーロッパ青少年」(Jugend Europas)[9]などのヨーロッパ青少年政策に関わる諸制度に対する助言、役割分担、そして協力関係の構築であった。二国間の青少年交流政策とEU独自のそれとの間の役割に関する境界設定は、原則として以下の形で行われた。すなわち、ブリュッセルがすべての多国間プログラムと、ドイツとフランスが関与しないプログラムに関する管轄と財政負担の責任を負う一方、独仏青少年事務所の二国間、あるいは(両国を含む)三国間のプログラムはその独自の経営、財政負担の権限のもとに留まったのである。別の次元における独仏青少年事務所とEUの間の接合は、ヨーロッパ社会基金(Europäisches Sozialfonds)による、青少年事務所の個別のプログラムに対する資金調達にも見ることができる[10]。このヨーロッパ社会基金の資金は、両国政府の資金以外からくる青少年事務所の相対的に少ない予算部分のなかでは最大のシェアを占めるものである。1989年の世界史的な転換の後に始まった東欧、中東欧諸国における、あるいはそれと共同で行う事業は、青少年事務所の財源だけで賄うことは不可能であった。両国の外務省がこの東欧・中東欧の事業を働きかけたこともあり、1990年代からこの目的のために両国外務省によって27万2,000ユーロの特別基金が創設され、それは後に増額されることになった。増大する青少年事務所の国際的課題への関与における第三の段階は、2003年1月に両国首脳が独仏関係の充実化のための「共同声明」を発表することによって開始された[11]。この新たな次元は、2005年4月、二国間の青少年事業の創設に関する協定が改定された際に出された、青少年事務所への役割に関する指示のなかに要約的に明記されている。そこでは第2条において、「独仏青少年事務所は両国政府にとっての管轄センターである。それは独仏両国におけるさまざまな政府間レベル、そして市民社会の関係者の間において助言者あるいは仲介者としての役割を果たす」と規定されている[12]。この「政府にとっての管轄センター」としての機能規定がどのように具体的に構築されていくのか、ということは現時点では評価することはまだ難しい。最初の明確な任務の配置は、たとえば独仏政府首脳会談の一つのテーマを準備するという形において見られるように、両国政府にとって圧倒的

第11章　二国間、ヨーロッパの文化関係における独仏青少年事務所（DFJW/OFAJ）　213

に二国間的な負担軽減機能を示唆している。それを越える国際的な任務はせいぜいのところバルカン諸国における青少年事務所の活動に見いだすことができるにすぎないが、原則的には決して除外されるわけではない。形式上青少年事務所が両国ともに青少年・家族省に配置されており、その長は執行委員会において議長（ただし議決権なし）の職を有することは、この二国間の機関がその管轄領域を拡大していくなかで、おそらくその意味を低減させていくことになるであろう。青少年事務所の行政上の両義的な地位は、その独自性のかなりの部分を成すものであるが、同時にそれは法的によりはっきりと定義された国際政治の諸機関によってますます活用されることになる出発点でもある。

2　構成原則としての国家行政と社会諸組織の相互依存関係

　2005年4月に新たに作成された協定の第2条では、独仏青少年事務所に「両国におけるさまざまな国家レベルと市民社会の関係者の間における助言者と仲介者」としての機能が与えられている。協定の条文は、この二国間機関の中心的活動領域をきわめて明確に指示している。その活動とは、30歳以下の若いフランス人とドイツ人に隣国を見聞し、接触する機会を提供することにある。1963年の協定では青少年事務所の目標設定は、以下のように簡潔に規定されていた。すなわち、青少年事務所は「両国の青少年の間の紐帯を緊密なものとし、相互の理解を深化させる」使命を持ち[13]、そのために同事務所は「青少年の交流を働きかけ、促進し、必要に応じて自らが実行する」こととされた。2005年4月の条文では青少年事務所の目標規程はより明確に分節化された。2005年版には、1960年代以降青少年事務所の内部、そして外部において行われてきた、異文化間コミュニケーションの必要性とその前提となるものについての徹底的な議論の成果が反映されている[14]。これにより、今や2005年4月の協定では、「青少年事務所は、拡大されたヨーロッパのなかにおいてドイツとフランスの青少年の間の関係を促進する任務を負う」となっている。それはまた、第2条において「両国の子供、少年、青年、そして青少年事業の責任者の間の関係を

促進する」と規定している。「この目的のため、同事務所は相手国の文化の仲介に寄与し、異文化間学習を振興し、職業的な資格付与を支援し、市民的活動のための共同のプロジェクトを強化し、ヨーロッパにおけるドイツとフランスの特別な責任に対する感受性を高め、そして若き人びとをパートナー国の言語を学習するように動機づける役割を有する」[15]。青少年事務所はそれゆえ、社会内部の諸勢力を動員することによって外交的な目的、すなわち独仏関係の安定化の実現に寄与すべきものとされたのである。

　このような機関は、その動員能力を単に官僚的なリソース、国家官僚から導き出された権力によって発揮するわけではない。それはむしろ根本的に、組織された社会的諸勢力に依存するものである。そのため青少年事務所の構造は政府によって設置された、専従の職員からなる小規模な組織と、市民社会における青少年政策的目的を持った諸組織からなる広範な土台の共同作業によって形成されているのである。この共同作業は補完性の原則、すなわちこの組織構造の最下部の単位が自らの能力の尺度に応じてその任務を処理し、上位の構成要素は任務が下位の能力を超えたものである場合に初めて活動する、という合意に基づいて機能している。こうして1970年代以降、青少年事務所は70人の両国から採用された職員を擁してその業務を執り行ってきた一方、市民社会の土台は数百もの公共の、あるいは民間の青少年保護組織を包含している[16]。青少年事務所の最も重要な決定機関である理事会では、40年以上にわたって市民社会の諸組織の代表が、補完性の原則に完全に従って、議決権を持つ会員の過半数を構成している。これに対して政府省庁の側はそこでは少数派であった（ただし可決阻止少数［Sperrminorität］の権限を有していた）。

　理事会における国家に配分された部分の構成においては、1983年以降、地域団体がより代表されるようになってきている。とりわけドイツ連邦共和国の連邦制度において都市や自治体は、独仏の姉妹都市関係（現在ではほぼ2,000の自治体に及ぶ）での担い手として役割を強調しつつ、当初から青少年事務所の決定機関である理事会の議席を要求してきた[17]。（2〜3年ごとに理事会で交替する）市民社会の青少年政策関連組織の構成において、次第にドイツにおい

第11章　二国間、ヨーロッパの文化関係における独仏青少年事務所（DFJW/OFAJ）　215

てもフランスにおいても、青少年事務所の財政的補助対象の大部分を占める20数個の団体の集団が形成されることになった。この集団形成は元々こうした団体の助成配分闘争をめぐる獲得能力よりは、それらの特徴となる青少年政策上の能力や重点設定に関わるものであった。このより小規模な青少年団体に有利な形での不均等な財政的資金配分は、2005年4月の青少年事務所の制度的改革においても重要な役割を演じることになった。とりわけドイツ連邦議会とフランス国民議会の議員からなる特別に設置された議院委員会は、こうした状況から予算技術上、青少年事務所中枢において決定を下す者と助成金を受け取る者の間をはっきりと区別する必要性を引き出した[18]。その結果として生じた制度的改正とは、新たな決定機関である執行委員会の席には圧倒的に国家の代表者が座り、助言的機能しか有さない諮問委員会では社会の諸機関、諸組織が多数派を占める、というものであった。

　歴史的に見れば、2005年4月26日の青少年事務所に関する協定の改定にはじまり、2006年2月15日のフランス上院による批准によって終了したこの改革は、一つの断絶である。（決定権を国家に、諮問権を組織された社会の諸勢力にという）役割の新たな配分に対する激しい反発は、とりわけドイツの市民社会の代表者たちからもたらされることになった。たしかに2006年2月半ばに改革が発効してから、執行委員会と諮問委員会の間の協力関係は大した対立もなく形成されている[19]。しかし、これが今後も続くかどうかは定かではない。というのも、国家行政と社会的組織の作業の間の相互依存、つまり1963年青少年事務所が発足したときのこの基本原則が、相互作用のパートナーである両者の間の新たな役割配分では決して保障されていないからである。この二国間機関の歴史において、交流プログラムの質を監視する役割は絶えず社会の青少年組織の側にあった。なぜならこれらの組織は、必要な技術的、組織的、教育方法的な能力を保持していたからである。しかし、もしこの土台の上に行われる交流、評価プログラムが、新たな諮問委員会によって提案され、それが繰り返し、そして理解できないような根拠で新しい執行委員会において阻止されることになるようであれば、内部の対立と青少年事務所の機能麻痺は避けがたいものとな

るであろう。ここでは、(2005/2006年の改革によって同等の権限を付与された)二人の事務局長に、重要かつ新しい課題が課せられている。

　青少年事務所の事例の移植可能性の観点においてとくに興味深いことは、国家横断的な課題を持つ二国間の機関というものは、参加国の社会の諸組織・団体が現実の責任を引き受けることなしには、生命力を持たないということである。そうでなければ、そのような機関は単なる国家関係者レベルの付属機関として、いくつかの省庁の負担を軽減するだけの存在となり、国家横断的な問題の解決に社会が関わる可能性は利用されないままとなってしまう。青少年交流のための独仏間の機関の成立の場合、社会の諸組織をより重視し、取り込むことに有利な状況が存在していた。というのも、1963年に青少年事務所が設立される前に、すでに1950年代には両国間で活動する民間の団体や協会のネットワークが存在したのである。それはフランス側とドイツ側で約30の組織を包含するものであり、1950年代半ば以降すでに政治的ロビー活動のために二つの統括団体が、そしてまた異文化交流に関する思想の蓄積が生み出されていた[20]。国家横断的な影響を企図する市民社会の協会は、二国間の交流組織を形成する上で予め定められたペースメーカーであったのである。

3　行動指針としての目標設定とプログラム装置

　独仏青少年事務所における元来の役割区分は、交流プログラムは基本的に社会の組織によって、一般的な目標設定は青少年事務所のトップによって行われるものと規定していた。それに対応して、指針（directives）を作成するのはこの機関の仕事であり、独仏青少年交流の具体的なプログラムの作成のためにイニシアティヴを握るのは、（理事会において代表される）さまざまな組織の仕事である。この役割分担は、青少年事務所という組織の活動能力が本質的に補完性原則の機能性に依存していることを示している。70ものメンバーを擁する青少年事務所の執行機関は、青少年交流の諸組織の作業を引き受けることはおそらく不可能であり、青少年政策に関わる諸組織もまた、自分たちだけでは

第11章 二国間、ヨーロッパの文化関係における独仏青少年事務所（DFJW/OFAJ） 217

用意できない統括的な枠組みと執行機関を必要としているのである。予算技術的には、この機能上の二重性は、執行の予算が全体の25％を超えてはならず、残りの75％は具体的な交流事業支出も含めた仲介の予算が占めるもの、とする予算配分の設定を絶えず更新していくことに表れている。

　この青少年事務所の両方の関係者への権限配分は、設立の際に明記されたものであったが、その1963年7月5日の協定と、2005年4月26日の協定の条文を比較してみると、行政組織に有利な形で、形成（Gestaltung）領域が一定の拡大を見せていることはたしかである。これについて元来の条文では、青少年事務所は独仏両国の関係改善に努め、「青少年の交流を活性化するという使命を推進し、必要な限りにおいて自らが実施する」（第2条）となっている。2005年4月の新しい条文では、「必要な限りにおいて」という限定が外され、プログラム創出における青少年事務所の積極的な役割がより明確に謳われている。「青少年事務所は、公共の機関や民間の連携組織に対し補助金を交付する。青少年事務所は自らが協力や交流の領域においてプログラムを実施することができる」。質的な点においてもまた、青少年事務所の独自の活動がここ10年間、より強調されるようになっている。独自の活動プログラム以外に、当初から青少年事務所の活動が力を注いできたのは、隣国言語の能力の質的な改善と青少年運動における異文化間の学習過程が交差する課題であった[21]。青少年事務所の独自の活動の中心的な領域であるこの両者については、1980年代以降、具体的な交流プログラムの担い手の実際的な需要に役立つべく、サービス部門や研究部門の活動に優先的に力がそそがれていることがはっきりと確認できる。ここではとくにミニ辞典の編纂や異文化コミュニケーションに関する研究を挙げておきたい[22]。

　異文化間学習過程の分析がますます専門的になってきていることは、青少年事務所がこれまで作成してきた目標設定やプログラム装置において明確に反映されている[23]。助成金交付ための目標設定や指針の明文化は、この二国間機関の執行委員会の最も重要や任務の一つである。指針において、第2条の一般的な目標設定は設立協定の条文からまさに実効的なものとして明文化され、具体

的な実践にとって操作可能なものとされることになる。設立初期の「指針」ではこの拘束的な行動原則はまだ抽象的な規則の特徴を有していた。たとえば1965年の指針では、振興事業の目的とは、若いフランス人とドイツ人の間の持続的な結びつきを創出し、責任感を強化し、隣国の生活世界への洞察を可能とし、相手国の言語知識を獲得ないし深化することを促進するとなっていた[24]。部分的には青少年事務所自身によって働きかけられた、社会科学、文化科学、教育学の専門的な鑑定の影響のもと、指針の表現は大きく変化した。1974年初めから本質的には変化していない具体的なプログラムの目標設定の文章においては、プログラムの適性と振興価値の基準はより厳密に文章化されている。「相互の交流と協調、連帯と協力が青少年事務所の変わらざる目標である。相互の交流はとりわけ、個々の生活を規定する根本的な個人的、社会的事実を前提とする。そのようなアプローチは、隣国、その市民、そして彼らの生活習慣の特質を認識し、理解するためには不可欠であることは明らかである。協調は自己の利害とパートナーの利害を認識し、それらを慎重に比較検討し、それについて明確な説明を行い、ありうる対立について議論を尽くす能力を必要とする。それは自己と他者の先入観を認識し、自己批判と他者の批判に取り組むことを必要とする。連帯と協力は、相互依存の認識をふまえつつ、互いが自らの責任を引き受けることを前提とする」(第1条第2項)[25]。青少年事務所の一連の指針には、その「哲学」、すなわち規範的な土台の発展が最も明瞭に現れている。この「哲学」に実効性を持たせることは、パートナー組織において活動する青少年事務所の約30人の教育関係の専門職員の中心的な任務に属している。

現在有効な「指針」は2005/2006年に一部改訂されなければならなかったが、そこでは青少年事務所はその活動において「青少年が自らイニシアティヴを取って行う形成形態や組織形態において表現するような、彼らの関心に配慮しなければならない」(第1条第1項)とされた[26]。交流プログラムを実際に作り上げる際に、この原則は当初からきわめて真剣に受け止められ、それに応じた多様な形態を持つ広範な交流のあり方は、青少年事務所の歴史を特徴づけている。交流プログラムの広がりは学習内容とともに、それを企画し、実行する社

会学上の諸集団（協会、団体、機関）にも関連している。ここには青少年事務所のパートナー組織と戦間期にも存在していた「国家間組織」の間の根本的な相違が存在している[27]。「国家間組織」は両国のエリートを相互に結びつけ、それぞれの国民独自のエリート文化を仲介することに集中していた。それに対し青少年事務所のパートナー組織は、両国の協会・団体世界の広範な結節点を代表しており、「拡大された文化概念」の基準に基づいて活動している。この概念はすでに1963年の青少年事務所の設立以前から、ドイツとフランスの交流組織によって一致して表明されており、そこでは、国家を横断した協調というものは両国社会のできるだけ多くの生活領域に影響を持つものとなることを保障すべきである、とされた[28]。

　青少年事務所のプログラムに関わる多数かつ多様な学習目標やイニシアティヴ・グループを一つの類型論に押し込めることは困難であり、また最終的には無意味なことであろう。しかし、プログラム装置のなかに、いくつかの一般化可能な特徴やトレンドを観察することはできる。交流事業の申請や実施に関わるグループ（その変動する総数は一度も計算されたことはないが、両国で数百に及ぶことはたしかである）は、両国社会の「活発な勢力」（forces vives）、すなわち青少年団体、政党、労働組合、経営者団体、キリスト教教会、大規模な社会団体、学校、大学、そして国際的な交流組織、機関から出て来たものであった。そこには、少数派あるいは急進的な団体は代表されていない。プログラムの概要とそこにおいて中心にあった学習目標の発展を長期的に見ると、和解や協調といったモチーフから広範な共同の社会・教育学的な問題克服（たとえば失業、薬物依存、エイズ感染など）へとアクセントが移ってきていることを確認することができる[29]。交流技術的に見ると、プログラムの長期的な視点において、個人的交流の優先からグループ交流プログラムへ、そして1990年代からは再び、より需要の高い個別交流プログラムの提供へという変化のカーブが見て取れる。社会学的な個人主義化の傾向と関連して、若者たちが既成の団体における共同作業を忌避するようになっていることは、やはり1990年代以降、青少年事務所が新たな問題に直面しているトレンドを示している。全体として

見れば、この二国間の機関は常に、プログラムの範囲をさまざまな青少年世代の支配的な関心に適用させようと務め、それによってその設立目的を絶えず新たな道具立てによって、少なくとも近似的に解決しようとしているといえよう。その目的とは、すなわち青少年世代の国境を越えた共同の学習を通して両国民の間の社会的結合へと、二国間、そしてヨーロッパの文脈において責任能力を持った、コミュニケーションのインフラへと到達することである。ここで最後にまた、移植可能性の問題を取り上げよう。さまざまな国の青少年の相互理解という目標の実現に向かって政治的に努力し、またそれらの国における社会文化的な状況が一定の共通点を示しているという前提において、独仏青少年事務所が提示する実効的な目標設定とプログラム装置は、その活動の役割分担をめぐるポジティヴな経験とネガティヴな経験を併せ、依拠することのできる土台なのである。

注

1) 独仏青少年事務所の発展に関しては現在のところ、以下のモノグラフィーがある。Hans Manfred Bock, Corine Defrance, Gilbert Krebs, Ulrich Pfeil (dir.), *Les Jeunes dans les relations transnationales. L'Office franco-allemand pour la Jeunesse 1963-2008*, Paris 2008; Deutsch-Französische Arbeitsgruppe, *Evaluation des Deutsch-Französischen Jugendwerks. Juni 2004. Bericht zur Vorlage beim ministère de la Jeunesse, des Sports et de la Vie associative und beim Bundesministerium für Familie, Senioren, Frauen und Jugend*, o. O. 2004, 156 p; *Bericht der Arbeitsgruppe der Assemblée nationale und des Deutschen Bundestages, 3 juin 2004*, in: Bundestags-Drucksache 15/3326. Deutscher Bundestag, 15. Wahlperiode, 45 p. Hans Manfred Bock (Hrsg.), *Deutsch-französische Begegnung und europäischer Bürgersinn. Studien zum Deutsch-Französischen Jugendwerk 1963-2003*, Opladen 2003; Ansbert Baumann, *Begegnung der Völker? Der Elysée-Vertrag und die Bundesrepublik Deutschland. Deutsch-französische Kulturpolitik von 1963 bis 1969*, Frankfurt/Main 2003; Jacqueline Plum, *Jugend und deutsch-französische Verständigung. Die Entstehung des Deutsch-Französischen Vertrages und die Gründung des Deutsch-Französischen Jugendwerks*, in: *Francia. Forschungen zur westeuropäischen Geschichte*, 20/3 (1999), pp. 77-108; Paloma Cornejo, *Evolution de l'Office franco-al-*

第11章　二国間、ヨーロッパの文化関係における独仏青少年事務所 (DFJW/OFAJ)　221

lemand pour la Jeunesse et nouvelles perspectives depuis la révolution de velours, Strasbourg 1997; Henri Ménudier, *Das Deutsch-Französische Jugendwerk. Ein exemplarischer Beitrag zur Einheit Europas*, Bonn 1991; Henri Ménudier, *L'Office franco-allemand pour la Jeunesse*, Paris 1988; Otto Letze, *Deutsch-Französischer Jugendaustausch. Organisation und Interaktion*, Diss. phil. Tübingen 1986; Georg Walther Heyer, *Das deutsch-französische Jugendwerk. Ziel, Möglichkeiten, Erfahrungen*, Freudenstadt 1969. 包括的な参考資料・文献一覧は、Bock, Defrance, Krebs, Pfeil (dir.), *op. cit.* を見られたい。

2)　たとえば、現職の二人の事務局長のテキストを参照。Max Claudet, Eva Sabine Kuntz, *Das schönste Kind des Elysée-Vertrages-fit für die Zukunft. Neues Abkommen zum Deutsch-Französischen Jugendwerk, in: Dokumente. Zeitschrift für den deutsch-französischen Dialog*, 2005, Nr. 2, pp. 69-78.

3)　この点については、以下の文献に収録されている文書資料を参照。Adolf Kimmel, Pierre Jardin (Hrsg.), *Die deutsch-französischen Beziehungen seit 1963. Eine Dokumentation*, Opladen 2002, p. 483 sq.

4)　Ib., p. 487 sq.

5)　財政上の推移についての大変有益な概観は以下の報告に示されている。*Bericht der Arbeitsgruppe AN und Bundestag*, loc. cit., p. 9.

6)　この点については、以下を参照。Rudolf Herrmann, *Une cheville ouvrière de l'Europe. L'arc de Weimar, in: Allemagne d'aujourd' hui*, 2001, n° 158, pp. 107-114.

7)　以下を参照。Carla Albrecht-Hengerer, *Les échanges trilatéraux*, in: Bock, Defrance, Krebs, Pfeil (dir.), *Les Jeunes dans les relations transnationaux*, op. cit., p. 256 sq.

8)　たとえば、OFAJ/DFJW, *Neue Brücken für den Balkan. Die Südosteuropa-Initiative des DFJW in 2006*, Berlin 2006. を参照。

9)　(訳者注)「エラスムス」プログラムは1987年に制定された、「高等教育機関学生の流動化のためのヨーロッパ地域行動スキーム」(European Region Action Scheme for the Mobility of University Students) のこと。「コメット」とは「高等教育機関と産業界の協力関係プログラム」(Community Programme in Education and Training for Technology) の略称であり、1986年に制定された。Jugend Europas とは、1970年代以降準備されつつも、法的な整備が不十分であったヨーロッパ規模の青少年政策が、2000年の EU の決議によって「青少年」共同行動プログラムとして制度化されたものを指している。その目的は、EU 加盟国の青少年の間の交流、討論プログラムの促進、国際的な教育養成、協力の構築にある。

10) この点に関する論拠については、以下を参照。Hans Manfred Bock, *Le bilatéralisme à l'épreuve de l'unification allemande, de l'européanisation et de la mondialisation*, in: Bock, Defrance, Krebs, Pfeil (dir.), *op. cit.*, p. 179 sq.

11) 「共同声明」のテキストは以下に掲載されている。Deutsch-Französisches Institut (Hrsg.), *40 Jahre Elysée-Vertrag im Spiegel der Presse*, Ludwigsburg 2003.

12) OFAJ/DFJW, *Accord. Abkommen*, Paris, Berlin 2006.

13) Kimmel, Jardin (dir.), *op. cit.*, p. 483. を参照。

14) この議論の推移と成果については、以下を参照。Gilbert Krebs, *Pour une pédagogie de la rencontre et de l'échange: la recherche à l'OFAJ*, in: Bock, Defrance, Krebs, Pfeil (dir.), *op. cit.*, pp. 411-436; Andreas Thimmel, *Pädagogik der internationalen Jugendarbeit*, Schwalbach/Ts 2001, pp. 169-198: *Praxisforschung und konzeptionelle Beiträge im Kontext des Deutsch-Französischen Jugendwerks*.

15) OFAJ/DFJW, *Accord. Abkommen*, Paris, Berlin 2006, p. 2.

16) このドイツ、フランスにおける諸組織からなるきわめて異質な集合体については、要約的かつ比較的視点からの研究が必要となろう。

17) この点については、Ansbert Baumann, *L'Office franco-allemand pour la Jeunesse, une foundation controversée*, in: Bock, Defrance, Krebs, Pfeil (dir.), *op. cit.*, besonders pp. 47-54. を参照。

18) 以下を参照。*Bericht der Arbeitsgruppe der Assemblée nationale und des Deutschen Bundestags, op. cit.*, p. 23.

19) これに関しては、以下の議事録を参照。*Die Protokolle der 1. Sitzung des Verwaltungsrates am 22. Mai 2006 in Berlin.* および *Die Protokolle der 2. Sitzung am 14. Februar 2007 in Paris und der 3. Sitzung des Verwaltungsrates am 12. November 2007 in Berlin.*

20) この点については、以下を参照。Hans Manfred Bock, *Les racines de l'OFAJ dans la société civile. Les initiatives privées de rapprochement en République fédérale et en France de 1949 à 1964*, in: Bock, Defrance, Krebs, Pfeil (dir.), *op. cit.*, pp. 15-38. さらに以下の雑誌 Lendemains の特集も参照。*Gesellschaftliche Neubegründung interkulturellen Austauschs. Zur Vorgeschichte und Struktur des DFJW 1949-1963*, in: Lendemains, 2002, n° 107/108, pp. 139-224.

21) 興味深いのは、青少年事務所の具体的な活動のための指針のさまざまな版を比較の視点から見てみることであろう。これらの指針は Bock, Defrance, Krebs, Pfeil (dir.), *op. cit.* の論文集付録の CD-ROM に掲載されている。

22) 前掲論文集付録 CD-ROM に、ミニ辞典や異文化交流研究の包括的な一覧が所

収されている。
23) 前掲 CD-ROM 参照。
24) 前掲 CD-ROM 所収資料、*Directives de l'OFAJ. Date d'entrée en vigeur 1er janvier 1965*.
25) 前掲 CD-ROM 所収資料、*Directives de l'OFAJ. Mise en vigeur au 1er janvier 1974*.
26) OFAJ/DFJW, *Accord. Abkommen, op. cit.*, p. 2.
27) この点については、以下の研究を参照。Guido Müller, *Europäische Gesellschaftsbeziehungen nach dem Ersten Weltkrieg*, München 2005; Ina Belitz, *Befreundung mit dem Fremden. Die Deutsch-Französische Gesellschaft in den deutsch-französischen Kultur- und Gesellschaftsbeziehungen der Locarno-Ära*, Frankfurt/Main 1997.
28) Bock, Defrance, Krebs, Pfeil (dir.), *op. cit.*, p. 27 sq., *La "notion élargie de culture" comme base du consensus des organisations privées d'échange en République fédérale et en France*.
29) *Ibid.*, p. 199 sq. さらに以下の論考も参照。Dominique Bosquelle, *L'OFAJ et les "Jeunes défavorisés", Ibid.*, p. 293 sq.

第12章　東アジア自由貿易協定（EAFTA）の可能性
——新地域主義の性格と課題——

深川　由紀子

1　東アジアの地域主義——アジア太平洋協力（APEC）を超えて

　東アジアは1997年通貨危機後、初めて伝統的な多国間主義（Multi-lateralism）による通商政策から自由貿易協定（FTA）を中心とする地域主義（Regionalism）に踏み出した。危機の共通体験は地域主義への覚醒の契機となり、巨大な域内市場の潜在力を顕在化させ、域外依存度を軽減することで持続的成長を希求することに各国の関心が高まった。危機直後は急速に強化された金融協力がいわゆる ASEAN + 3（日本、中国、韓国）= APT の枠組みを形成させ、ASEANとそれぞれ中国、韓国、日本の FTA が締結されるとともに、東アジア FTA（EAFTA）が最終目標として強く意識されるようになった。2005年には ASEAN の主導する会議に + 3 の形で参加していたにすぎなかった日中韓をフルメンバーとして2005年には東アジアサミットが開催され[1]、政治的にも地域主義へのコミットメントが明確化した。地域主義への議論の高まりは「東アジア共同体」への関心に発展した。

　危機前に東アジアに存在した地域協力はアジア太平洋経済協力（APEC）のみであり、これは二つの原則に基づく緩やかなものにすぎなかった。一つは「開かれた地域主義」（Open regionalism）として貿易の自由化は世界貿易機構（WTO）を中心とする、というものであり、とりわけ太平洋国家として自ら抜

きの地域主義に反対する米国はこれを強調してきた。もう一つは「自発的自由化」（Voluntary liberalization）で、拘束力の強い枠組みや制度によらず、各国独自の努力と圧力（peer pressure）により貿易の自由化を目指す、というものであった。APECは次第に参加国が大きく拡大したことから、もともとあまりの多様性のなかで、均一な自由化速度や開放水準を追求することが現実的でない、といった面があった。しかし、妥協が重ねられるうちに結局、APECは北米自由貿易協定（NAFTA）のような明文性を持たず、他方でEUのような地政学的、歴史的な推進力をも持たない協力体として定着した。

危機後のFTA締結の動きは少なくともWTOへの通報、非締結メンバーによるチェックが可能で、そのためにより十分な制度化、コミットメント、実行が必要となる、という点でAPECを大きく超えるものであった。メンバー間FTAの積み上げとしてのEAFTAは包括的で、深く、制度化された統合であり、APECとは異なる地域主義の具現化であった。

2　東アジアをめぐる二つのジレンマ

しかしながら、APECをめぐる二つの原則は実のところ、東アジア地域が抱える構造的なジレンマを反映したものにすぎない。EAFTAが本当に新たな地域主義を実現するかどうかはこのブレークスルーにかかっているといえるだろう。一つのジレンマは拘束的な制度と主権の間にある。自国での近代国家制度構築を終えてから、戦争を経て、安全保障という政治的動機に基づいて統合が始まった欧州とは異なり、東アジアの経済統合は一貫して市場にリードされてきた。典型的な例は1985年のプラザ合意後の直接投資ブームであり、通貨の切り上げにともなってコスト削減を海外生産に求める動きが日本からさらには台湾、韓国に広がり、ASEANや中国はこれら直接投資の受け入れで工業化を加速させた。また、中国と香港・台湾、インドシナ半島とタイなどの間で急激に拡大した産業集積も1990年代の冷戦終焉にともなって発生した市場の反応であった。

東アジア市場は外向き工業化政策をとる国が多く、関税率はすでに一般的には高くなくなっている。輸出拠点構築を目指した直接投資ブームが域内外貿易の拡大と相乗効果をともなって拡大してきた。したがってFTAや他の形での地域協定（RTA）は東アジアでは先行する経済現実を包摂するための事後のパッケージにすぎず、関税引き下げを中心とした、典型的なFTAよりも直接投資やサービスなどを含めた包括的なものにならざるをえない。

しかしながら、包括的な自由化パッケージになればなるほど、まだ直接投資やサービス、さらには知的財産権保護や検疫などその他の市場アクセスなどの面で経済運営に統制手段を残しておきたい政府は困難に直面することとなる。ここで主権維持は新興国では往々にして「自発的自由化」や漸進論の正当化になりがちである。名目関税引き下げや貿易自由化のパッケージで妥協しても、少なからぬ国はまだ「産業政策」を放棄したわけではなく、直接投資や資本取引、市場アクセスなどにおいて介入余地を残そうとする。

228、229頁の付表が示すように、日本とシンガポール、メキシコ、韓国とチリ、タイと豪州など、先進国が加わるFTAはWTO整合性を超えた包括性を持つが、ASEANと中国などは初期の段階ではまだ財をカバーしただけであり、サービスや投資、知財、相互認証などは後から、それも不十分な形で追加されただけであった。またASEAN自由貿易地域（AFTA）もカバー率は低く、MERCOSURや、EUと地中海地域とのFTAと同様、自由化率や包括性でやや劣後したものとなっている。東アジアでの実態が示すように、大きな社会的コストもなく、市場がビジネスを拡大させる機会を見いだす限り、政府はその成功を見極めつつ、市場の先行を認めることができる。しかしそれはあくまでも政府が状態をコントロールできる範囲に限られ、必然的に漸進的かつアドホックなものにならざるをえない。これは急速な自由化にともなう調整コストを折り込んだ包括的自由化とは異なる。市場主導型の統合とその成功体験を持つ経済にとっては、FTA交渉は高い自由化度、制度化、包括性の実現に向けて主権との調整を問う、新たな地域主義であるといえよう。

付表　主要FTAのカバー

	関税撤廃	投資				設立前制限
		設立前規制	設立後内国民	出資規制	パフォーマンス禁止	
EU－メキシコ	○	×	×	×	×	△S
EU－チリ	○	×	○	×	×	○P
NAFTA	○	○N	○	○N	TRIMS+	○N
日－メキシコ	○	○N	○	○N	TRIMS+	○P
日－シンガポール	○	○N	○	○N	TRIMS+	○N
日－タイ	○	○N	○	○N	TRIMS+	○N
日－マレーシア	○	○N	○	○N	TRIMS+	○N
日－フィリピン	○	○N	○	○N	TRIMS+	○N
韓－シンガポール	○	○	○	○N	TRIMS+	○P
韓－チリ	○	○	○	○N	TRIMS+	○N
豪－タイ	○	○	○	○N	△	○N
豪－米	○	○N	○	○N	TRIMS+	○N
AFTA	○	○P	○	○	×	○P
ACFTA	○	×	×	×	×	×
CARICOM	○	○P	×	×	×	○N
MERCOSUR	○	○N	○	×	○TRIMS+	○P
COMESA	○	○P	×	×	×	○P

注：＊中国の市場経済ステイタスを前面認定
　　＊＊米国が他のほとんどのFTAで含めている投資家対国家紛争規定が欠落
　　○は高い水準の規定があるもの、△は曖昧もしくは協力の次元での規定あり、×は規定なし
　　○Nはネガティブリスト方式、○Pはポジティブリスト方式、○Sはスタンドステイルのみ、TRIMS+、
出所：深川（2007）。

　二つ目のジレンマは「東アジア」をめぐる地政学的な求心力と、米国が代弁する、太平洋から来る遠心力との間に存在する。危機後の東アジアは米国市場とその帰結としてのドル決済に依存した、脆弱な成長構造を反省し、域内市場の拡大・確保に腐心してきた。巨大市場＝中国の台頭も域内市場拡大への楽観論を後押しした。

　しかしながら、1980年代には東アジア経済共同体（EAEC）に対して、90年代については東アジア通貨基金（AMF）に対して、米国は常に自分が関与しない東アジア統合に明確な反対を唱えてきた。危機後の金融協力については、それがさらなる開放や金融市場の安定につながり、米国の利害にかなう限り、受動的にこれを認めてきたが、米国を抜いたままでの制度化水準の高い、排他的なFTAが増大するようなら別の話である。実は米国自身は伝統的に安全保

範囲と制度水準

サービス		通関手続き	紛争解決	MRA	知財	競争法	人の移動
内国民待遇							
○	×	○	○	○	△	○	○
○	×	○	△**	△	△	○	○
○	○	○	○	○	TRIPS+	○	○
○	×	○	○	○	○	○	○
○	×	○	○	△	△	△	○
○	×	○	○	△	△	△	△
×	×	○	○	△	△	△	△
○	△	○	○	○	○	△	○
○	○	○	○	○	○	○	△
○	×	○	○	△	○	△	○
○	○	○	△**	○	TRIPS+	○	○
○	×	○	△**	△	×	×	△
×	×	○	△**	×	×	△*	×
×	×	○	○	×	×	×	×
○	×	○	○	×	×	×	×
○	×	○	○	×	×	×	×

TRIPS+ はそれぞれ WTO+ を示す

障面での戦略的意味を持つ、FTAを政治的に推進してきており、東アジアとの間でも、東アジアFTAができる前に、シンガポールを皮切りに、韓国ともFTA締結で合意した（2007年）。2009年のオバマ政権発足とともにアジア戦略は強化される傾向にあり、東アジアで地政学的な求心力が高まるほど、米国の必ずしも積極的あるいは建設的でない関心が高まる、といったジレンマは依然として存在している。とりわけ冷戦構造が未だ残存する北東アジアでは米国のプレゼンスは経済面以上に大きく、米韓FTAの合意は米国にとっては東アジアの求心力に対する政治的影響力を計算したものとも受け止められた[2]。

たしかに危機は新地域主義の契機となったが、そもそも成長構造そのものが大きく変わったわけではなかった。東アジアの域内貿易はEUのような水平分

業に基づいたものではなく、ほとんどのメンバーの貿易構造はむしろ輸出面においては競合面が強い。中国、タイ、インドネシアなどの輸出では消費財のシェアが高く、とりわけ域外市場では競合している。一方、中国を含めて加工用原材料、部品、資本財は輸入に依存しており、消費財を輸入しつつ、これらを輸出する逆の貿易パターンをとっている国は日本ぐらいしかない。消費財の輸出先は日本やNIEsよりまだ米国市場が大きなシェアを持っている。このことは中国への期待が大きくても実際には中国の購買力の源泉は米国、日本あるいはその他の先進市場向け輸出によるところが大きく、最終財輸入国としての中国は過大評価されている可能性を意味する。さらに、日本、EU、それに米国が東アジアで大きな直接投資の担い手であるのに対し、中国は豊富な外貨を持つ一方でまだ圧倒的に受け手となっている。このため、米国の反対がなかったとしても、域内では完結できない経済構造の上から、東アジアには「開かれた地域主義」を標榜せざるをえない面がある。欧州をモデルとした議論には多分に限界が存在する。

3　APECへの回帰？

　拘束的、包括的な自由化枠組みと主権の衝突、統合のエンジンであるはずの市場自身がもつ求心力と遠心力といった二つのジレンマはいずれもAPECの特徴を形成するものであった。錯綜した域内FTAの交渉の結果、EAFTAには奇妙にもAPECにむしろ回帰するかのような傾向が表面化してきている。

　例えば、APECは1995年のボゴール宣言でより広範な貿易自由化を呼びかけたが、その帰結は目標年の2010年を前にしても厳密に検証されていない。FTAはAPECよりは拘束力があるように見えるが、いわゆるWTO 24条（「実質的にすべての貿易を一定限度内に自由化」）に沿ったものとして提出されているFTAは東アジアではむしろ少数である。中国―ASEANのFTAは途上国同士のFTAとしてこの適用を事実上、受けない授権条項内にあり、実際、相互主義（自国が関税撤廃を宣言しても、相手国が敏感品目や超敏感品目に指

定した品目は同様の措置をとる）が盛り込まれているため、自由化レベルはこの実践に大きく影響される。日本や韓国、シンガポールのFTAはWTO整合性を持つが、まだ貿易量は大きくはない。タイ―豪州のFTAも整合的ではあるが、自由化率は80％水準に止まり、高いレベルの自由化とはいえない。

　自助努力型の性格残存に加え、次々と内容の異なるFTAが締結されていることから、「スパゲティボール効果」への懸念も浮上している。これまでのところ東アジアのすべての協定はFTAであって、共通通商政策を持つ関税同盟国ではない。原産地を証明するための基準は各FTAごとにバラバラのままである。幸いなことにAFTAと中国―ASEANのFTAでは40％の付加価値基準という、比較的寛容な原産地基準が共有された。しかしながら、日本―ASEANの基準はさらに厳しい。それぞれの交渉がほとんど調和を考慮せず、情報共有もあまりないままに行われていることから、地域全体ではこれらのFTAを利用しようとすると、バラバラな原産地基準を考慮して書類を作成せねばならない。その結果は書類や手続きのコストが膨大となるか、もしくは企業が多少の関税を払っても市場への投入時間圧縮を選び、FTAは利用されない、という結果につながりかねない。例えばすでにタイはAFTA、中国―ASEANのメンバーであるが、原産地基準がより厳しい豪州、日本ともFTAを締結しており、米国との合意が成立すればさらに厳密な基準が導入される可能性が高い。タイの貿易業者は輸出先によって異なる書類作成を課されることとなった。原産地証明のコストがあまりに高くついた場合、拘束力があり、制度化水準の高いFTAがはたして、拘束力はないが、自由化と同時に貿易手続きの合理化などを先行させようとしてきたAPECに比べて優れているのかどうか、には疑問が呈されてもおかしくない。

　APECとの関係でもう一つの興味深い点はそれぞれのFTAが次第にAPTを越えた相手に拡散しつつある点である。輸出の競合面を反映してか、東アジアのFTAは次第により多くのFTAを締結して「FTAハブ」になりたい、と

する競合的自由化（competitive liberalization）としての側面を持つようになった。もとより自由貿易体制にあり、FTA 締結の容易なシンガポールのみならず、タイ（インド、バーレンなど湾岸諸国、米国などとの交渉を開始）、韓国（チリに続き、EFTA、米国、EU と合意、カナダ、メキシコ、インドとも交渉）などもハブを目指した競争を続けてきた。多数の域外 FTA の急速な増大と先行は原産地基準の錯綜とともに地域主義の求心力に疑問を投げかけるものであり、あまりに加盟国が拡大し、動きがとりにくくなった APEC の発展過程とよく似た面を持っている。東アジアに幅広く日系企業が立地し、その権益拡大が東アジア FTA ネットワークへの強い動機となっていた日本でさえ、近年では東アジアをまとめることに強い熱意を示さなくなった。APT の枠組みでは政治的に中国のプレゼンスが大きくなりすぎると判断した日本は、前述のように豪州、ニュージーランド、インドを加えた FTA（Comprehensive Economic Partnership in East Asia：CEPEA）を推進する一方、自身もスイス、湾岸諸国などに関心を広げることとなった。

　さらに APEC の発展プロセスにおいては米国が主張する、明文化され、拘束力を持つ自由化プログラムと、自由化よりもむしろ協力を優先させようとするアジアの側にすり合わせが常に必要であった。FTA 交渉の時代になっても、結局、この構図は自由化を基礎とする南北 FTA と、協力を中心とする南南 FTA に置き換わっただけであり、制度化が進むだけに調和はむしろ APEC 以上に混沌としつつあるようにもみえる。さらに制度化水準の高い米韓 FTA のような FTA では APEC 時代には極力、経済から排除しようとしてきた政治・安全保障の影響力が強く働いており、新たな挑戦が持ち込まれてきた。

4　ジレンマの向こうにある制約

　FTA 交渉の時代になっても APEC の限界が持ち越されるか、あるいはむしろより複雑化するリスクが指摘される背景には二つのジレンマの根深さがある。まず、東アジアは比較的順調に発展を遂げてきたとはいえ、大多数は未だ成熟

市場経済として必要な国内制度を十分に整え切れずにいる。「産業政策」の次元で政府が市場の参入、退出をコントロールしがちなことは、資本市場が国境を越えたＭ＆Ａや買収などを通じて市場主導の産業調整を行いえない発展段階を反映したものでもある。また、社会的安全網は通貨危機で多少は整備されたものの、貿易自由化にともなう大胆な産業調整に踏み切るには依然として不十分でもある。さらに、まだ多くの国は政治的にも民主化の過渡期にある。政府が市場を補完して利害調整に乗り出そうとしても、その政府自体が利害団体を背景とした政党政治の未完成や、インターネットによるポピュリズムなどによって安定基盤を確保できないかもしれない。とりわけ通貨危機で味わった大量失業の経験は反グローバリズムの拡散などによって経済政策の政治化を生みやすくなった。自由化と主権、米国の関与の問題に敏感に反応する構造が存在している。2009年、米韓FTAに関連して発生した米国産牛肉自由化問題への韓国の反対運動の激烈さは象徴的であった。

　二つ目の点はさまざまな動きを地域主義に纏め上げる明示的なリーダーシップの欠落である。東アジアには欧州の仏独に相当する存在はなく、他方でNAFTAにおける米国のように圧倒的な存在があるわけでもない。多くの国は開放小経済型のFTAハブを形成することを競ってきた。しかしながら、国内の経済規模が小さいからこそ抵抗も少ないわけで、ハブを形成できる国がFTAの数を持って地域主義をリードできるわけではない。欧州の場合にはFTAの形成が不参加国の不利益を通じて次々とドミノ効果を発揮し、地域経済連携が実現したが、東アジアの場合にはあまりにFTA交渉も拡散しているため、まだ貿易転換効果が域内で実感されるようなことにはなっていない。

　貿易転換効果が大きく、ハブ効果の大きな組み合わせは東アジアでは当然のことながら、日中、あるいは日中韓のFTAであろう。端緒としての日韓FTAには大きな期待がかけられてきたが、政治的困難さから2003年の交渉挫折以来、再交渉のメドさえたっていない。韓国は実態以上に日本との競合を懸念し、対日貿易赤字が世論および通商担当者を納得させておらず、日本以上に中国に魅

力を感じているものの、中国については日本同様、農業への影響懸念や競争条件の調和懸念を抱いている。一方、日本にとっては中国はもともと韓国以上に困難な相手であり、農業貿易の自由化が避けられなくなれば、米中のバランスを考慮する必要も政治的に生じることとなる。農業保護主義を払拭できないことは日本のFTA交渉の最大の足かせとなってきた。

一方、中国はASEANに対して農業製品で早期自由化（early harvest）を約束するなど、地域主義に対する関心と政治的意思を十分すぎるほど明確にしてきた。しかしながら、他方で中国自身の国内調整のメカニズムが確立しているわけではなく、ASEANにとっても先進国のような直接投資やサービス業投資が期待できるわけでもない。中国のFTAが香港やニュージーランドを除けばほとんどが授権条項内にあることは制度化能力の限界とともに発展段階を示しているともいえよう。結局、制度化の能力や動機があっても日本には内政的な限界が、逆に中国には政治的な制約がなくても制度的な制約はあり、リーダーシップの欠如は東アジアの地域主義に当面は一定の限界を課すこととなっている。

5 FTA基軸の地域主義とその課題

政治的リーダーシップが欠如するなかでは、FTAを基軸とする統合は主権のぶつかり合いを避けつつ、市場の統合プロセスを最大化する、地域特殊な制度的枠組みが必要となる。まず、授権条項内でスタートしたFTAについてはカバー率や着実な自由化を進めるのみならず、自由化効果を関税以外の手段で「補完」しないよう、ルールの透明性に留意してゆく必要がある。とくに直接投資が貿易を通して統合の大きなエンジンとなっていることから、直接投資に関連した事項ではWTOに規定されている貿易関連投資措置（Trade Related Investment Measures：TRIMS）を超えた重要性がある。現在では高いレベルの二カ国間投資協定（Bilateral Investment Treaty：BIT）が次第に主流になりつつあり、FTAにBITを組み合わせた、投資環境整備が重要性を増して

いる。

　さらに直接投資の中心となる製造業ではサービスリンクコストを縮小することが最も重要であり、物流や流通などサービスの自由化も、人の移動や相互認証などの点でWTOが規定するサービス規約（GATS）以上に必要な面が出てきているといえよう。日中韓のみならずASEAN内部においても自由化による競争が激化すれば競争法の調和もいずれ視野に入れられるべき項目といえる。WTOなど国際標準に基づいて制度構築を行うことはとりあえずはナショナリズムや主権のぶつかり合いを避ける手立てとなるかもしれないが、市場主導であること自身が後付けであっても地域独自の優先アジェンダを設定している面がある。粘り強く、独自の優先事項で制度化を図る必要が存在しよう。

　第二に、経済統合がFTA基軸になったとしても、依然として協力の重要性は大きく、むしろ自由化が進展すればするほど増大している。一つはASEANにはいわゆるCVLM（カンボジア、ベトナム、ミャンマー、ラオス）といった後発途上国が存在しており、これらのなかにはWTO加盟と同時にFTAをも受け入れねばならない国がある。機能的協力によって貿易手続きや直接投資誘致の能力を強化することは後発国の追随を可能にする上で不可欠であり、むしろFTAを一つのプレッシャーとして協力を進める必要が出てきている。

　もう一つは非伝統的安全保障の面、とくに反テロから海賊取締り、感染症予防などが物流、検疫、人の移動などFTAに直結した協力にも大きな影響を与えつつあり、先進国間以上にこうした面での協力が欠かせないこともある。そして物流や金融決済、ITなどでの協力は必然的に米国をはじめとする先進技術の取り入れを必要とすることとなり、「開かれた」地域主義の伝統を維持し、二つ目のジレンマに一定の解を与える可能性があることは看過できない点といえるだろう。

6　東アジア経済統合と日本の戦略

　以上により、FTAを基軸とする地域主義の時代に入っても、東アジアはまだ多くの域内、域外協力を必要としており、今後もそうあり続けるようにみえる。域内の機能的協力ではFTAに直結したもの（電子データ交換システム（EDI）の連結や物流改善など）以外に中小企業分野もまた重点分野である。企業家精神の強さが東アジアの強味の一つであることを考慮すると非常に重要である。投資ルールの透明化、人の移動の自由化、知財保護、エネルギー供給の安定などは中小企業を大きくサポートし、域内、域外双方で重要な協力である。

　日本は一連の分野でまだ圧倒的な協力・支援国であり、実際、WTO交渉が本格化しない間は日本にとっても地域主義からの離脱は考えにくく、東アジアとの経済連携に注力せざるをえないであろう。欧米経済の回復が金融危機から長引くようであれば、新興市場の重要性は一段と高まり、東アジアとのFTAはますます重要性を増すこととなる。

　ただし、日韓や日豪交渉の中断や停滞などが示すとおり、国内の農業制約要因は大きく、交渉に当たる人材の限界も強く意識されるようになった。今後は国内で農業改革が本格化することを念頭にFTA戦略を練り直し、かつ東アジアを基軸としつつも二つのアプローチ転換により、東アジア以外の新興市場にも関心を広げることが必要と思われる。

　今後は二つの方向性が現実的であろう。一つは依然として二カ国間交渉を続けつつ、よりFTAに直結した機能的協力を強化してゆくことである。前者はすでに直接投資誘致、エネルギー関連の技術協力を中心とした対中東FTAなどで開始されているが、今後はマグレブ諸国の関心などを見ても、インフラから輸出産業作りまでをパッケージにした協力、中小企業協力などで東アジアでの成功経験を生かせる分野があれば、これを積極的に生かしていくことである。

第12章 東アジア自由貿易協定（EAFTA）の可能性　237

技術協力は中国が FTA を次第に資源獲得の手段とみなし勝ちな点との差別化を意味する。

　もう一つは ASEAN に多くの日系企業が立地することで ASEAN の FTA 政策は間接的に日本への効果があり、その枠組み作りを側面から支援したり、協力したりしてゆくことである。実際、ASEAN―インドの FTA では実際に日系企業の輸出が大きく伸びたケースが報告されている。直接投資の出し手としては存在の小さな東アジアとは異なり、日本企業の多くは多国籍化が進んでおり、FTA や経済連携の効果は単純な日本との貿易面に止まらない。東アジア域内、あるいは東アジアと域外の貿易自由化がもたらす効果は日本にとっては複雑であり、日本だけを中心に考えるのではなく、より複眼的な設計で考えてゆく必要があると思われる。農業保護を超えた国益全体の次元で ASEAN＋3 以降の東アジア統合戦略を再設計すると同時に、これまでの膨大な東アジア投資を生かす形で世界への広がりを求めることには意味があると考えられる。

注
1）　ただし、歴史摩擦により、日中韓の首脳会談はキャンセルされ、地域主義への期待に冷水を浴びせることとなった。日本は通貨危機直後には自身が金融協力の推進によって、APT 形成に寄与したにも関わらず、東アジアサミットでは豪州、ニュージーランド、インドを引き入れようとし、矛盾した動きを見せた。
2）　米韓 FTA は米韓同盟が政治的に揺らぐなか、米国側の大統領が議会に対して持つ通商交渉権限の優先権の期限切れ（2007年7月）に押される形で慌しく5月に合意された。しかし、結局、ブッシュ政権、盧武鉉政権の下ではそれぞれ国内の反対にあって批准できず、今日にいたっている。

参考文献

Ahn, C. Y., Ito, T., Kawai, M., and Park, Y. C. (eds.), *Financial Development and Integration in East Asia*, Korea Institute for International Economic Policy (KIEP).
Baldwin, R. (1993), "A Domino Theory of Regionalism", CEPR Discussion Papers.
East Asian Vision Group (2004), *Final Report on the East Asian Study Group*, Nov.
Kimura, F., and Ando, M. (2003), "Intra-regional Trade among China, Japan, and Korea: Intra-industry Trade of Major Industries", Kim, Y., and Lee, C. J. (eds.), *North-*

east Asian Integration: Prospects of Northeast Asian FTA, Korea Institute for International Economic Policy (KIEP).

Lincoln, E. (2003), *East Asian Economic Regionalism*, Brookings Institute.

Ministry of Foreign Affairs. (2004a), Issue Paper 1, On East Asian Community, Jun.

—— (2004b), Issue Paper 2, On the Functional Cooperation, Jun.

—— (2004c), Issue Paper 3, On East Asian Summit, Jun.

Schiff, M., and Winters, A. (2004), Regional Integration and Development, Oxford University Press, World Bank.

深川由紀子「自由貿易協定（FTA）の制度的収斂と東アジア共同体」、浦田秀次郎・深川由紀子編『東アジア共同体の構築（第二巻経済篇）』岩波書店、2007年。

第13章　EUと東アジア共同体

坪井　善明

はじめに——EUから何を学ぶか

　アセアン+3（日本・中国・韓国）、もしくはアセアン+6（日本・中国・韓国・インド・オーストラリア・ニュージーランド）で構成される東アジア共同体という地域統合を考えるとき、いつもヨーロッパ連合（EU）の経験が参照例として取り上げられる。だが、1950年代のヨーロッパ共同体（EC）から1990年代にEUまで発展してきた歴史を概観しただけでも、そのヨーロッパという独自の歴史と空間に規定された地域統合のあり方は、簡単に歴史的文化的背景の異なる他地域にとっての指標や手本となるものではない。EUの経験を絶対視して、それを手本に東アジアの地域統合を構想することは、厳に慎まなければならないであろう。

　しかし、EUの地域統合の歴史を学ぶことは、歴史的文化的背景が正反対に異なる東アジアにとっても非常に有益なヒントが多数存在していることもたしかである。その有益なヒントとなるいくつかの側面を見てみよう。

　第一に指摘せねばならないのは、地域統合の主体の問題である。ヨーロッパの地域統合を推進したのはフランスとドイツであった。この両国は長いこと敵対関係にあった。「対独復讐」がフランスの国家目標であったときもあったほどである。それは、ドイツとフランスの国境地帯にあるアルザス地方の石炭と鉄鉱石の領有をめぐる問題が一つの原因であった。この地域の資源を奪うため

に、両国は熾烈な戦争を数回にわたって繰り広げた。1870年の普仏戦争、1914〜19年の第一次世界大戦、1940〜44年の第二次世界大戦と、三度にわたる戦争を経験したのである。それでも結局問題解決にはならず、国民国家の枠を超えた地域統合の枠組みでしか、この種の問題は解決されないと観念されたのである。それ故、国民国家の枠を超えた地域統合が構想され、それを実現するために固い政治的な意思を両国の政治リーダーが共有して、まずヨーロッパ共同体として出発したのである。

　長年敵対していたドイツとフランスが和解して、共同でヨーロッパ共同体を創設して、積年の資源領有問題を政治的に解決したという経験は、東アジア諸国にとっても参考になる。日本と中国、日本と韓国も長年敵対を繰り返していた歴史を持つからである。たとえ、歴史に負の遺産があろうとも、固い政治的な意思がある限り、明るい未来を切り拓けるという展望をEUの経験は教えてくれる。もちろん、地域統合がすべての問題解決になると考えるのは楽天的すぎるであろう。しかし、国民国家としてまとまり、過度のナショナリズムが横行しやすい環境にある東アジアにおいて、地域統合が過去とは全く違った地域地図を創設する可能性があることを示している。

　第二の有益なヒントは、より実際的なものである。ヨーロッパでは共同体に参加を希望する国にたいして、信号機や道路標識などを同じデザインにすることを求めるなど、日常生活の数千に及ぶ細かい規則などを統一する施策が実行されている。単に観念的に地域統合といってもイメージがつかめないが、日常生活の細部にわたって同一基準が使われていることを知ることで、国境を越えた地域統合がどう行われるかの具体的なイメージをつかむことができる。たとえば、鉄道の線路の軌道の幅とか、ノートのサイズとか鉛筆の太さや硬さなども域内ではすべて同一となっている。たしかに、ヨーロッパ連合内で生活して見ると、EUメンバーであれば、国境を越えるときにもビザの取得は要求されないし、ほとんど何の制限もなく入国管理事務所を行きすぎることができる。他国に来た気が全くしない。それに、ユーロが導入された国では、フランスからベルギーやドイツに行こうと、イタリアに行こうと、各国の紙幣に換える必

要がなく同一通貨のユーロが使用できるので、手間が省ける。さらに、同一通貨なので、物価変動もよく分かるという利点もある。

このように、地域統合の具体的なイメージをEUの経験から学ぶことは可能なのである。

1 東アジア共同体構想の進展

東アジア共同体の構想は、1997年のアジア金融通貨危機を契機として実現味を持ってきた。タイのバーツが売られ、すぐにインドネシアと韓国に金融通貨危機が飛び火した。結局、IMF（国際通貨基金）や世界銀行の緊急融資、宮沢構想と呼ばれる日本政府の緊急融資・援助等によって、危機はひとまず沈静化した。

この危機は、順調に経済発展を遂げてきたかに見えたアセアン諸国に、実は脆弱な金融基盤に立っていたことを思い知らしめた。つまりアセアン諸国は、外資導入を奨励して、その資金を自転車操業的に運営して経済開発を進めてきたが、自分自身で保有する財貨は少なく、外資が急に引き上げられるなどの緊急事態が起こったときに、十分に対応できる危機管理体制を構築していなかったことを痛感させたのである。そこで、経済発展がまだ十分ではなく財源の乏しいアセアン諸国だけでは世界の投機家の攻撃に対応できるものではないという認識を共有した彼らは、東アジア地域の金融大国の日本、中国、韓国の三国の財政基盤をあてにして、危機管理体制を構築する枠組みの必要性を認識したのである。そこで、1997年12月、第一回のアセアン＋3首脳会談が開催された。これは、アセアン結成30周年を記念してアセアン諸国が中国・日本・韓国を招待した会議という体裁を取ったが、内実はアセアン＋3の共同体を志向するものであった。実際に、このアセアンと中国・日本・韓国はAPEC（アジア太平洋経済協力）ARF（アセアン・リージョナル・フォーラム）、ASEM（アジア欧州会合）、などの協議体で多くの分野で政府間会合を重ねあってきた経験を共有している国々であり、共同体の対話の基礎はできていたといえよう。

さらに、当時の韓国大統領の金大中がイニシアティヴを取り、東アジア共同体の研究チームの結成を提案して、1998年に東アジア構想グループ（East Asia-Vision Group：EAVG）が設置された。このグループは各国から民間有識者2名が招待され、韓国外相経験者の Han Sung-Joo を議長として、構成された。この研究グループは、2001年の第5回アセアン＋3首脳会談に「東アジア共同体創設」を提言する報告書を提出した。この提案を受けて、アセアン＋3の各国は、レベルを民間から政府へと上げ、各国政府関係者によって東アジア研究グループ（East Asia Study Group：EASG）が組織された。翌年の2002年の第6回アセアン＋3首脳会談に、東アジア共同体構築に向けての具体的な行動計画と行動領域を短期、中期、長期の観点から提言する報告書を提出した。この EASG の提言を受けて、アセアン＋3諸国は17分野で48に上る政府間会合を組織して協力関係を密にしてきている。2007年のアセアン＋3結成10周年の年に、13カ国は東アジア共同体結成へ向けて共同歩調を取ることを確認している。

2　東アジア共同体構想の主体

　上述のように、東アジア共同体構想はアセアン諸国のイニシアティヴで始められている。それは、地域大国の中国なり日本がイニシアティヴを取ると、そのイニシアティヴを誰が取るかという入り口の時点で、反発が起こる可能性がある。すなわち中国がイニシアティヴを取ると日本が反発し、日本がイニシアティヴを取ると中国が反発するという事態が想定される。それ故、アセアンがイニシアティヴを取り、それを韓国が補完するというやり方は、考えられるシナリオの内のベストの選択であった。

　何よりも、アセアン諸国には、1967年以来のアセアンという地域統合を行ってきた経験があった。多国間の交渉や協力のやり方についての独自のノウハウを蓄積してきたからである。その独自の方法は、「ASEAN Way」（アセアン方式）として定式化されていった。すなわち、全会一致方式、内政不干渉、交渉

による平和的解決、法的拘束や強制をできるだけ避け各国の自発的措置に任せる等がアセアン方式と呼ばれるものである。

だが、アセアン諸国が東アジア共同体構築のための「運転手席」に座ることは、全メンバーが承認することとしても、その方向づけ、その内容、スピード等をどのように決めていくかは依然として不透明な状況である。

また主体に関して言えば、現在までのところ、政府、半官半民のシンクタンクと政府に近い民間知識人とによって、東アジア共同体構想は担われている。この構想がより具体性を帯びてきた時点では、単に政府と官僚、また一部の知識人だけでなく、より広い社会的なパートナーの参加も不可欠になるであろう。民間の経済界、地方自治体、国際・国内 NGO、労働組合などのさまざまな社会的なアクターの参加も要請されるであろう。

3　東アジア共同体構想の問題点

2005年以降、東アジア共同体の構成をめぐって日本と中国との間で微妙なイニシアティヴ争いが起こった。日本は、中国を牽制する意味でも、「東アジア共同体」の構成員に民主主義国のインド、オーストラリア、ニュージーランドの3カ国を加えてアセアン＋6とすべきだと主張した。これに対して中国は従来のアセアン＋3の13カ国で共同体を構成するべきだと反論している。アセアン諸国のなかでも、マレーシアなどは、オーストラリアやニュージーランドは白人主体の国家なので「アジア」には入らないと、構成国として受け入れることには難色を示している。そこで、インドだけを加えて、アセアン＋4として14カ国で構成するという妥協案も話し合われているが、そうすると「東アジア」という地域的な限定の意味が薄れ、「アジア共同体」という名称の方が相応しいという考えも述べられて、必ずしも合意形成にまではいたっていない。

この構成国の範囲の問題だけでなく、共同体をどう構築していくかのプロセスについても、問題点は残っている。つまり、現在までの「東アジア共同体」議論では、いかに共同体として共通な行動課題（アジェンダ）があるかに集中

していて、どのような制度設計をすべきかという論点がなされないできていたのである。はたして、どういう拘束力のある制度を作るか、それを担保するための共通規則の憲章や法律を誰がどう作成するかが現在直面する主要な問題点であろう。

　この点でアセアンの方針転換は注目に値する。従来の「アセアン方式」と呼ばれる運営方法に限界を感じていたアセアン諸国は、より法的な拘束力の強い「アセアン憲章」を2007年に制定した。この憲章は、一方では組織のあり方や紛争の解決方法などは法的拘束力のある法律でしばり、他方、関税撤廃などの経済自由化に関する問題については、加盟各国の自発的措置に委ねる従来型のやり方も残している。いずれにせよ、東アジア共同体を広範な国家の上の地域統合の組織として機能させるためには、法的拘束力を持つ制度設計が必要なのは論を待たない。すでに、この段階に事態は進展してきているといえよう。

　この制度設計の段階で、EUの経験はさまざまな貴重なヒントを与えてくれる。一例を挙げてみよう。EUでは三権分立が制度的にも地域的にも明確に確立していて、そのような制度設計が当初からなされていた。立法部のヨーロッパ議会は独仏の紛争の現場でもあったアルザス地方のストラスブルグに置かれた。行政部としてのヨーロッパ委員会は原加盟国のほぼ中心に位置する小国ベルギーの首都ブリュッセルに置かれた。司法部としてのヨーロッパ裁判所は、極小国のリュクサンブルグの首都リュクサンブルグに置かれた。

　中国やヴェトナムのように、共産党の一党支配を行っている国々では、三権分立は制度として確立していない。共産党の権力の下で三権が分業する体制である。最初に制度設計として三権分立を承認できるかが論点となる。制度的に合意が成立したとしても、実際的にどこに立法・司法・行政の機関を設置するかは大きな論争点となる可能性がある。現在のアセアン事務局はインドネシアの首都ジャカルタに置かれているが、たとえば、アセアン＋3で東アジア共同体が構成された場合、EUでいうブリュッセルのヨーロッパ委員会のような執行機関を、地理的に言ってどこに設置するかも難問であろう。議会をどこに置くのか裁判所をどこに置くのかが次に問題となる。さらに、その構成員をどの

ように選任するのか、どこの法律を根拠に運営していくのか等、つめるべき論点は山積している。

　このような細部にわたる制度設計とその運用に関しては、すでに60年以上の運用実績のあるEUの経験を仔細に学ぶ必要があるし、「東アジア共同体」も、本気でEUの経験を細部にいたるまで学習する段階にようやくいたったと思われる。今こそ、EUの経験を真剣に学習するときなのだ。

【執筆者・訳者紹介】

ロベール・フランク
　　パリ第1大学

ハルトムート・ケルブレ
　　ベルリン・フンボルト大学

永岑 三千輝（ながみね・みちてる）
　　横浜市立大学国際総合科学部教授

川嶋 周一（かわしま・しゅういち）
　　明治大学政治経済学部専任講師

ヨアヒム・シルト
　　トリーア大学

福永 美和子（ふくなが・みわこ）
　　東京大学大学院総合文化研究科特任研究員

クリスチャン・ルケーヌ
　　パリ政治学院

廣田 愛理（ひろた・えり）
　　獨協大学外国語学部講師

ジャン－フランソワ・エック
　　リール第3大学

ヴェルナー・ビューラー
　　ミュンヘン工科大学

田中 延幸（たなか・のぶゆき）
　　東京大学大学院経済学研究科博士課程

平野 千果子（ひらの・ちかこ）
　　武蔵大学人文学部教授

西山 暁義（にしやま・あきよし）
　　共立女子大学国際学部准教授

ピエール・モネ
　　社会科学高等研究院

剣持 久木（けんもち・ひさき）
　　静岡県立大学国際関係学部准教授

ハンス・マンフレット・ボック
　　カッセル大学名誉教授

深川 由紀子（ふかがわ・ゆきこ）
　　早稲田大学政治経済学術院教授

坪井 善明（つぼい・よしはる）
　　早稲田大学政治経済学術院教授

【編者紹介】

廣田　功（ひろた・いさお）

1944年生まれ。
最終学歴：東京大学経済学研究科博士課程単位取得退学
現職：帝京大学経済学部教授、東京大学名誉教授・特任教授
主著：『現代フランスの史的形成――両大戦間の経済と社会』東京大学出版会、1994年；『戦後ヨーロッパ経済の再建――復興から統合へ』（森建資と共編）日本経済評論社、1998年；『ヨーロッパ統合の社会史――背景・論理・展開』（永岑三千輝と共編）日本経済評論社、2004年；『現代ヨーロッパの社会経済政策――その形成と展開』（編著）日本経済評論社、2006年

欧州統合の半世紀と東アジア共同体

| 2009年9月25日　　第1刷発行　　　定価（本体3800円＋税） |

編　者　　廣　田　　　功
発行者　　栗　原　哲　也
発行所　　㈱日本経済評論社
〒101-0051　東京都千代田区神田神保町3-2
電話　03-3230-1661　FAX　03-3265-2993
info@nikkeihyo.co.jp
URL：http://www.nikkeihyo.co.jp

装幀＊渡辺美知子　　　印刷＊文昇堂・製本＊山本製本所

乱丁落丁はお取替えいたします。　　　　　　Printed in Japan
Ⓒ Hirota Isao 2009　　　　　　　　　ISBN978-4-8188-2053-1

・本書の複製権・翻訳権・上映権・譲渡権・公衆送信権（送信可能化権を含む）は㈱日本経済評論社が保有します。
・JCOPY 〈㈳出版者著作権管理機構　委託出版物〉
本書の無断複写は著作権法上での例外を除き禁じられています。複写される場合は、そのつど事前に、㈳出版者著作権管理機構（電話03-3513-6969、FAX03-3513-6979、e-mail: info@jcopy.or.jp）の許諾を得てください。

小畑洋一編
ヨーロッパ統合と国際関係
A5判　三八〇〇円

ヨーロッパ連合（EU）がトルコを視野に入れての拡大を続けるいま、ヨーロッパとは何かを問い直し、ヨーロッパとどのような関係を築いていくべきかを模索するための一冊。

永岑三千輝・廣田　功編著
ヨーロッパ統合の社会史
―背景・論理・展望―
A5判　五八〇〇円

グローバリゼーションが進むなか、独自の対応を志向するヨーロッパ統合について、その基礎にある「普通の人々」の相互接近の歴史からなにを学べるか。

廣田　功編
現代ヨーロッパの社会経済政策
―その形成と展開―
A5判　三八〇〇円

両大戦期から戦後復興、高度経済成長を経て、現在にいたるまでのヨーロッパ各国の社会経済政策を、教育、福祉、金融などのさまざまな側面から詳細に考察した一冊。

H・ケルブレ著／雨宮昭彦・金子邦子ほか訳
ひとつのヨーロッパへの道
A5判　三八〇〇円

生活の質や就業構造、教育や福祉などの社会的側面の同質性が増してきたことがEU統合へと至る大きな要因になったと、平均的なヨーロッパ人の視点から考察した書。

進藤榮一・豊田　隆・鈴木宣弘編
農が拓く東アジア共同体
―その社会的考察―
四六判　二〇〇〇円

低迷する日本農業再生の道を、単に日本の国内だけでなく、もっと広く興隆する東アジアのなかで据え直し、新たに生まれ始めた東アジア共同体の近未来のなかに位置づける意欲作。

（価格は税抜）　日本経済評論社